Aile İçi İletişimin Temelleri -2

Ailemde
Huzur İstiyorum

Hayat Yayınları	: 723
Aile	: 23
Kitabın Adı	: Ailemde Huzur İstiyorum
Kitabın Yazarı	: Saliha Erdim
Yayın Editörü	: Erol Şahnacı
Metin Editörü	: Betül Elmas
İç ve Kapak Tasarım	: Hayat Yayınları
Baskı Yeri & Tarihi	: İstanbul, 2022
Baskı & Cilt	: BPC Matbaacılık Sanayi ve Ticaret A.Ş.

Osmangazi Mah. Mehmet Deniz Kopuz Cad. No:17
Esenyurt/ İSTANBUL
Tel: (212) 549 53 83
Sertifika No: 48745

Hayat Yayın Grubu

Molla Gürani Mahallesi, Oğuzhan Caddesi No: 15 Kat: 3
Fındıkzade - Fatih / İstanbul
Tel: 0212 613 11 00 Gsm: 0530 290 99 78 Faks: 0212 613 11 55
www.hayatyayinlari.com - e-posta: hayat@hayatyayinlari.com
/hayatyayinlari   /hayatyayinlari

Aile İçi İletişimin Temelleri -2

Ailemde
Huzur İstiyorum

uzman aile danışmanı
saliha erdim

Hayat

SALİHA ERDİM

1956 Samsun Havza doğumlu. İlkokulu Vezirköprü'de, ortaokulu Çorum Sağlık Okulu'nda, liseyi Zeynep Kâmil Sağlık Koleji'nde okudu. Hacettepe Yüksek Hemşirelik Okulu'ndan terör sebebiyle ayrıldı. İki yıl Ankara'da resmi görev yaptı ve başörtüsü sebebiyle istifa etti. Üç yıl bir Kur'an kursunda okul hemşireliği yaptı ve evlenerek görevi bıraktı. Bundan sonra çocuklarını nasıl eğiteceği hakkında araştırmalara başladı. Pek çok kurslara katıldı, belgeler aldı.

Newport Üniversitesi Davranış Bilimlerinde lisans ve yüksek lisans eğitimleri aldı. Lisans tezini *"0-7 Yaş Çocuk Kıskançlığı"*, yüksek lisans tezini de *"Yetişkin Kıskançlığı"* üzerine yaptı. Pek çok dergide yazdı, bir derginin başyazarlığını ve editörlüğünü yaptı. Marmara FM'de uzun yıllar eşi ile *"Aile Okulu"* programını, yalnız olarak da *"Hanımefendi"* programını hazırladı ve sundu. Bu programları Hilâl TV'de de devam ettirdi. TRT Diyanet TV'de yayınlanan *"Aile Bağları"* isimli programı hazırlayıp sundu. Bu arada Anadolu Üniversitesi Açık Öğretim Fakültesi'nde Sosyal Bilimler ve Sosyoloji okudu. Sonrasında Medeniyet Üniversitesi'nde Aile Danışmanlığı bölümünde yüksek lisans yaptı.

Prof. Dr. Mehmet Sungur'dan dört yıl psikoterapi eğitimleri alarak, Avrupa Kognitif ve Davranışçı Terapiler Derneği'nin onayladığı bir sertifikası oldu. Ayrıca iki yıl da *"Aile, Çift Terapisi ve Cinsel İşlev Bozuklukları"* terapi eğitimleri aldı.

Bir dernek tarafından *"Yılın Annesi"* seçildi.

Radyo programı dalında *"Aile İçi İletişim Medya Etik Ödülü"* aldı.

Moral FM'de *"Aile Okulu"* programı hazırlayıp sundu. Diriliş Postası gazetesinde haftada bir gün *"Bir Cümle Bir Hakikat"* başlığı altında çocuk ve aileye dair konularda köşe yazarlığı yapıyor. Vav TV'de haftada bir program yapıyor.

Yurt içi ve yurt dışında seminerler ve konferanslar veriyor. Halen aile şirketinde danışmanlık yapmakta ve eğitimler vermektedir.

Kendime Yardım Etmek İstiyorum, Eşimi Anlamak İstiyorum, Ailemde Huzur İstiyorum adlarında yayınlanmış üç kitabı vardır.

İletişim bilgileri:

Kısıklı Mah. Alemdağ Cad. No:60, Masaldan İş Merkezi, B Blok, Kat: 4, Daire: 9

Üsküdar/İstanbul Tel: (0216) 474 00 50 e-mail: salihaerdim@gmail.com

İÇİNDEKİLER

Kötüyü değil, kötülüğü yok etmeli.

İyi insanlar ancak böyle çoğalırlar.

Tutuşturan elle değil, kıvılcımla mücadele etmeli.

İyilik istiyorsak eğer dünyada,

ateşi kıvılcımken söndürmeli.

-TOLSTOY-

ÖN SÖZ

Bu dünya, en iyi halimize ulaşabilmemiz için engebelerle dolu bir yarış alanı gibi. Marifet, engellerin bizi ulaştıracağı seviyeyi aklımızdan çıkarmadan, karşılaştığımız güçlüklerde doğru bir metot takip ederek, sonuca değil sürece odaklanarak, bu sınavı kazanabilmek. Kimsenin bize ne yaptığına bakmadan, başkalarının ne dediğine odaklanmadan, kendimizi içten onaracak doğru davranışı tespit edip, ona göre hareket etmek; nitelikli insan davranışıdır. Doğru olmak doğru durmakla mümkündür. İşte bizi dosdoğru durduracak olan tutum tam da budur.

Her insan, içinde daha iyi bir insanı saklar. Söz ve davranışlarımızla o iyi insanı açığa çıkarabiliriz. Hepimiz buna inanmalıyız ve buna uygun davranmalıyız. Bir insanın iyi hissetmesi, dünyanın iyiye gitmesine önemli bir katkıdır.

"Yolunu şaşırmış bir çift sözün savurmasıyla düştüm bu çukura. Oysa o sözün anlamına tutunup yükseklere çıkabilirdim, eğer cümle doğru kurulmuş olsaydı."

Ve aynen bu cümlede olduğu gibi yıkıcı bir çift söz insanı derinlere düşürebilirken, güzel bir söz de insanın dengesini yerli yerine getirebilir. Mutlu ve huzurlu olan insan, her iyi şey için adım atabilir ve karşısına çıkan engelleri kolaylıkla aşabilir. Bilmeliyiz ki, insanlar arası ilişkilerde sıkıntı çıkması kaçınılmazdır. Yaşanan sıkıntıların sebebini herkes önce kendinde aramalı, yanlışı varsa özür dilemeli ve yaşananlardan ders alarak yoluna devam etmeli.

Ayrıca, bir sorunun çözülmesinden daha önemli olan, soruna sebep olan bakış açısını düzeltmektir. Asıl çabamız bunun için olmalı, çünkü birisi anlık, diğeri kalıcı çözüm demektir.

Ailemiz; bizim kendimiz olduğumuz ve kendimize geldiğimiz yaşam alanımızdır. Ailede huzur, ömre ömür katar. Bunun için hepimizin yapabileceğimiz çok şey vardır. Buna inanmak ve okumakla işe başlayabiliriz. Çünkü bilgi olmadan sevgi bile zarar verir.

Nerede bilinçli bir çaba varsa, orada öğrenmenin parlak izlerini görürüz çünkü bilmeyen el hüner üretmez. Olayları, hayatı, kitabı ve insanı okuyarak elde ettiklerimiz ile aklımız büyür ve seçenekli düşünürüz. İnsanı korumaya alarak, kişiyi değil olayları konuşarak çözüm üretmenin peşine düşeriz. Yani sürdürülebilir her iyi işin temelinde bilgi vardır.

Okuyan ve düşünen insan bilir ki insan iyidir ve her insan iyi olduğu halde yanlış ve hata yapabilir. Yanlışını terk edince o insan iyi olmaya devam eder.

Hataları ilişki içinde olduklarımızla aramıza değil önümüze alarak, ders çıkarıp arkaya atarak, geleceğe daha güçlü adımlarla devam ederiz.

Eski yanlışlar artık açılmaz, mevzu edilmez çünkü dersler alındıktan sonra onların görevleri bitmiştir. Biz de öğrendiğimiz derslerimizle yola devam ederiz çünkü insanı karalamak, yaralamak, suçlamak o insanı aşağıya çekmektir.

İnsan sevildiği ve değer gördüğü zaman iç huzurunu yakalar ve daha sağlıklı düşünmeye başlar. Yanlış yapmayan insan, sıkıntı yaşanmayan ilişki, tartışma çıkmayan ev yoktur. Önemli olan, insana gerekli değeri, ilişkiye gerekli özeni ve sıkıntıyı çözmeye yönelik niyeti ve gayreti olmazsa olmazımız bilmektir. Böylece insanı yüceltmiş sıkıntıyı küçültmüş oluruz. Neticede ise ilişkiler onarılır ve gönül bağları daha da sağlamlaşır. Doğru düşünme ve doğru davranma gayreti ile insan kalırız. Sıkıntılar bizi olgunlaştı-

rır, strateji kazandırır, insanın ve hayatın anlamını daha iyi kavra-
rız. İnsan buna değer, hayat buna değer, dünya buna değer.

"Hayat yalnızca mücadele ile anlam bulur. Zafer ve yenilgi
Tanrının ellerindedir. Öyleyse yaşasın mücadele."

Swahili savaşçı şarkısı (*Lorenzo'nun Yağı* filminin giriş cümleleri)

Üsküdar, 27.11.2021

Ailemde Huzur İstiyorum

Çünkü insan ailede var olur...

Çünkü ailede anne ve baba vardır...

Çünkü aile insanın büyüdüğü, beslendiği yerdir, kökleridir...

Çünkü yuvanın sıcaklığı, nereye gidilirse gidilsin, aranan ve özlenen bir değerdir...

Çünkü aile dünyaya gelmenin eşiği, insan olmanın beşiği ve insanlığın geleceğidir...

Hayatın alfabesini ailede öğreniriz. Sevgi orada var olur, orada gönüllerimize nakşolur. Orada güler, orada ağlarız; ailede annemizin omzuna yaslanır, babamızın güvenli ellerinden tutarız.

Kışın üşüyen ellerimiz anne babamızın ellerinde sevgiyle ısınırken, huzurlu bir yuvada yenen yavan ekmek bile tatlıdır; kestane, muhabbetle yenirken güzeldir. Tartışır barışırsın kardeşlerinle, çocukken kavgan bile güzeldir.

Ocağı tüter yuvanın, akşam eve baban gelir, sofra kurulur, ekmek bölüşülür, sohbet edilir. Hayallerimiz olur, ideallerimiz olur zihinlerimizde. Bir ayağımız yuvada, bir ayağımız sosyal hayattayken adam olmaya, ayakta durmaya çalışırız. Anne babadan gördüklerimizle insan olmaya çalışırız.

Gönül heybemize doldurduklarımızla çıkarız hayatın sarp yollarına. Annemizin hayır dualarıyla, babamızın dağ gibi güçlü duruşuyla, bize vizyon kazandıracak değerler öğreniriz. Gün gelir yuvadan uçarız. Ama hep aklımızda kalır yaşadıklarımız... "Annem şöyle yapardı.", "Babam şöyle derdi." deriz. Onları modelleriz ve büyük boy fotoğrafları hep aslı kalır gönlümüzün başköşesinde.

Nice insanlar, yuvalarının temelini oluşturan harcı sabırla, sevgiyle ve çabayla yoğurmuşlardır. Sevgiyle dokunmuştur onların perdeleri, sevgiyle aydınlanır yüzleri. Şükür vardır her buluşmalarında, şükür vardır çorbaya daldırdıkları her kaşıklarında.

Yuva, çocuğun anne babayı el ele görmeyi arzuladığı, ikisinin de elinden tutmak istediği, gözlerinde mutluluk, sözlerinde sevgi görmeyi dilediği ve yanlarında huzuru hissetmeyi umduğu en önemli değerlerin çatısıdır. Kadın yuvada anne olur, erkek ise yuvada baba... Yuva var olursa insan ve insanlık var olur ve korunur. Kendimiz için, eşimiz için, yavrumuz için, toplum için, gelecek için, insanlık için yuvamıza sahip çıkalım çünkü yuva dağılırsa insan dağılır, yuva var olursa insan var olur. Helâl rızık, sadakat ve sevgiyle kuru ev yuva olur, içindekiler mutlu olur ve huzur o yuvanın başmisafiri olur.

Yuvamızda huzur istiyorsak işe helâl rızıktan, sadakatten, hoşgörüden, değer veren ve sevgiyle kuşatan bir yaklaşımdan başlamalıyız. Her iyi iş, eylem sahibinin niyetini ve yüreğinin rengini taşır. Buna sahip olmayı iştiyakla istemeliyiz. Bize insan olma basamaklarını tırmandıracak olanlar bunlardır...

BİZ İNSANIZ

Biz insanız; Rabbimizin (cc) kıymetlisiyiz çünkü O'n-dan bir ruh taşıyoruz ve O'na aitiz. Muhatabımız da insandır ve o da Rabbimizin (cc) kıymetlisidir, tıpkı bizim gibi.

Biz insanız; hepimiz var edilmeye değer bulunduk ve bu dünyaya şeref misafiri olarak gönderildik. İnsanlık âlemi olarak biz büyük bir aileyiz. Birbirimizden sorumluyuz ve birbirimize emanetiz.

Biz insanız; hepimiz iyi olmaya ve dengede kalmaya ih-tiyaç duyarız. Ayrıca birbirimizin desteğine ve yardımına da muhtacız. Birilerine sevgi gösterip yüreğinden tuttuğu-muzda, ilk olarak biz zenginleşip doğrulmaya başlarız çün-kü aldıkça değil, verdikçe insan oluruz. Allah (cc) verenin bereketini artıracağını vadediyor. Allah'tan (cc) daha doğru sözlü kim vardır?

Biz insanız; çevremizdekilerin iyi bakışına, desteğine ve onları iyi görmeye ihtiyaç duyarız. Her yıkık maneviyat, her kırık kalp, gören herkesin kalbinde bir sızı oluşturur; biz fark etmesek bile. Çünkü bünyenin bir tarafı zarar görmüştür ve ortak kalp acı çeker. El uzattığımız kardeşlerimiz kadar iç dayanıklılığımız artar. Sevdiğimiz kadar gönlümüz genişler, önceden gözümüze büyük gelen meseleler artık küçük gel-meye başlar ve o genişleyip ferahlamış kalbimizi yoramaz.

Biz insanız; bizler iyi şeyler yaptıkça insanlık âleminde iyilik yapanlar artar çünkü göz gördüğünü kaydeder, gönül buna eşlik eder, yürek ve zihin birlikteliği olunca yapacaklarımız devam eder. Bir köpeğe, bir kediye bile su vermek ve onu korumak, bu dünyanın dengede kalmasına katkıda bulunur.

Biz insanız; dış dengeleri korudukça iç dengelerimiz de korunur. **"Sıkılı yumrukla tokalaşılmaz."** demiş atalarımız. Kendimizin dışındakileri de kendimiz gibi görmeye ve onlara elimizi uzatmaya, gönlümüzü açmaya başladığımızda sistem doğru çalışmaya başlar. Bu insana ve insanlığa değer katmak ve değerlenmek demektir. Buna hava gibi, su gibi ihtiyacımız var. Bunlar yoksa içten içe yoksullaşırız, çölleşiriz.

Biz insanız; medeniyeti önce yürekte ve idealde kurmalı, sonra hayata yaymalıyız. Medeniyetin inşa edilmesi gereken ilk yer ailedir. Ailede medeniyeti kuramazsak, dünyada medeniyeti kuramayız. Ailede insanı yetiştiremezsek, dışarıdaki yetişkin insana tesir edemeyiz. Özde ne varsa o öne çıkar. Öne çıkanların ilk adresi ise ailedir. Kendisini seven ebeveynler olursak, diğer insanları da severiz. Çocuklarımızın gördüğü ilk modelin kendimiz olduğunun bilincine varırsak, kendimize çeki düzen verir, sorumluluk hissederiz. Bizler anne babalar olarak, her eylemi ibadet olan çok önemli bir işle uğraşıyoruz; anne babalıkla...

Biz insanız, bir yuvada var olup yaşarız. Yuva, aile bireylerinin nefes aldığı yerdir; havasını her zaman temiz, ortamını huzurlu tutmalıyız. Yoksa yuva içten kan kaybeder; nefes alamayanlar, nefes alabileceği yerlere sığınır.

Biz insanız; dünya bizimle daha iyi ya da daha kötü olacak çünkü insan bir bahçıvandır, niyetindekileri eker. Daha iyi bir dünyada yaşayabilmek için, hayatın anlamını niyetimizle buluşturup, kendi bulunduğumuz alandan başlayarak iyilik tohumları ekmeli ve bu sayede de oksijenimize katkıda bulunmalıyız.

Biz insanız; inandığımız zaman dağları delebilir, dünyaya meydan okuyabilir, herkese ve her şeye rağmen, bin kere düşsek bile yeniden kalkabiliriz. Yüreğimiz dünya dolusu sevgi üretebilir ve her şeyi yeni baştan sevebilir ve düzenleyebiliriz. Varsayalım ki yanıldık ve düştük, çamurlara bulandık, arınabilir ve yine yeniden insan gibi insan olabiliriz. Bu hayat bizim ve ömür sayfamıza iyi şeyler yazdırmak için Allah'a (cc) ve kendimize güvenmeliyiz çünkü sadece bu şekilde ayağa kalkabiliriz. Bu dünyanın bize ihtiyacı var.

Biz insanız; insanlık âlemi büyüklüğünde derdimiz olmalı. Kimi zaman bir çiçeği sulayarak, kimi zaman aç bir kimseyi doyurarak, kimi zaman bir yetimi giydirerek, kimi zaman da dünyadaki mazlumlar için dua ederek bu büyük derdin devasına katkıda bulunmalıyız.

Biz insanız; çocukları severek, zihnimizi her an yeni bilgilere açık tutarak, insanlara gülümseyerek, tanımasak bile bir insanın üzüntüsü için sadaka verip dua ederek insan kalmaya çalışmalıyız. Dünya bizden ve konforumuzdan ibaret değildir. Bu dünya için bir şeyler yaparak kendimizi korumalı ve yüceltmeliyiz. Biz bir hakkı çiğnersek, bütün halkların hakkını çiğnemiş gibi oluruz. Bunu ancak düşünemeyen ve aklını kullanamayanlar yapar. Biz ise insanlık âlemi için bir şeyler yapabileceğimize inanmalı ve dünyayı gelecek nesillere daha yaşanılır bir yer hâline getirebilmek için elimizden gelen gayreti göstermeliyiz. Bunun için küçük bir çöpü yere atmamak ve bir çiçeği sulamak da dahil olmak üzere, yaptığımız her şey bu dünya için çok anlamlıdır. Devam edelim çünkü Biz insanız;

Biz insanız; kimseyi kınamamalı, ayıplamamalıyız. Hangi durumun o kişiyi böyle davranmaya sevk ettiğini bilemeyiz. Yanlış yapan birini görünce, elimizden başka bir şey gelmiyorsa, sadece dua edelim ve onun için Allah'tan (cc) yardım isteyelim. Ona o yanlışı yaptıran duygudan bizde de var olduğunu unutmayalım. Biz de herkes gibi hata yapma riski barındırıyoruz. Yanlış yapan kimsenin iyiliği için kesintisiz dua edelim çünkü o da bizim kardeşimizdir, tıpkı diğerleri gibi... Bir insana yapabileceğimiz duayı ve yapabileceğimiz yardımı yapmadığımızda, bütün dünyaya karşı borçlu olduğumuzu düşünelim çünkü biz koskoca insanlık âleminin bir üyesiyiz ve insanız.

Biz insanız; bir çiçeği bile dalından koparmamalıyız. Bizim yanımızda olanlar hayat bulsun. İncitmeyelim dilini anlamadığımız hayvanları bile, onlar da can taşıyor. Onlar insana muhtaç, her birimizin bir diğerine muhtaç olduğumu gibi...

Bu çeşme ne güzelmiş, su içecek tası yok,
Kırma insan kalbini yapacak ustası yok.

Fuzûlî

Biz insanız; iyi sözle, iyi davranışla daha iyi biri olmaya gayret ederiz. Mutluysak mutluluk saçarız, huzurluysak huzur dağıtırız. Elimizden çıkan işler bile gülümser... Ağır sözler ise incitir insanı, sevinci söndürür, coşkuyu baltalar. Gönül evi hüzünle dolar, gözler ise yaşla. İşte bu insan yüreğine ağır gelir. En asaletli ve en kıymetli tutum, önce incitmemek, sonra incinmemektir.

Âşık der incidenden,
İncinme incidenden,
Kemalde noksan imiş,
İncinen incidenden.

Alvarlı Efe Hazretleri

Biz insanız; kimseyi kırmamalıyız. Dünyadaki bütün insanlar yanlış yapıyor gibi gelse de bize, doğruları yapmaya devam etmeliyiz. Hatırlamalıyız ki hayatın ve kaderin sahibi, doğrudan nice hikmet ve bereket üretir. Biz insanız ve insanlığını besleyecek işler yapmalıyız. Ancak bu şekilde nefes alabilir ve nefes aldırabiliriz.

Biz insanız; Allah'ın (cc) bize verdiği özellik ve yetenekler, onları bu dünyaya yaymamız içidir. Onları içimizde bulalım ve çıkaralım. İşte bunu yaptığımızda mutlu oluruz. İnsanlık âleminin bir parçası olduğumuzu, dünyanın bu ucunda yaptığımız bir iyiliğin, dünyanın diğer tarafındaki dengeyi sağladığını bilelim. Her şey birbirine bağlı ve biz o bağın kopmaz bir zinciriyiz. Yaptığımız iyi veya kötü iş, asla bizde kalmaz, yayılır ve biz o etkiyi gittiğimiz her yere taşırız. Aslında yaptığımız her iyilik, bizim bir boşluğumuzu doldurur ve bizi dengeye kavuşturur.

Biz insanız; huzursuz muyuz, hemen çiçeklerle, toprakla meşgul olalım, bir hayvanı sevelim, bir komşumuzu ziyaret edelim, bir yoksula yardım edelim, hemen kimyamızın değiştiğini görürüz çünkü iyi bir şeyler yaptığımızda bizdeki iyilikler ve güzel taraflar sanki tohuma su dökmüşüz gibi beslenir ve ortaya çıkar, böylelikle biz de daha iyi hissederiz. Aslında başkalarına iyilik yapıyor gibi görünsek de aslında biz, kendimizi yapılandırır ve onarırız. İlaveten daha onurlu ve dimdik yaşamanın da parçalarını toplarız.

Biz insanız; biz aslında insanlığın bir parçası olduğumuz için, her iyi davranışta sancı çeken bir tarafımızı iyileştirir, bir yaramızı sarar, bir açlığımızı gideririz çünkü biz insanız ve insanlık için yaptıklarımız kadar insan kalacağız. Dünyayı düşündüğümüz kadar, içindekileri koruduğumuz kadar, sevgimizi dağıtabildiğimiz kadar insan olacağız. Sevdikçe yüreğimiz şifa bulur, korudukça kendimizi güçlü hissederiz ve yüreğimiz bu dünyayı güzelleştirdiğimiz kadar güzelleşir.

Yaptıklarımız bir tohum ve yüreğimizse bir bahçe, buyuralım, ne ekersek ekelim yüreğimize.

Biz insanız; özgün varlıklarız, bu özgünlüğümüzle var olmalıyız. Bu özelliğimizi kimsenin sınırlarını ihlâl etmeden, kendi alanımız içinde ve kendimizi geliştirecek şekilde korumalıyız. Biz kendi özgürlük alanımızda özgünlüğümüzü korurken, başkalarının da özgünlüğünü korumasına ve geliştirmesine yardımcı olmalıyız. Herkes, Allah'ın (cc) kendisine verdiği ve ortaya çıkarmasını istediği potansiyel değerleri ile doğar. Bunu ortaya çıkarmak en başta ailenin, sonra şahsın kendisinin, daha sonra da yakından uzağa doğru olacak şekilde muhatap olduklarının görevidir.

Biz insanız; hiçbirimiz bir diğerine benzemeyiz; benzememiz de gerekmez. Ortak hedef ve tutumlarda müşterek davranabiliriz fakat insanın kendisine iyi gelen şahsi tercihlerine ve ilgilendiği alanlara dokunmamalıyız.

Biz insanız; bizim için önemli ve doğru olan bir şeyi yaparken, çevremizdekilerin onayı bize şevk verir fakat her doğru adım onay değil, tepki de çekebilir. Allah'ın (cc) hukukuna uygun bir iş ise ve faydasından eminsek, **"Yağar, eser yolcu havasıdır, yolcu yolunda gerek."** deyip işimize bakalım. "El ne der?" değil, "Allah (cc) ne der?" diye soralım.

Biz insanız; bu dünyaya renk ve güzellik katmak için geldik. Ancak bunu dağıtmadan önce toplamamamız lazım. Gönlümüz insanın içindeki Hakk'a ait özü düşündükçe umutlanmalı ve insana yeniden ve yeniden saygı duyarak yaklaşmalıyız. Saygınlığını algılayan zihin, saygın bir duruşu sahiplenir. Dilimiz düzelmeli, hâlimiz düzelmeli ve insanlar bizden emin olmalı. İşte o vakit, insan gibi insan olmaya adım atmışız demektir.

Biz insanız; güllerin güzelliği bizim içindir, bizim içindir batan güneşin kızıllığı. Yağmurun ıslattığı toprağın kokusu ve zamanın aheste gibi görünen ve fakat esasında hızla ilerleyen akışı bizim içindir. Biz var olduğumuz için bakarız ve anlarız; biz yoksak bakan, gören ve anlayan olmaz. Kuş aslında öttükçe insanlığa selâm verir, yaprak ise rüzgârla nazlı nazlı salındıkça. İnsana doğar gün, varlığın anlamını hayata geçirebileceği koşuşturmalarını yapabilmesi için aydınlanır gök. Olgunlaşsın diye meyve, açsın diye çiçekler ve meyveye dönüşmek için uçuşsun diye polenler...

Biz insanız; bu dünyanın anlamını tamamlayanlarız. Çünkü insana yazılır bütün methiyeler ve insana yazılır destanlar. Biz, biz oldukça döner değirmenler, una döner daneler. İnsan var diye çağıldar dereler, kıyılarda dans eder dalgalar. İnsan nefes aldıkça dünya da nefes alır. İnsan iyi ise iyi olur bütün âlem; eğer kötüyse insan, güneşi çekilir dünyanın ve gönüllerin. İyilik de insanla büyür ve çoğalır. İnsanla anlam bulur doğrular, insanla yaşar tüm idealler. İnsanlar olarak bizler, bu dünyanın varlığını anlamlı kılanlarız, bizden başka kimsenin boşluğumuzu dolduramadığı özel varlıklarız. Biz varız ve var edenden dolayı çok önemliyiz. Bu dünyanın güzelliklerini bize hizmete memur kılanın kıymetlileriyiz. BİZ İNSANIZ VE YARADANIMIZIN HALİFESİYİZ. Bu nedenle elimizden gelen güzel işleri, dünyamızdan esirgememeliyiz...

Hoşça bak zâtına kim zübde-i âlemsin sen.
Merdüm-i dîde-i ekvân olan âdemsin sen.[1]

Şeyh Galip

---

[1] Ey insan evladı! Kendine saygıyla/hürmetle yaklaş; çünkü sen kâinatta yaratılmışların özü/göz bebeği olan insansın.

NİÇİN DANIŞIRIZ?

Bir bilene danışmak o kadar değerlidir ki yaptığımız iş doğru ise rahatlayıp yolumuza devam ederken; şayet yanlışsa da doğrusunu öğrenir, öğrendiğimiz için rahatlar, ona göre hareket ederiz. Her iki durumda da danışmak, hayatımıza pozitif bir değer katar.

Normal ile normal dışının sınırlarını bilmek için danışırız.

Elimizden yanlış bir şeyin çıkmaması ve insanlara zarar verememiz için; eğer verdiysek de nasıl telâfi edebileceğimizi öğrenmek için danışırız.

Sevdiklerimizin daha iyi durumda olmaları için, doğru davranmak konusunda tereddütlerimiz olduğu vakit, sorumluluğumuzu layıkıyla yerine getirebilmek için danışırız.

Bir şeylerin yanlış gittiğini fark ettiğimiz zaman, bu durumda ne yapmamamız ya da ne yapmamamız gerektiğini anlamak için danışırız.

Yanımızda bulunan her insan bizim duruşumuzdan ve davranışlarımızdan etkilenir. Doğru ve örnek bir tutum içinde olarak, kimsenin zihninde olumsuz bir etki oluşturmamak için danışırız.

Okudukça, danıştıkça, öğrendikçe ve öğrendiklerimizi hayata geçirdikçe bakış açımızın değiştiğini, olayların tek yönlü olmadığı ve başka yönleriyle de değerlendirdikçe hayatın daha da güzelleştiğini fark eder ve bu güzelliğin sürekliliğini sağlamak için danışırız.

Birbirimizle eğitildiğimiz evlilik hayatımızda, "Belki de yükün ağır değil, sen zayıfsın." sözü gereği, bir sıkıntı oluştuğunda, bize yanlış davrandıran kendi zayıflıklarımızı görmek için danışırız.

Bir kulun kendi eksik ve yanlışlarını görerek bunları düzeltmeye çalışması, Allah'ın (cc) kendisine gaipten haber vermesinden daha değerlidir.

Ataullah İskenderani

Her yaptığımız, bizim nasıl tanınacağımıza ve nasıl bir imaj oluşturacağımıza dair bilgi verir. Kendinin de yanlış yapabileceğine prensip olarak inanmak, insanı sormaya ve danışmaya sevk eder. Bu tutum hem kendimiz hem eşimiz hem de çocuklarımız açısından, kendini düzeltmek ya da muhatabının düzelmesine yardımcı olmak adına, insani bir tutum olduğu için danışırız.

Bilmeden yanlış konuşmaya ve davranmaya devam ettiğimizde, giderek kendimizi haklı görme eğilimi oluşur. Dışarıdan bir gözle durumun görülüp objektif bir biçimde değerlendirilmesi, kör noktalarımızı aydınlatır ve göremediklerimizi görmemizi sağlar. Yani yanlışa inanmayı sürdürmemek ve böyle tanınmamak için de danışırız.

Eskiler, erdemin ışığıyla etrafın aydınlanabilmesi için önce devlet işlerini yoluna koyarlardı. Devlet işlerini yoluna koyabilmek için önce ev işlerini yoluna koyarlardı. Ev işlerini yoluna koyabilmek için önce kendi kendilerine çekidüzen verirlerdi. Kendi kendilerine çekidüzen verebilmek için önce kendi içlerindeki düzeni yoluna koyarlardı. Kendi içlerindeki düzeni yoluna koyabilmek için önce düşüncelerini yoluna koyarlardı. Düşüncelerini yoluna koyabilmek için ise önce bilgi eksikliklerini giderirlerdi

Konfüçyüs

Eşler arasında doğru iletişim ve güzel geçimin oluşabilmesi ve devam edebilmesi için, her iki tarafın da kendi payına ne düştüğünü bilmesi ve elinden gelenin en iyisini yapabilmek için çaba sarf etmesi gerekir. Aksi hâlde, herkes ortaya çıkan sorundan karşısındakini sorumlu tutar. Bu ise çözümsüzlüğün ta kendisidir. Oysa bu, iki tarafın da katkısı olan bir sonuçtur ve çözümü de birlikte bulunmalıdır.

-Birinci Hikâye-
"Eşim evde ancak varla yok arasında"

Bugünkü ilk görüşmem anne, baba ve bir erkek çocuk ileydi. Burada bulunmaktan memnun olmadığı çok belli olan bir genç ve onun anne babası ile görüşmeye başladım. Şikâyetlerinin ne olduğunu sorduğumda anne, sitemli bir şekilde oğluna baktıktan sonra, "Sıkıntımız oğlumuz ile. Bizi hiç dinlemiyor, başına buyruk hareket ediyor. Telefonu elinden hiç düşmüyor, ders çalışmıyor." dedi. Babaya döndüm, "Siz ne düşünüyorsunuz?" dedim. "Aslında fazla bir sorun yok. Hanım biraz büyütüyor." dedi. Anne birden atılarak söze girip, "Tabii gün boyu sen yoksun, onunla tek başıma ben cebelleşiyorum, senin oğlunla sorununun olmaması çok normal. Nasıl olsa her şey benim üzerimde, senin neden haberin var ki?" dedi. Bu diyalog, âdeta bir tartışma davetiyesi gibiydi fakat beyefendi sessiz kalmayı tercih etti. Hanımefendi de üstelemedi. "Peki, teşekkür ederim, sizi salona alalım, delikanlı ile biraz yalnız görüşeyim, sonra sizi davet edeceğim." diyerek görüşmeye devam ettim.

Anne babanın, çocuğuna "sorunlu" etiketi yapıştırması bile, onu kırmaya tek başına yeter.

Görüşme esnasında 16 yaşında olduğunu öğrendiğim delikanlı gergin, sıkıntılı ve huzursuzdu. Şu anda anne babasının sorunlu sıfatıyla onu bana getirmeleri ve bu şekilde takdim etmeleri, onu otomatik olarak böyle bir ruh hâline sokmuş olabilir. Düşündüm de bu şekilde getirilen delikanlıların çok azında sorun çıktı. Çoğunlukla anne babaların yanlış tutumlarının verdiği zararla boğuşan gençler oluyordu karşımda. Bakalım bu delikanlı neler söyleyecekti. Şimdi delikanlının psikolojik olarak rahatlaması gerekiyordu. (Seansın sonunda anne babaya iletmek üzere; oğullarını suçlamadan sıkıntılarını nasıl belirmeleri ve oğullarının yanında nasıl konuşmaları gerektiği konusundaki örnek cümleleri aklımın bir köşesine yazdım.)

Hayat hiçbir zaman alışveriş değildir fakat daima bir veriş ve alışı içerir.

Önce delikanlının hatırını sordum. Sonra da biz anne babaların, çocuklarımıza karşı hissettiğimiz sevgide ve verdiğimiz değerde bir sıkıntı olmadığını fakat bu sevgiyi ve değeri doğru biçimde nasıl ifade edebileceğimiz konusunda bilgilenmemiş olmamızdan kaynaklanan pek çok eksiğimiz olduğunu söyleyerek konuşmaya başladım. Delikanlıya, kendisini dinlemeye hazır olduğumu, anlamaya çalışacağımı ve kendisine yardımcı olabilmek için elimden geleni yapmak istediğimi söyledim. Ardından sorularımı sorarak sözü ona bıraktım.

Delikanlı kendisini sevmediğini, yakışıklı bulmadığını, anne babasını da sevmediğini ama babasıyla arasının daha iyi olduğunu söyledi. Derslere zoraki çalıştığını ve notlarının da orta hâlli olduğunu ekledi. Evde mutlu olmadığını açıklarken, "Annem sürekli beni gözetliyor gibi. Elime ne alırsam onu bırakmamı, ders çalışmamı veya kitap okumamı istiyor. İkisini de yaptığım **hâlde** yine de başka şeylerle meşgul olmamı istemiyor. Arkadaşlarımla görüşmemi istemiyor ve biraz dışarı çıkacak olsam, beni eve getirecek bin bir bahane üretiyor. Ben çok bunaldım. Aileme söyle-meyin ama arada bu evden nasıl kaçabileceğimi düşünüyorum. Evde huzur yok, sürekli bağırıp çağırma ve memnuniyetsizlik var." dedi.

Annesi ile babasının arasının nasıl olduğunu sorduğumda, annesinin babasını da çok eleştirdiğini ve babasının arada ken-disinden (oğlundan) yana tavır almasından dolayı, babasını da suçladığını anlattı. Daha sonra, "Annenle konuşsan ve bu tutumu-nun seni nasıl etkilediğini söylesen nasıl olur?" dediğimde şöyle devam etti: "Söylemeye çalıştım. Annem, benim onu dinlemeyen ve kendini düzeltmeye çalışmayan asi bir evlat olduğumu söyledi. Cümlem zaten yarıda kaldı, daha sonra ben de hiç gündeme bile getirmedim." Bunun üzerine ben de, "Peki annenin bu iletişim biçimine baban hiç müdahale eder mi ya da seni rahatlatmaya çalışır mı?" diye sorduğumda, "Babam eve sürekli geç gelir, zaten çok konuşmayız. Arada anneme, 'Bu çocuğun üzerine çok gidi-yorsun, bu erkek çocuğu, varsın dışarıda arkadaşlarıyla beraber olsun. Niye sürekli evde tutuyorsun?' dediğinde, babama çıkışıp, 'Sen bu çocuğun geleceğini düşünmüyorsun, hiçbir şeyi ile ilgi-lenmiyorsun, yük hep benim üzerimde, sen sadece yaptıklarıma karşı çıkıyorsun. Bir kere de eve erken gel, evde ne yaşanıyor bir bak, biraz da sen ilgilen.' diyor." diye cevap verdi. Düşündüm... "Annen haklı mı?" diye sordum. Delikanlı, "Evet, haklı. Çünkü babam hiçbir şeyle ilgilenmez. Eve gelir, sadece yemek yer, tele-vizyonun karşısına geçer, yatana kadar orada oturur. Annemin yanlışlarına da ses çıkarmaz çoğunlukla çünkü annemin onu din-lemeyeceğini bilir. Babam bir şey söylemiş olsa, annem onu da suçlayarak susturur."

Baba babalık, anne de annelik yapamazsa çocuklar yaz-boz tahtasına döner.

Bu konuşmadan sonra bazı tespitler yaptım. Evde anne tek başına sorumluluk alıyor. Bu tabloya göre hem anne oluyor hem baba. İkisini de yapmak isterken ikisi de yarım kalıyor. **Çünkü ne kadar akıllı ve güçlü olursanız olun, on anne çeyrek baba etmez. On baba da çeyrek anne etmez.** Yani herkes ancak kendi kabını doldurabilir. Paylaşım yok, diyalog yok, sevgi ve değer aktarımı yok. Tabii bunların en temelinde, mevcut rollerimizi nasıl doğru oynayacağımız konusunda model ve bilgi eksikliğine ilaveten, birbirimizi daha iyi hâle getirecek stratejik yaklaşımın olmaması yatıyor. Nihayetinde evlilikler de tesadüfen iyi olan ve kısa süren mutluluklarla, rollerimizin sorumluluğu hatırına sürdürdüğümüz beraberlikler hâline geliyor...

Delikanlıya dönerek konuşmaya devam ettim. "Annen ne yaparsa sen evde mutlu olursun ve kendini daha iyi hissedersin?" Delikanlı, annesinin kendisine çocuk gibi muamele etmeyi bırakıp her yaptığını kısıtlamaması, arkadaşlarına karışmamasını, görüşmelerini engellememesi gerektiğini ve kendisine de söz hakkı vermesini istediğini, bu evde şekilde mutlu olacağını söyledi. "Peki, arkadaşlarının kötü alışkanlıkları olması sebebiyle seni onlardan koruyabilmek için görüşmeni istemiyor olabilir mi acaba?" diye sorduğumda ise, "Onlar kötü gençler değil. İçlerinden üç tanesi sigara kullanıyor sadece." dedi. "Sen kullanıyor musun?" diye sordum. "Kısa bir süre kullandım, sonra bıraktım." dedi. "Annenin haberi oldu mu?", "Hayır olmadı." dedi. Ona, "Haberi olsa nasıl tepki verirdi?" diye sorduğumda, "Kendisinin haklı çıktığını söyler ve beni daha çok kısıtlardı." şeklinde bir yanıt verdi.

Çocuklar, babalarından görmeye ihtiyaç duyduğu ilgiyi göremediği zaman, anneler, çocuklarının yanlış bir tarafa kayacağı korkusuyla genellikle aşırı koruyucu ve baskıcı olurlar. Annelerin korkuları, onları, çocuğun ihtiyacını gidermeye yönelik değil, kendilerini rahatlatmaya odaklı davranmalarına sebebiyet verebilir. Delikanlının herhangi bir hobisinin olmadığını ancak gitar çalmak isteyebileceğini öğrendim. Bunu anne babasına söyleyip ilgilenmelerini rica edeceğim...

Delikanlıya sorular sormaya devam ettim.

"Yetişkin bir erkek olduğunda kendisi gibi olmak istediğin bir modelin var mı?"

"Bir öğretmenimi çok seviyorum. Onun gibi olmak isterdim."

"Hangi yönüyle senin kalbine girdi öğretmenin?"

"Bizimle oyun oynar, yetişkinmişiz gibi saygılı davranır ve hâl hatır sorar. Bize hiç bağırmaz. O yeter ki bir şey istesin, hemen ne derse yaparız. O kadar iyi ki kimse onu üzmek istemez."

"Böyle bir öğretmeninin olması gerçekten çok önemli. Onu model olarak görmen de çok iyi. Aferin sana."

Önceden ne yaşanmış ve bugüne etkileri ne olmuş?

Delikanlıya babası hakkındaki düşüncelerini sorduğumda çok üzüldüğü aile tablosunu anlattı bana.

"Babam eve hâkim değil. Annem baba gibi, babam ise pasif bir anne gibi. Babam var ama yok gibi. Biz üç kardeşiz. Babamın ne okuldan ne derslerden ne de başka sıkıntılarımızdan haberi olmaz çünkü sorup ilgilenmez. Onunla aramız iyi çünkü hiçbir şeye karışmaz, bize kızmaz, biz de ona gücenmeyiz. Fakat iyi bir baba olup olmadığını sorarsanız, hayır, tam aksine kötü bir baba. Keşke annem yerine o bizimle ilgilense. Gerekirse bize kızsa ama evde bir babamız olduğunu hissetsek. Başkaları, 'Babam şöyle sinirlendi, böyle bağırdı.' diyorlar, ben onu bile arıyorum."

"Peki, bu güzel açıklamaların ve değerlendirmelerin için çok teşekkür ederim. Şimdi başka bir şey sorayım. Geleceğinle ilgili ne düşünüyorsun? Bir hedefin var mı?"

"Bilgisayar mühendisi olmak istiyorum."

"Çok güzel. Bunun için mevcut bir çaban var mı? Şimdiki çalışma tempon bunu elde etmene yardımcı olur mu?"

"Bu hâlimle kazanabileceğimi pek sanmıyorum."

"Peki, bunun için bir tedbirin var mı?"

"Yok."

"Şu anda çalışmanı engelleyen en önemli sebep ne sence?"

"Annemin baskıları, beni sürekli eleştirip azarlaması. Hiçbir şeyimi beğenmiyor. Bana güvenmediğini ve bu gidişle üniversiteyi kazanamayacağımı söylüyor. Ben de giderek anneme karşı gelmeye başladım. O bana söyleniyor, ben de ona laf yetiştiriyorum. O, 'Böyle giderse üniversiteyi kazanamazsın.' deyince ben de, 'Senin yüzünden kazanamam o zaman. Bana rahat vermiyorsun ki!' diyorum. Ama o, bunu tembelliğimi örtmek için söylediğimi düşünüyor."

"Peki, biz seninle bir anlaşma yapsak; ben annene ve babana sana daha iyi davranmaları konusunda yardımcı olsam, sen de telefonla olan meşguliyetini biraz sınırlasan ve ders çalışmaya biraz daha fazla gayret etsen, olur mu? Çünkü sınava gerçekten az kaldı. Sonuçta söz konusu olan senin hayatın. Sen akıllı ve zeki bir delikanlısın. Bu şartlarda bile sınıf tekrarı yapmadan bu seneye kadar gelmişsin, aferin sana. Şimdi söyle bakalım, bu teklifime ne dersin?"

"Olur."

"O zaman ben şimdi anne ve babanla görüşeyim ve onları da dinleyerek bir değerlendirme yapayım. Bir dahaki seansta telefon ve bilgisayar ile geçirdiğin zaman ve ders çalışma düzenin hakkında konuşup bir planlama yapabiliriz, tabii eğer sen de istersen."

"İyi olur."

"Senin bana söylemek istediğin başka bir şey var mı?"

"Yok."

"Az kalsın unutuyordum; kız arkadaşın var mı? Varsa ne zamandır görüşüyorsunuz?"

"Var. Bir yıldır konuşuyoruz."

Aklıma ilişkide sınırlar hakkında bir şeyler söylemek geldi fakat gündemi kaydırmadan zamanı doğru kullanmak istedim. Bir dahaki görüşmede bu konuyu ele alacağımı not aldım.

"Ailenin bundan haberi var mı?"

"Yok."

"Olsa nasıl tepki verirlerdi?"

"Razı olmazlar ve engellerlerdi."

"Peki, çok teşekkür ediyorum paylaşımların için. Şimdi izninle anne ve babanla görüşeyim."

"Tamam."

"Teşekkür ederim."

Sabırsızlıkla sıranın kendilerine gelmesini bekleyen anne babayı içeri davet ettim.

Mevcut bir sıkıntıda kendi payı olup olmadığına bakmayan kişi, her hatayı karşısındakinden bilir.

Anne baba, ne konuştuğumuzu ve benim ne tepki vereceğimi merak ettiklerini hissettiren bir yüz ifadesiyle içeri girdi. Onları buraya hangi sebeplerin getirdiğini ve beklentilerinin ne olduğunu sordum. Anne hemen atıldı ve oğullarının "hizaya getirilmesi" gibi bir taleplerinin olduğunu söyledi. Bununla neyi kastettiklerini sorduğumda ise anne, "Derslerine çalışsın, bizim sözümüzden çıkmasın, o yanlış arkadaşlarıyla da görüşmesin." dedi.

Babaya dönerek, "Sizin beklentiniz nedir?" diye sorduğumda, önce eşine baktı. Sonra da, "Eşim kızacak ama oğlumuza çok baskı yapıyor. Ben evde kavga olmasını istemiyorum, eşimse durmadan bağırıyor. Biz mutlu değiliz, oğlumuz da mutlu değil." dedi.

Hangi bitkinin nasıl bir bakıma ihtiyacı olduğunu bilmeyen bahçıvan, verdiği emeğin karşılığını alamaz.

Hanımefendi büyük bir hışımla eşine karşılık verecekti ki benim sözümle durakladı. "Peki, çocuk yetiştirmeyle ilgili bir hedefiniz var mı? Nasıl bir evlat yetiştirmek istiyorsunuz mesela?" diye sordum. Yine anne söze başlayarak, "Vatanına, milletine, dinine bağlı, çalışkan, ayakları üzerinde durabilen, kendi emeğiyle bir yerlere gelmiş bir insan olsun. Eline ekmeğini alsın, kimseye muhtaç olmasın." dedi.

Hayata hazırlanmayan gençler, hayatta acemilik çekerler.

"Peki bu çocuğun böyle bir evlat olabilmesi, hayata hazırlanabilmesi için, onu hangi bilgilerle ve nasıl eğiteceğiniz hakkında, anne babalarınızdan gördükleriniz dışında, başka bir hazırlığınız oldu mu?" dedim. "Ne gibi?" diye sordu anne.

"Çocuk eğitimi hakkında kurslara gitmek, kitaplar okumak, bazı yazarların programlarını takip etmek, gerekirse psikolojik destek almak gibi..."

"Önceden bir iki kitap okumuştum fakat ne yalan söyleyeyim, yeterli hazırlığımız yok."

"Peki, oğlunuz size karşı geldiğinde ve söylediklerinizi yapmadığında, 'Acaba biz de yanlış yapıyor olabilir miyiz?' diye sormak hiç aklınıza geldi mi?"

"Elbette bizim de yanlışlarımız olabilir fakat çocuk çocukluğunu bilmediğinde, söz dinlemediğinde annenin de sabrı tükeniyor, o da bir can taşıyor. ('Çocukluk size göre nedir? Çocukluğunu bilmek nasıl oluyor sizce?' diye sorma ihtiyacı duydum çünkü kendi tanımlamalarının kesinlikle doğru olduğuna inandığını fark ettim fakat kendisini bölmek istemedim, dinlemeye devam ettim.) Ben de hatalı davranmış olabilirim tabii ki fakat baba olmadan gerekenleri nasıl yapabilirim, söyler misiniz?"

Annenin burada, haklı olduğu yanlarının görülmesine ihtiyacı vardı. Hem eşinden destek görememesi hem de bilgi yetersizliği, onu böyle davranmaya itiyordu. Açık bir şekilde yanlış yapmış olabileceğini söylemekten çekindi. Tahmin ediyorum ki bu kadar yük, ona ağır gelmişti.

"Haklısınız tabii ki..." diyerek devam ettim. "Evlilik iki kişilik bir bütündür. Erkek ve kadının önce birbiriyle, daha sonra da çocuklarıyla uyumlu bir birlikteliği yakalamaları gerekir." diyerek cümlemi tamamladım.

Her durum için, o durumda yapılması gereken en az iki seçenek vardır:

1. Oluş ve bozuluş kanunlarına uygun davranmak.

2. Tam aksini yapmak yani duygularımızın rüzgârına kapılarak davranmak.

Önceden ne yaşanmış ve bugüne etkileri ne olmuş?

Konunun bundan sonraki kısmında, babaya sorular sordum ve çocukluğunda hiçbir sorumluluk almadan büyütülmüş olduğunu öğrendim. Annesi çocuklarını, onların her istediğini yaparak ve böylelikle onlara iyilik yaptığını zannederek büyütmüş... Beyefendi aynı zamanda ortaokuldan sonra okumamış, küçük yaşta iş hayatına atılmış. Evlendiğinde ise eşinden, annesinden görmeye alıştığı tarzı beklemiş. Hanımefendi bunu bir süre idare etmiş ancak artık sabrı taşınca bu durumun değişmesini talep etmiş fakat netice değişmemiş. Şimdi ise aralarında sıkıntılı bir iletişim var ve bu da aile atmosferini etkiliyor. Dolayısıyla önce kendileriyle görüşmem gerekiyordu. Onlar da ben söylemeden bunu talep ettiler, "En başta kendi aramızı düzeltelim." dediler. Bu doğru bir talepti. Bunun iyi bir başlangıç olacağı düşüncesindeydim.

Ben ikisine birden bakarak, "Anne babalarımız, bizim en derindeki bilgilerimizin ve görgülerimizin mimarıdır ve üzerimizde çok etkilidirler. Fakat onların bizde oluşturdukları yapıyla yaşamaya devam etmek ve onlardan gördüğümüz şekilde hareket etmek bizim kaderimiz değil, seçimimizdir. Bu zamana kadar böyle gelmişse bile bundan sonra böyle gitmek zorunda değildir. Daha iyisi için çabalamak ise hem hakkımız hem görevimizdir. Şu anki anlayışınız ve yaşayışınız, çocuklarınızın da büyüdüklerinde otomatik olarak model aldıkları bir kalıba dönüşecektir. Peygamber Efendimiz (sav) bildikleriyle amel edenlere, Allah'ın (cc) bilmediklerini öğreteceğini buyuruyor. Demek ki her durumda ve her yaşta daha iyi olma şansımız var." dedim. Bunu ikisi de onayladılar.

Anne, ergenlik dönemi özelliklerini anlatan birkaç kitap oku-yacak ve daha doğru davranmaya çalışacaktı. Bunun yanında, bi-raz direnerek de olsa delikanlıyı gitar kursuna göndermeye karar verdiler. Arkadaşları konusunda da biraz daha esnek olacaklardı. Riskler konusunda bilgilendirecek ama oğullarına güvenmeyi de öğreneceklerini umuyordum...

Bilgi, insanın kimyasını değiştirir.

Sonraki seanslarda delikanlı çok daha rahattı. Ders programı işe yaramıştı ve artık derslerine daha çok çalışıyordu. Sınavdan sonra onu gitar kursuna yazdıracaklardı. Sadece bu bile delikan-lıyı mutlu etti. Anne babası ise kitap okudukça kendi yanlışlarını bulmaya başladılar. Beyefendi, artık çocuklarıyla konuşmaya ve onlara hâl hatır sormaya başladı. Hanımefendinin ifadesine göre, "arada ev işlerine bile yardım ettiği" oluyormuş. Hanımefendide-ki en büyük gelişme, dil ve üslubunu değiştirmeye karar verme-siydi. Sürekli eleştirip bir şeyleri emir kipiyle talep etmenin, işe yaramak şöyle dursun, gidişatı daha da kötüleştirdiğini kabul etti. Beyefendinin az da olsa çabası onu çok mutlu etti. Ayrıca bundan sonraki sürecin iyi gitmesinin, öğrenmelerine, öğrendiklerini ha-yata geçirmelerine ve daha iyi olacaklarına inanarak çaba göster-melerine bağlı olduğunu öğrendiler.

Bu seanstan ne öğrendik?

Öncelikle doğru teşhis yapılmalı. **"Evet, ben değişirsem, yani anlayışım ve yaptıklarım değişirse, karşımdakiler bun-dan olumlu etkilenir ve belki de pek çok şey değişir."** biçimin-de kendimize söylememiz ve buna inanmamız lazım. Hangi yaşta çocuğumuz varsa mutlaka ama mutlaka o yaş dönemi özellikle-ri ve gelişimleriyle ilgili düzenli olarak kitap okuyalım. Anneler olarak bir yemeği bile tarifine göre yapıyorsak; çocuk yetiştirmek gibi önemli ve kritik bir konuda da hassasiyet gösterip, bunun ge-rektirdiği bilgi ve donanımı edinelim. Yine de baktık ki baş ede-mediğimiz sıkıntılar var ve çabalarımız yetersiz kalıyor, hiç vakit geçirmeden bir uzmandan destek alalım. Böyle bir desteği almak, hayatta karşılaşılan engelleri ve zorlukları kolaylıkla aşmak ve birey olarak daha iyi hâle gelmek için doğru bir adımdır. Bu adımı atmak, bizlerin ne yapacağımızı bilmediğimizden değil, olayı bizzat yaşayan kişiler olarak duygularımızın daha çok etkisi altında kalıp, bazı şeyleri görmekte zorlanabileceğimizden dolayı gereklidir. Ayrıca eşlerin arası düzelmeden çocukların sağlıklı büyüyemeyeceğini de bilmeliyiz. Dolayısıyla ailede huzuru yakalamanın anahtarının eşler arasındaki uyum ve sağlıklı iletişim olduğu ve buna bağlı gelişen sağlıklı ebeveyn tutumu olduğunu söyleyebiliriz.

Olaylara kuş bakışı bakmayı başarabilmeliyiz ki
detayların arasında kaybolup bütünü
gözden kaçırmayalım.

-İkinci Hikâye-

"Eşimle anlaşamıyoruz"

"Bir buçuk yıllık evliyiz ve sürekli kavga ediyoruz. Acaba birbirimize uygun değil miyiz? Eğer uygun değilsek çocuk olmadan ayrılmamız daha mı doğru olur?"

Geçinememe şikâyeti ile gelen bu çiftin yüzlerinde cıvıl cıvıl ve birbirlerini sevdiklerini düşündürecek kadar mutlu bir ifade vardı. Bu içimi rahatlattı fakat bunun bir ölçü olmadığını önceki görüşmelerimden anlamış bulunmaktaydım. Bazen eşler sakin ve mutlu göründükleri hâlde, duygu durumları ve ilişki içinde yaşadıkları bunu doğrulamayabiliyor.

Evet, başlıyoruz... Kurulan ilk cümle, "Biz anlaşamıyoruz, sürekli tartışıyoruz" şeklinde oldu. "Bana bir tartışmanızı anlatabilir misiniz? Hanginiz ne diyor ve diğeriniz ona nasıl karşılık veriyor?" diye sordum. Hanımefendi söz aldı.

"Hangisinden söz etsem bilmiyorum, o kadar çok ki." dedi ve ardından bakıştılar. Sonra devam etti. "Ben ne dersem tersini istiyor, benim de haklı olabileceğimi düşünmüyor, her durumda kendi sözünün geçerli olmasını istiyor. Sanki ben önemsiz birisiyim. Benim de var olduğumu ve taleplerimin olabileceğini anlaması gerekmiyor mu?"

"Bir örnek olay rica edebilir miyim?"

Biraz düşündükten sonra "Sen söylesene." dedi eşine dönerek, o da "Olur." dedi. Şaşırdım… Açıkçası bu kadar dolu olan hanımefendinin bütün şikâyetlerini sıralamasını bekliyordum.

"Anneme gitmemden çok rahatsız. Ne zaman anneme uğrasam evde tartışıyoruz. Haftada iki akşam uğruyorum. Kendisi gelmek istemiyor. 'Tamam, sen gelme ama bari bana karışma. Evlendim diye annemi hayatımın dışına mı çıkarayım?' diyorum."

"Hayır, anneni çıkarma ama beni de çıkarma."

"Seni çıkarıyor muyum?"

"Evet, beni ciddiye almıyorsun."

Bu konuşma söz düellosuna dönüşecek zannettim ama o kanala girmediler. Beyefendiye, "Hanımefendi ailenize gitmenize niçin karşı çıkıyor, bunu size nasıl açıkladı?" diye sordum.

"Annem ne dese sinirleniyor, ters anlıyor."

"Örnek verebilir misiniz?" diye sorduğumda hanımefendi hemen söze girdi.

"Annesi, üstüme başıma ne giydiğime, evde ne pişirdiğime, oğluna iyi bakıp bakmadığıma, bugün nereye gideceğime ve niye gideceğime varıncaya kadar beni hesaba çekiyor."

"Hayır, sadece sorar." diye düzeltti beyefendi.

Rollerimizi hayata geçiriş biçimimiz, yetkinliğimizin açılımıdır.

Konuşmanın devamında ortaya çıkan şey şuydu: Kayınvalide çok meraklı. Gereksiz derecede her şeyden haberdar olmak, yani yönetmek ve kontrolü elinde tutmak istiyor. Aslında beyefendi de annesine karşı aciz kalmış. Fakat bunu eşiyle paylaşmak yerine, annesinin haklı olabileceğine yönelik yaklaşım sergilemiş. Dolayısıyla da bu durum, daha yeni evlenmiş, evini, yuvasını kendisi oluşturmak ve evinin hanımı olmak isteyen bir gelin için oldukça fazla baskı anlamına gelmiş." İlaveten anne, gelini kendisini ziyarete gelmediği sitem ediyor ve oğlunu kaba tabirle dolduruyormuş. Beyefendi bu beklenti ve tenkit yağmurlarından sırılsıklam olmuş vaziyette eve gelip, kendi hayatlarına adapte oluncaya kadar durgun ve kırgın bir hâlde oluyormuş. Hâliyle hanımefendi de bu tabloyu gördükçe eşinin annesine gitmesinden rahatsız olmaya başlamış. Aslında hanımefendinin burada asıl kabul edemediği husus, eşi tarafından anlaşılamamak… Konuşmanın devamında, hanımefendi bunu ifade etti ve eşi tarafından anlaşılmak ve tercih edilmek istediğini söyledi. Bunun üzerine, "Peki, eşinizle kayınvalideniz dışında tartıştığınız başka bir konu var mı?" diye sordum.

"Arada başka şeyler de oluyor tabii." dedi ve ilave etti, "Benimle vakit geçirmekten hoşlanmıyor gibi, hiç sohbet edemiyoruz. Baş başa vakit geçiremiyoruz." dedi.

Anlaşılabilmek için anlaşılır olmak şarttır.

Bunun arkasında yatan sebebe indiğimizde şunu gördük; annesi beyefendiyi sık sık yanına çağırıyor, eşi ise kendisine de vakit ayrılmasını istiyor. Beyefendinin, eşiyle annesinin arasındaki dengeyi sağlayamadığı için bunaldığını düşünüyorum. Hanımefendi ise eşinin, annesine karşı daha net bir tavır koyması gerektiğini düşünüyor. Hem annesinin etkisinde kalarak eve suratı asık geldiği ve gerginlik oluşturduğu için hem de evde keyifli vakit geçiremedikleri için sürekli bir şikâyet hâlinde. Bu ise beyefendiyi daha da içine kapanan, diyalogdan kaçan bir pozisyona getirmiş. Aynı zamanda kendisini sevilmeyen, değer görmeyen ve beğenilmeyen bir eş gibi hissettirmiş. Bu cinsel hayatlarını da etkilemiş. Başlangıca rağmen şu anda birbirlerine karşı daha soğuk olduklarını söylediler. Tahmin ediyorum ki beyefendi eşine, annesine niçin ses çıkaramadığını anlatmakta güçlük çekeceği için, bu durumu görmezden gelmeyi ve susmayı tercih etmiş. Bu ise eşini yok sayan ve kendi tercihini baskı ile kabul ettiren biri gibi görünmesine sebep olmuş. Yeni evli bir çiftin birlikte paylaşacağı onca güzel şey olabilecekken, bu kadar suskun ve keyifsiz bir süreci yaşamaları, haklı olarak ikisini de bunaltmış. Ben daha fazla gecikmedikleri için ikisine de teşekkür ettim. Çünkü sıkıntı giderek daha çok büyüyebilir ve aralarındaki saygı zarar görebilirdi. Buna fırsat vermeden yardım istemelerini çok yerinde buldum.

Sebepler değişmeden sonuçlar değişmez.

Önce bu durumun sebeplerinin anlaşılması gerekiyordu, sonra da bu durumu değiştirebilmek için nelerin gerekli olduğu konusunda konuşmalıydık. İnsanın normal sınırları daraltıldığında, hareket alanı daralır ve insan sıkıntı yaşar. İşte bu noktada çatışmalar başlar. İlişki biçimi ve tutum açısından idealize ettiği ve ulaşmak istediği bir seviye, bir prototip bulunan bir insanın zihni, ilişkilerini o standarda uygun hâle getirebilmek için arka planda hep çalışır. Bu niyettir. Daha iyi hissetmenin ve kendi tarzına uygun davranmanın yolunun arayışıdır. Bu örnekte ise çiftlerin ilişki dinamiklerini anlamaları, ilişkide kendilerine düşen sorumlulukları hatırlamaları ve gerekenleri yapabilmeleri için, önce bunun "Ne" olduğunu, daha sonra da bunun "Nasıl?" olduğunu bilmeleri gerekir.

Görme niyetiyle bakarsan görürsün.

Bir durumun objektif bir şekilde anlaşılabilmesi için, kişinin saldırı hâlinden sıyrılıp kendine bakması ve kendine, "Bu durumda neyi yapmam ve neyi yapmamam gerekiyor?" sorusunu sorması gerekir. Bu bakış açısı ile hanımefendiye dönerek, "Birlikte geçirdiğiniz vakitlerin daha içten ve sevgi dolu olabilmesi için sizce başka neler yapabilir?" diye sordum. Kadın birden, "Neden o bir şey yapmıyor? Neden hep ben yapıyorum?" diye cevap verdi.

Bu soru aslında herhangi bir itham içermiyordu fakat hanımefendi o kadar dolmuş ki artık bir şey yapmak istemediğini haykırırcasına bu cevabı verdi. Bunun üzerine ben de, "Siz hep ne yapıyorsunuz?" diye sordum. "Gayret ediyorum." cevabını verince hemen, "Nasıl?" sorusunu yönelttim.

Cevap vermedi. O an anladım ki ihtiyaç duyduğu şeylerin olmasını istemeyi ve bunun için tartışmayı "gayret etmek" olarak görüyordu.

Sonra beyefendiden başlayarak eşlerle ayrı ayrı konuştum. Baktım ki beyefendi geri çekilmiş. Annesinin haklılığına ve eşinin abarttığına odaklanmış. Aynı zamanda suçlanma endişesi taşıdığını da fark ettim. Bu da annesinin oğlunu yetiştirirken onu kendisine nasıl bağladığını ortaya koyuyordu. Rahatlamaya ve durumu doğru anlamaya ihtiyacı olduğunu gördüm.

Canı yanan bağırır. Bağıran birisini susturmak yerine, canının yanmasını engellemek gerekir.

Öğrendim ki evliliğin ilk zamanlarında beyefendinin ailesine neredeyse her gün gidiliyormuş. Anne her şeyi sorgulamaya ve onlara müdahale etmeye başlayınca, gelini tarafından tepki ve direnç görmüş. Bundan sonra da gelin itaatsiz, abartan, sabırsız ve büyüklerini dışlayan birisiymiş gibi birçok etiketle dışlanmış. Ben anne ve eş rolleri üzerinde durarak ikisine de şu cümleleri söyledim:

"Doğru anne babalık, giderek çocuklarının kendilerine daha az ihtiyaç hissetmelerine imkân verecek şekilde onları hayata hazırlamaktır."

Anne baba, evleninceye kadar çocuklarının ihtiyaçlarını karşılar, onlara sevgi ve değer depolar. Biz ailelerin en önemli görevlerinden biri, çocuklarını müstakil yaşayacakları kendi hayatları için hazırlamak ve bağımsız birer kişilik olmaları için onları yüreklendirmektir. Onları, daha çocukluktan itibaren kendi işlerini yapmaya alıştırmalı ve bağımsız karar vermelerini sağlayacak ölçütler kazandırmalıyız. Bu, çocuğunu seven ve onların gelecekte aslanlar gibi kendi ayakları üzerinde durabilen, yetkin ve yetişkin kadın ve erkekler olmalarını isteyen her anne babanın evrensel görevidir. Kuşun yuvadan uçurulma zamanı yaklaştıkça çocuk, anne babası tarafından buna teşvik edilip ve desteklenmelidir.

Aklı ve düşünme melekeleri yeterince gelişmiş, kendi kararlarını kendisi alabilen, hata yapsa da bunu anlayınca yeniden başlayabilecek bir akıl olgunluğuna erişmiş bireylere dönüşmeleri için çabalamalıyız. Anne babalar olarak, şimdiye kadar koruyup rehberlik ettiğimiz çocuklarımızın yuvadan ayrılma zamanları geldiğinde, gençleri yönetmekten artık ellerimizi çekmeli ve danışman koltuğuna oturmalıyız. Çocuklarımızın aklına ve tecrübe ederek daha iyisini yapabileceklerine inanmalı ve güvenmeliyiz. Aynı zamanda onları sevgi ve dualar eşliğinde eşi ile baş başa bırakmalıyız. Artık sadece gençlerin danışacakları kişiler hâline gelmeliyiz ve bize bir fikir sorulduğunda sadece fikrimizi söylemeli ve kararı kendilerine bırakmalıyız.

İhtiyacı giderilmemiş organizma sıkıntı üretir.

Kadın psikolojisi yetkin ve güçlü bir erkeğin omzuna yaslanma ihtiyacı içindedir. Evlendiği hâlde hâlâ annesinin yönettiği ve bağımsız karar alma konusunda annesine sınır çizemeyen bir erkek, eşinin gözünde hâlâ ana kuzusu gibi görünür ve hem iletişimde hem de duygu olarak ona güvenmekte, kendini bırakmakta zorlanır. İlaveten, kadın üzerinde kendisini koruyamayan bir erkek imajı oluşturursa, eşi de ona gereğinden fazla söz söyleme, müdahale etme ve karşı çıkma eğilimi içinde olur. Annenin rol çalması ve kendi otoritesini hâlâ geçerli kılmaya çalışması, gelin ile kayınvalide arasındaki iletişime ve saygınlığa da zarar verir. Bu da yeni kurulmuş bir yuvada, daha başlangıç aşamasında zarar verici bir kriz yaşanmasına sebep olabilir.

Sınırlara müdahale, fıtratı zorlar.

Eşler arasındaki en önemli husus, saygıyı koruyacak bir altyapı oluşturmaktır. Bu, kişinin kendisi için hangi rolü öngördüğüne ve bunu nasıl pratiğe geçirdiğine göre kendiliğinden oluşur. Bir yanlışı ya da eksiği giderebilmek için, kalıcı vasıflar feda edilmemelidir. Bazı yanlışlarla mücadele etmek için bile olsa, bizi biz yapan saygınlığımızı zedelemeden, karşımızdakinin de yanlış

yapmasının önüne geçebilecek bir korunma mekanizması oluş-
turmalıyız. Bunu da karşımızdakinin ne yaptığına göre değil,
onun olabileceği en iyi hâle ulaşabileceğine ve bunun da bizim
yaklaşım biçimiz ile kolaylaşabileceğine inanarak gerçekleştirme-
li, buna göre hareket etmeliyiz.

Beyefendiyle tek görüştüğümde ona, "Eşinize karşı annenizi
savunduğunuz zaman, doğruyu göremeyen, annesinin yanlışını
gördüğü hâlde bu yanlışı söyleyemeyen, zayıf ve eşinin haklarını
savunamayan bir erkek görüntüsü oluşur. Bu da bir kadına ağır
gelir." dedim. Beyefendi, "Çok haklısınız." dedi. Sonra beyefendi-
ye annesi ile aralarındaki iletişime dair sorular sordum.

Önceden ne yaşanmış ve bugüne etkileri ne olmuş?

"Şimdi bana biraz annenizle olan iletişiminizden söz eder mi-
siniz? Nasıl bir çocukluk geçirdiniz?" diye sordum.

"Biz anaerkil bir ailede büyüdük. Dört kardeşiz ve hepimizin
hayatında annem baskın bir roldedir. Ne derse onu yapmamız
konusunda bizi şartlar. Günlük hayatımızda bile annem, babamın
söz sahibi olmasına müsaade etmez. Sürekli kendisi haklıdır, her
şeyin en iyisini o bilir. Kendisine itiraz edilmesini kaldıramaz. Bi-
risi karşı çıkacak olursa da âdeta ona savaş açar ve pes ettirinceye
kadar peşini bırakmaz. Biz bıktık usandık. Artık onunla savaşma-
ya kimsenin takati kalmadı, hepimiz pes ettik. Artık o ne derse o
oluyor." diye yanıtladı.

"Peki, şimdiye kadar annenize karşı en güçlü itirazınız ne oldu
ve nasıl bir tepki aldınız?"

"Babamla yaşadıklarını hep görüyorduk. Babam zaman zaman
onunla kavga ediyordu fakat sonuç alamayınca giderek sesini çı-
kartmamaya başladı. Şimdi ise her şeyi akışına bıraktı, artık itiraz
etmiyor. Biz arada anneme bir konuda, şu da şöyle olsun, diyecek
olsak, ağzına geleni sayıp kendi istediğinin ne kadar doğru oldu-
ğuna dair gerekçelerini sıralamaya başlar. Sizi kendinizden bile

şüphe edecek noktaya getirir. Ne yapalım, biz de artık ne dese kabul ediyoruz."

"Yani sizi de zorla susturduğunu söyleyebilir miyiz?"

"Evet, kesinlikle."

"Peki, şimdiki durumunuza bakarak annenizin sizi babanızın yerine koyup, eşinizin karşısında güven bunalımı yaşamanıza sebep olacak şekilde sizi yönetmeye çalıştığını söylesem, bu doğru bir tespit olur mu sizce?"

"Evet, kesinlikle."

"Peki, bu size ne düşündürüyor?"

"Kahroluyorum. Fakat o kadar çaresizim ki... Abim ve kardeşlerimden biliyorum, annem, 'Evlendiniz tabii, beni bir kenara atarsınız artık.' diyerek başlıyor söze, ağza alınmadık hakaretlerle işi beddua etmeye kadar götürüyor."

"Diyelim ki eşinizle bu sebeple siz ayrıldınız. Yeni yuvanızda da aynı şeyler olacak mı?"

"Hiç kuşkusuz."

"O zaman şöyle diyebilir miyiz; sorun eşinizde değil, annenizin yoğun baskılarla sizi kendisine itaate zorlamasında."

"Evet, aynen öyle."

"Peki, şimdi eşinize 'Hayatım, biz anneme itaate şartlandırıldık, bu benim için artık otomatik bir davranış hâline geldi. Farkında olmadan bunun gerekçelerini oluşturup bu sistemi devam ettiriyorum çünkü işin içinden çıkamıyorum. Sen haklısın ve çok iyisin, Allah razı olsun. Bundan sonrası için birlikte yardım alarak kendi sistemimizi oluşturmaya çalışalım.' deseniz ne der?"

"Sevincinden havalar uçar."

"Peki bu size nasıl gelir?"

"Başarabilir miyiz bilmiyorum ama şu anda bile biraz içim ferahladı, sanki yeniden nefes almaya başladığımı hissettim. Beni anladığınız ve bana bir ufuk kazandırdığınız için çok teşekkür derim."

Biraz da olsa rahatladığını duymaktan ötürü memnun olarak, "Estağfurullah, bunun için buradasınız." dedim.

Beyefendiye, özet olarak şu tavsiyelerde bulundum:

"Annenizin yaptıklarından siz sorumlu değilsiniz fakat duygularınızı ifade edebilir ve eşinizin haklı yönlerini, onu anladığınızı hissettirecek şekilde ifade edebilirsiniz. Eşinizin pozisyonunu size uygulayalım. Sizin haklı olduğunuz bir durumda eşiniz hep annesinin anlaşılması gerektiğini vurgulasa, siz kendinizi nasıl hissederdiniz, bunu bir düşünün. Eşiniz haklı olduğunda, ona haklı olduğunu söylemeniz kendisini anlaşılmış hissettirir ve bu tutum, ilişki içinde çok değerlidir. Annenize saygıda kusur etmeyin fakat şu anda içinde olduğunuz aile kurumunun da sizin tarafınızdan korunmaya ihtiyacı var. Bunun için de eşinizle uyum içinde olmalısınız. Aileniz adına bir şeyler yapmalısınız."

Beyefendi beni dikkatle dinliyor ve muhtemelen bunu nasıl yapacağını düşünüyordu. Ben de konuşmama devam ettim:

"Annenizin sözünü dinlemek önemli fakat artık sizin de söz sahibi olduğunuzu annenize hissettirmelisiniz. Anneniz sizin evliliğinize ve artık kendisinin yöneten kişi olamayacağı gerçeğine alışamamış olabilir. Sizi eşinizle paylaşamıyor olabilir. Hatta siz de annenizden ayrılma sendromu yaşıyor olabilirsiniz. Fakat artık bir gerçeğiniz var ki siz evlendiniz. Dünya tatlısı bir eşiniz var ve artık burası da sizin büyüdüğünüz ev gibi kutsal bir yuva oldu. Bu evin erkeği, yöneticisi sizsiniz. Sizin, bu ailenin ihtiyaçlarını giderecek formülleri bulmanız gerekir. Bir ailede ihtiyaçların en büyüğü, yetkin bir eştir. Artık annesinin güdümünde olmayan, eşinin sorumluluğunu ve yuvasının yönetimini eline almış özgüvenli bir erkek..."

"Çok haklısınız." dedi.

Beyefendiye annesinin tepkilerine hazırlıklı olmasını tavsiye ettim. Devamında doğru adımları istikrarlı bir şekilde atmaya devam etmeleri hâlinde, beyefendinin annesinin pes edeceğini ve giderek buna uyum sağlayacağını düşündüğümü söyledim. Diyelim ki anne adapte olmadı, kendileri artık sınırlarını çizmeye alışacakları için annelerini idare etmeye ve bu hâliyle hoş görmeye alışacaklardır. İki eş birbirini olumlu yönde desteklerlerse daha uyumlu bir birliktelikleri olur ve tolere etme güçleri de artar. Bu cümleleri hanımefendiyle tek görüştüğüm vakit ona da söyleyecektim. Bu konuşmanın ardından beyefendi, "Bu konuda siz de bize yardım ederseniz daha kolay adapte oluruz inşallah." dedi. Ben de memnuniyetle destek olacağımı söyledim.

İnsan, değer yüklediği ilişkinin tutsağı olma riski taşır.

Ne yazık ki bazı anne babalar, çocuklarını yuvadan uçuramaz, çocuklarının kendilerine bağımlı olmalarından beslenirler. Kendi yönetim devirlerinin bittiğini, çocuklarının iyiliği için artık onların yönetimi ele almaları gerektiğini kabullenemezler. Bu durum çoğunlukla, kendilerini hayata bağlayan başka dalları olmayan insanlarda açığa çıkar. Eşini kaybeden ya da eşinden sevgi ve ilgi görmeyen anneler, bütün yatırımlarını oğulları üzerinden yapabilirler. Küçük yaşlardan itibaren bu anlayışla aşılanan çocuk da annesini kırarsa bütün dünya ve ahiret saadetinin biteceğini zanneder. Bu da hareket alanını kısıtlar. Bu durum, bir taraf memnun, diğer taraf ise mutsuz olacak şekilde kızılca kıyamet kopana ve ilişkiler iyice yıpranana kadar böyle sürüp gider. Ciddi ve yapıcı bir müdahalede bulunulmadığı zaman da ilişkiler bu yıpranmaya dayanamayıp çoğunlukla kopar.

Sevgi saygıyı getirmezse, saygısızlık sevgiyi götürür.

Bu seansta, ikili ilişki kurallarından söz ettik. Asıl kendi ilişkilerini düzeltmeleri, sevgiyi, ilgiyi ve saygıyı canlı tutmak için neler yapmaları gerektiğini konuştuk. İlişkide olmazsa olmaz kural, önce saygıdır. **Saygı, sevginin içinde korunduğu kristal kaptır. Saygı zarar görürse, sevgi dağılır.** Bunun alt yapısı ise insanın hayattaki en büyük değer olduğuna ve ne durumda bulunursa bulunsun, saygıyı hak ettiğine inanmakla oluşur.

Sıkılı yumruk ile tokalaşılmaz.

Ata sözü

Hanımefendi ile görüşmemizde, beyefendiye söylediğim meseleleri kendisine tavsiye ettim. Bununla birlikte kayınvalidesinin yanlış yaptığını fakat insanların bunu anlayabilmesi için gardını almak yerine, sevecen bir evlat üslubuyla yavaş yavaş, onu incitmeden duygu ve ihtiyaçlarını ifade etmesi gerektiğini anlattım. "O da muhtemelen vaktiyle çok ezilmiş bir anne tarafından böyle yetiştirildi ya da yaşanmışlıklarından sonra kendisinde böyle bir yapılanma oluştu. Hangi sebeple olursa olsun, insana zarar veren, helal ve meşru bir zeminde Allah'ın (cc) tanıdığı haklarını kullanmalarını engelleyen baskıcı otoriteler, ne yazık ki her zaman kriz için zemin oluştururlar. Biz, onun hem bizi anlaması hem de kendi yaptıklarının farkında olması için, tatlı, yumuşak ve anlaşılır bir dil ile kendi sınırlarımızı ifade etmeliyiz. Bizi anlarsa ne ala, anlamazsa da yine kırmadan bildiğimizi yapmaya devam etmeliyiz. Bu durumda bir kriz çıkacağı kuvvetle muhtemeldir. Şimdi siz de bunu göze alın ve sevecen evlat pozisyonunu sürdürerek sevgi ve saygı ile onu kuşatmaya devam edin." dedim.

Tabii bu öncelikle beyefendinin aşması ve iyileştirmesi gereken bir süreç. Elbette bu birdenbire olmaz. Önce ikisinin de bu yeni anlayışı benimsemeleri ve ona uygun düşünmeye başlamaları lazım ki ondan sonra sıra davranışa gelsin.

İkinci seans için ev ödevlerini verdim.

1. İkiniz de birbirinizi üzen ve dikkate alınmadığınızı düşündüğünüz söz ve davranışları tespit edin.

2. Burada konuştuklarımızdan dolayı birbirinizi suçlamayın ve eleştirmeyin.

3. Sadece nelerin muhatabınızı üzdüğünü fark edin, bunu düzeltmek için neler yapabileceğinizi konuşun.

4. Birlikte kayınvalideyi ziyaret edip ona, tam bir evlat gibi samimi, sevecen ve ilgili davranın. Bu arada kayınvalidesine evlat gibi sevecen davranan gelin, "Ben oğlunu elinden almadım, bak istediği zaman geliyor. Sen de bize gelebilirsin, biz yine seni seviyoruz ve bizim için önemlisin." mesajı vermiş olur. Giderken kayınvalidenin ve kayınpederin sevdiği yiyecek, aksesuar ya da herhangi bir ufak hediye götürmeleri, kalpleri birbirine ısındırmaya yardımcı olur.

5. Bir dahaki seansa kadar kendilerine, birbirlerine ve kayınvalide ile kayınpedere dua etmelerini ve niyet tutarak sadaka vermelerini tavsiye ettim.

İkinci seansa kadar yapmaları gerekenler bunlardı. Bir sonraki seansın randevusunu tespit ettik ve ardından onları uğurladım. Konuşmanın sonunda ikisinin de biraz şaşırmış ve biraz da memnun olmuş hâlde ayrıldıklarını gördüm. Bu durumdan ben de memnun oldum çünkü ikisi de ümitli ve denemeye isteklilerdi.

İkinci Seans

Bir hafta sonra aynı çiftle yeniden buluştuk. Ne yaşadıklarını ve ne anlatacakları merakla bekliyordum.

"Evet, sizi dinlemek için sabırsızlanıyorum, annenize gittiniz mi, neler yaşadınız?" diye başlayarak konuya girdim.

"Evet gittik. Annem yine bize bir sürü nasihat verdi. Annelik hakkından, evlatların görevlerinden, onları ihmal edersek başımıza neler gelebileceğinden, bizim daha hayat hakkında hiçbir tecrübemiz olmadığından, benim erkek olarak hanımıma söz geçirmemin ne kadar önemli olduğundan söz etti. İkimiz de sessiz kaldık. Hediyelere çok memnun oldu, sevindiğini ifade etti. Yemeğimizi yedik ve ayrıldık."

Bu çok başarılı bir zemin hazırlama operasyonuydu benim için, memnun oldum. Hanımefendi neler düşünüyordu, bunu merak ediyorum.

"Siz neler hissettiniz? Kayınvalidenizin size karşı tutumu nasıldı?" diye bu sefer özellikle kadına bakarak sordum.

"Sıcak bir karşılama yaptı, sonunda ne düşünüyorsa hepsini eşime ve tabii ki bana da duyurdu."

"Bu arada kayınpeder ne durumdaydı, sohbete dahil oldu mu, size ilgisi nasıldı?"

"Kayınpederim çok iyi bir insan, bizi görünce çok sevindi, sofrada önümüze ne koyacağını şaşırdı. Bizi memnun etmeye çalıştı, sağ olsun."

"Peki, şimdi bundan sonra ne yapacağınızı planlayalım. Öncelikle sakin, kendinizden emin, saygı ve sevgi çerçevesinde hareket etmelisiniz. Kayınvalidenizin istediklerine bir göz atalım, sizden ne istiyordu?"

"Nereye gidersem onu da götürmemi istiyor."

"Arada kayınvalidenizle birlikte gidebileceğiniz yerler oluyor mu?"

"Oluyor tabii."

"O zaman arada çağırmanız ve diğer ziyaretlere yalnız gitmeniz uygun mu?"

"Evet, uygun."

"Şimdi ise bu duruma itiraz ederse ne yapacağınızı planlayalım. Muhtemel itiraz cümlelerini üretip onların üzerinden gidelim."

Zaman zaman yeni düşünme ve ifade etme biçimleri geliştirmek gerekir.

"Önce gelin hanım açısından düşünme biçimimizi oluşturalım. Kayınvalideniz yıllardır bu anlayışla hareket etmiş, bu sebeple ondan hemen değişmesini beklemiyoruz. Belli ki sadece çocuklarının ilgisi ile hayata tutunuyor, bu sebeple de bu ilginin devamına yönelik tutum sergiliyor. Öncelikle onun başka meşguliyetlerinin olması için ne yapabileceğimizi düşünelim. Evin içinde tek başına düşünüp durdukça sıkıntılı duygular oluşmaya başlar. Bu nedenle kendisini meşgul edecek başka ilgiler üretebilmemiz için kendisiyle iş birliği yapmamız, ona bazı teklifler götürmemiz iyi olur. Toplumumuzda takdir ve teşekkür etmek, bir insanın iyi yönlerini açığa çıkarmak gibi güzel alışkanlıklar ne yazık ki çok yaygın olmadığı için, siz eşinizle kayınvalidenizin iyi yönlerini açığa çıkararak kendisinden memnun olmasını sağlayabilirsiniz. Bu kendilik algısının düzelmesine zemin hazırlayabilir." dedim.

Söylediklerim üzerinde düşünüyor, anlamaya çalışıyorlardı. Ben de biraz bekledikten sonra konuşmamı sürdürdüm.

"Sizin bir arkadaşınıza gittiğinizi fark edip onu niye götürmediğinize dair sitemde bulunursa da, 'Anneciğim, bazı yerlere ben izninizle yalnız gitmek istiyorum. Bazen arkadaşımla baş başa konuşmaya ihtiyacımız oluyor. Ben kendi annemi bile her arkadaş ziyaretine götürmüyorum. Beni anlayacağını umuyorum. Fakat bazı yerlere birlikte gidebiliriz. İnşallah önümüzdeki günlerde arkadaşım Ayla'ya gideceğim. O seni çok sevmiş, davet ediyor, inşallah birlikte gideriz. Şimdilik hoşça kal anneciğim.' diyerek sakin ve kararlı bir şekilde gerekli olanı yaparsınız. Beyefendi buna hemen intibak edemeyebilir, zorlanabilir. Ona zaman tanımanız ve onu anlamanız gerekir. Bazen hırçınlaşabilir, bazen annesinin sözlerinin etkisiyle size sataşabilir. Bunları geçici bir intibak dönemi sıkıntıları olarak hoş görmeye çalışın. Çünkü biz doğru bir yola girdik. Yıllardır yer etmiş bir alışkanlık kolaylıkla değişmeyebilir. Sizin bunu bilerek hareket etmeniz gerekir. Eşinize destek olmalı ve bu süreci ona kolaylaştırmalısınız."

AİLEMDE HUZUR İSTİYORUM 51

Şimdi de beyefendi açısından doğru düşünme biçimini belirleyelim...

"Anneniz, her anne gibi, eminim çok iyi bir insan ve çok iyi bir annedir. Sadece her birimiz yaşadığımız çocukluk dönemimizdeki farklı ihtiyaçlarımıza takılı kalabiliyoruz ya da daha sonradan oluşmuş mahrumiyetler ve yanlış davranışlar bizde bazı yanlış tavırların oluşmasına sebep olabiliyor. Netice itibariyle annenizin bu yanlış stratejisi sizi bunaltıyor ve çıkmaza sokuyor. Çünkü artık onun ne dediği, iki kişiyi yani eşinizi ve sizi birlikte etkiliyor. Siz artık bir aile oldunuz. Büyüklerin varlığı yeni çiftler için çok önemli ve anlamlı fakat yanlış ve anlaşılmaz derecede karmaşık ve insanın adalet terazisinin dengesini bozan yaklaşımlar, bu güzelliğin yaşanmasını engeller ve hatta eşlerin arasında ciddi çatışmaların çıkmasına sebep olabilir. Bu sebeple dalgalar yumuşak dokunuşları ile taşları nasıl yuvarlak ve pürüzsüz hâle getiriyorsa, biz de sevgi ve şefkat içeren söz ve davranışlarımızla katılaşmış kalpleri yumuşatabiliriz. O yumuşamasa bile, biz ahlakımızı korumuş ve güzelleştirmiş oluruz."

Beyefendi düşünüyordu. Bu sırada ben de notlarım arasında yazılı olan şu cümleyi gördüm:

Bir davranışın niçin yapıldığını anlamak isterseniz o davranışı yaptıran duyguya bakınız.

Konuşmama devam ettim.

"Öncelikle büyüklerimizi anlamaya çalışmalıyız. Onların hangi ihtiyaçtan dolayı böyle davrandığını anlayabilirsek, daha kolay çözüm üretebiliriz ve bunu da kırgınlık olmadan yapabiliriz. Anneler çoğunlukla evlatları evlenince, artık kimsenin ona ihtiyacı kalmadığı, kimsenin yüzüne bakmayacağı ve yalnız kalacağı endişesi ile sürekli kontrol ve baskı ile eski sistemi devam ettirmek isteyebilirler. Bu durumda yapılması gereken şey, evlâtların önce bunun yanlış olduğunun farkına varmasıdır. Eğer annenizin tepkisinden korkarak yanlışlarını onaylar gibi davranırsanız, mevcut yanlış sizde ve annenizde kök salar, yerleşir ve giderek bunun düzelmesi daha zorlaşır."

Başarının sırrı, iyi niyete paralel olarak doğru davranmak ve bunu sürdürmektir.

Mutlaka saygı ve iyi niyetle kuşatıcı bir yaklaşımla hareket edilmelidir. Doğru yaklaşım biçimi tespit edilip o tavırda kararlı bir şekilde ilerlenmesi gerekir. Bu yaklaşım biçimi kimseyi incitmeden her iki tarafı da kazanmayı öngörür. Bilmeliyiz ki her yeniliği hayatımıza yerleştirmek, eskiye olan bağlılığımızdan dolayı zor ve sıkıntılı olabilir. Fakat Allah'ın (cc) izniyle mutlaka eskisinden daha iyi bir durum oluşacaktır. Bazen bütün iyilikler her zaman bir arada bulunmayabilir. İnsanların kendilerine karşı yapıldığını düşündüğü bir kabul etmesi hem zaman alabilir hem de tam anlamıyla gerçekleşmeyebilir. Böyle bir durumda gençler, ebeveynlerini ihmal etmeden sevgi ve ilgiyle yaklaşmaya devam ettiği müddetçe, Allah (cc) yeni yollar açar, yürekleri ferahlatır ve kolaylaştırır.

Beyefendiye, "Size karışmadığı ve baskısını kaldırdığı müddetçe, ufak tefek kaprislerini görmezden gelip tam bir evlat sevecenliği ile onu kuşatmanız kendisine çok iyi gelecektir. Duygularını değil, size olan yaklaşımlarını esas alıp ona iyi davranmaya devam edebilirseniz çok iyi olur." dedim. Sonrasında doğru ifade örneğiyle devam ettim. "Anneniz size, 'Artık bana ihtiyacınız kalmadı, siz de evladınızdan aynısını görürsünüz inşallah.' gibi bir sitemle yaklaşırsa, öncelikle sakin olun ve şefkatli bir üslupla ona şöyle bir cevap verin: 'Canım anneciğim, sen bizim canımızsın. Ömrümüz boyunca sana olan ihtiyacımız hiç bitmeyecek.' Ayrıca, 'Ana başta taç imiş, her derde ilaç imiş, bir evlat pir olsa da anaya muhtaç imiş.' gibi hoş sözler de söyleyebilirsiniz. Çünkü gerçekten de böyledir. Bunu yürekten hissederseniz hissettirebilirsiniz. Devamında, 'Canım anneciğim, bizim biraz yalnız kalıp kendi içimizde evliliğimiz oturtmaya ve birbirimizi tanımaya ihtiyacımız var. Biz yine sana gelip gideceğiz. Sadece bu çok sık olmayabilir. Bizi hoş gör. Allah (cc) bize seni razı etmeyi ve hakkıyla kıymetini bilmeyi nasip eder inşallah.' deyin, annenizi kucaklayın, ona sarılıp öpün. Hediyeler alın, bir yerlere gidip gelirken uğrayın, gönlünü alın." dedim.

Sonra bakışlarımı hanımefendi üzerinde yoğunlaştırarak devam ettim. "Siz de arada birlikte yemeğe gidin, birlikte dostlarınızı ziyaret edin, kayınvalidenizin arkadaşlarını evinizde ağırlayın. Bu kayınvalidenize çok iyi gelecektir. Arkasından asla konuşmayın ve birilerine kayınvalidenizi asla şikâyet etmeyin. Sadece iyi geçinip onu hoş tutmaya gayret edin. Beddualarını içinse sadece hak etmemeye çalışın. Kalbini kıracak cümleler kurmayın, ihtiyacı olduğunda gidin. Bakıma ihtiyacı olduğunda ilgilenin. Onu muhtaç hâlde bırakmayın. Onun dışında beddua ederse de, 'Allah (cc) her şeyi hakkıyla bilendir.' deyip işinize bakın. Bu arada hem kendiniz hem birbiriniz hem de anne ve babanız için niyet tutarak sadaka verin ve doğru davranabilmeniz konusunda sürekli dua edin. Allah (cc) ne niyetle hareket ettiğimizi görmek ister. Biz tedbir alıp takdiri Allah'a (cc) bırakalım."

Bu arada kayınvalideyi davet edip onu da tanımayı düşünüyordum. Havadan sudan konuşurken onun zamanını daha iyi değerlendirebilmesi, kendi iyi yönlerini görebilmesi ve kendi sınırlarına çekilmesinin kendisine sağlayacağı rahatlıktan söz ederek onunla irtibatta olmayı düşünüyordum.

Her insanın, her zaman daha iyi olmaya açık kapıları vardır.

Yeter ki anlayabileceği ve saygın bir dil kullanılsın, içten ve samimi olunsun. Her insan kendi iyiliği için yapılan konuşmayı ciddiye alır, kendisine değer verildiğini hissettiği müddetçe...

Bundan sonraki seanslarda, duruma göre taktik geliştirip süreci doğru yönetmeye çalışacaktık. Fakat burada dikkat edilmesi gereken iki husus vardı, birincisi beyefendinin değerlilik ve yeterlilik duygularının güçlü ve aktif olması, ikincisi ise ikisinin de evlilik hukukunun gerektirdiği saygın bir dil ve üslup ile birbirlerine değer vermeyi öğrenmeleriydi. Değerlilik duygusundan başlamaya karar verdik...

Bu seanstan ne öğrendik?

Öğrenmeye hazır bir zihin, çok şeydir...

İnsanın; kendisindeki eksiklikleri ve yanlışları görmeyi öğrenmesi çok şeydir. Yardım alması ve samimiyetle kendisine düşeni öğrenmeye çalışması çok şeydir. Kendisini düzeltebilmek için çaba sarf etmesi, bedel ödemesi ve bunun için kesintisiz dua etmesi bu yolda çok şeydir. Kim nasıl davranırsa davransın, sevmeye hazır bir yürek taşıması çok şeydir. Değişimin şartının kula çaba, netice için Rabbimizin (cc) takdirine teslimiyet olduğunu bilmesi çok şeydir. Verilenden razı olması, şikâyet etmeden yüzünü Allah'a (cc) dönmesi, sabırla ve Allah'a (cc) güven içinde yürümesi çok şeydir. Düşse de yavaşlasa da yolu ve yolculuğu Allah'a (cc) has kılıp, aynı yolda imanla yürümeye devam etmesi çok şeydir. Her durumda, elleri ve dizleri kanasa da yüreğine bakıp, "Ben razıyım Rabbim." (cc) diyebilmek çok şeydir. Rabbimizin (cc) insanın içine sunduğu huzuru, teslimiyeti, varlığından haberdar eden muştusunu hissedebilmesi ve âleme bu muştunun penceresinden bakabilmesi çok şeydir. İnsan olmaya çalışması, her sıkıntının kendisini onardığına, biraz daha kendisine bakarak düzelmesine fırsat tanıdığına inanması çok şeydir. Her gelenin Rabbimizden (cc) geldiğini fark edebilmesi çok şeydir. Yola düşüp, kendisine düşeni yapıp, acele etmeden süreci yaşaması çok şeydir. Var olmuş olmanın, sıkıntısız nefes alıyor olmanın, kalbinin her dakika sayısız kere çarptığını ve hayatiyeti devam ettirdiğini hissetmesi çok şeydir. Gülümseyebilmesi ve yediği bir gıdanın tadını alabiliyor olması, bir dilim ekmek bulabiliyor olması, sıkıntısız uyuyabilmesi ve sabaha kavuşabilmesi çok şeydir. Bu sıkıntıların, geldiği gibi gideceğini bilmesi, "Rabbim en uygun davranışı bizim nasibimiz kılsın ve istikametimizi doğru etsin." diyerek dua etmesi çok şeydir. Akıllı olması ve düşünebilmesi çok şeydir...

Bu "çok şeylerle" hayatı yaşamak çok değerlidir...

Danışan dağ aşmış.

Atasözü

Eşler, kendi tamamlanamamış yanlarını eşleri
üzerinden hayata geçirmeye çalışırlarsa,
buradan sadece kaos çıkar
çünkü sistem buna müsaade etmez.

-Üçüncü Hikâye-
"Yardıma ihtiyacım var"

Bekleme salonunda otururken beni görünce aniden gözleri parlayan bir hanımefendi danışanımla bugün ilk seansımızı gerçekleştireceğiz. Kısaca hâl hatır sorduktan sonra, fiks sorumu sordum...

"Sizi buraya getiren sebep nedir, size nasıl yardımcı olabilirim?"

·"Nereden başlasam bilemiyorum. Anlatacağım o kadar çok şey var ki... Ağlamayacağım, dedim kendi kendime ama galiba dayanamayıp ağlayacağım."

"Duyguları küntleşmemiş, yüreği merhametle dolu ve yükü kendine ağır gelenler ağlar. Ağlamak aslında bir nimettir. Gönül arzu eder ki hep sevinç gözyaşı dökelim ama hayatın içinde bu her zaman mümkün olmuyor. Lütfen rahat olun, buyurun."

"Üç yıllık evliyim. Bir buçuk yaşında bir kızım var. Sıkıntım eşimle. Beni hiç anlamıyor, bana yardımcı olmuyor, bana değer vermiyor. Evlenmeden önceki insan gitti, âdeta yerine başka birisi geldi. Öyle zaman oluyor ki sanki boğulacakmışım gibi hissediyorum. Bu böyle nasıl gider, bilmiyorum. Çok çaresiz kaldım, size danışayım istedim."

Beyefendinin, eşinin nişanlılıktaki hâlini arıyor olabileceğini düşündüm. Neden böyle hissettiğini anlamaya çalıştım...

"İyi yaptınız, hoş geldiniz. Bir sıkıntı varsa, ilerlemeden danışmak ve rehberlik almak çok önemli. İnşallah buradan rahatlamış ve doğru stratejiler edinmiş olarak gidersiniz. Mümkünse eşinizle yaşadığınız sıkıntılı bir diyaloğu anlatır mısınız? Cümleye kim nasıl başlıyor ve konu nasıl ilerliyor?"

"Mesela eve girer girmez çocuğu benden alsa, biraz nefes alsam ya da sofrayı bazen eşim kursa... Esasında isteklerim bu yönde. Eşim eve gelince hâl hatır sorduktan hemen oturunca zoruma gidiyor açıkçası. Ben de, 'Ben akşama kadar ayaktaydım, sen ise gelir gelmez oturuyorsun, bana biraz yardımcı olsana.' diyorum. O ise, 'Azıcık nefes almama müsaade et. Yoldan geldim, bütün gün işteydim.' diyor. Bu sefer, 'Ben de ayaktaydım, ben de yoruldum.' diyorum, böylece tartışma başlıyor."

"Eşiniz hangi işlerde size yardım eder?"

"Evi süpürür, sofrayı toplar, biraz çocukla ilgilenir. Fakat bunlar bana yetmiyor çünkü işler yetişmiyor. Evde iş bitmeyince ben de tahammülsüzleşiyorum. Ev hep düzenli olsun istiyorum ancak bunu yapamıyorum."

"Eşinizden beklentilerinizi talep ettiğinizde hangi üslupla talep ediyorsunuz ve o bu talepleri nasıl karşılıyor, ne diyor?"

"Önceden istediklerimi kolaylıkla yapıyordu. Fakat zamanla sızlanmaya başladı. O mazeret ürettikçe benim de üslubum değişti. Hayatın yükünü tek başıma çekmemi istiyor, bencillik yapıyor."

"Üslubunuzdan ve neler istediğinizden söz eder misiniz?"

"Önceleri daha kibar istiyor, rica ediyordum. Şimdi sitem ediyorum."

"Mesela ne diyorsunuz?"

"Hmm... 'Beni ne zaman anlayacaksın?', 'Hâlimi görmüyor musun?', 'Hep benim mi hatırlatmam lazım, bir kere de ben söylemeden sen kendin akıl et.' diyorum."

"Peki eşiniz buna ne karşılık veriyor?"

"Kendisinin de yorgun olduğunu, eve gelince dinlenmek istediğini, arada bir şeyler yapabileceğini fakat benim taleplerimin onun için fazla olduğunu söylüyor. Alışık olmadığını, birdenbire ona fazla yüklendiğimi söylüyor. Bunun üstüne, 'Ben de alışık değildim ama alışıyorum. Bu hayatı beraber götürmeyecek miyiz, bana ne zaman yardımcı olacaksın? Çok tembelsin.' diyorum. O da güceniyor ama bana göre gerçekten tembel."

"Size istediğiniz ölçüde yardımcı olamadığı için mi eşinize tembel diyorsunuz yoksa başka tespitleriniz de var mı? Örnek verecek olursam çöpün atılması, alışverişe gitmek, sizinle beraber bir yerlere gitmek, kendi işlerini yapmak, düzenli olarak bir işte çalışmak da dahil olmak üzere, pek çok test alanı var."

"O konularda sıkıntı yok. Sadece ben bir şeyler istediğimde tembellik ediyor."

Önceden ne yaşanmış ve bugüne etkileri ne olmuş?

"Bu konuya devam etmeden önce, çocukluğunuzun nasıl geçtiğini anlatabilir misiniz? Aileniz size iş yaptırır mıydı, sorumluluk verir miydi? Eşlik ve annelik rollerinizle ilgili annenizden neler gördünüz?"

"Annem bize hiç iş vermezdi çünkü ne yapsak beğenmezdi. Üstelik eve gelen herkese bizim olumsuz yönlerimizi anlatır ve bizi mahcup ederdi. Ona böyle yapmamasını söylediğimizde, 'Siz de iyi olun, bana söyletmeyin.' derdi ve bizim ne düşündüğümüzü hiç önemsemezdi. İş yapmadan, takdir görmeden ve sevildiğimizi hissedemeden büyüdük ve evlendik. Şimdi her şey bana zor geliyor, basit bir iş bile olsa gözümde büyüyor. Hep eşimin desteğine ihtiyaç hissediyorum."

Hanımefendinin çocukluk dönemini öğrendiğimde, çok da sevilerek ve değer görerek büyümediğini anladım. Evde iş yaptırılmamış. Çok şikâyet eden, anneliği ve iş yapmayı sevmediğini her fırsatta dile getiren bir annenin elinde büyümüş. Şimdi ev hanımlığı ve eşlik rolüne bir de annelik ilave edilince, kendisini yetersiz hissetmeye başlamış. Eşinin yardımlarını da yeterli bulmayınca, kendisini daha da sıkışmış ve bunalmış hissetmeye başlamış. Zamanında edinilemeyen beceriler, zamanı geçince ilk zamankinden daha zorlukla edindiğimiz beceriler hâline gelirler. Çevremizdekiler ise haklı olarak o beceriyi yapma yaşımızda olduğumuzu düşünerek beklenti içine girerler; genç bir kızın ev işlerini tamamıyla ve severek yapması gibi... Acemilik hissi hem işi yapış biçiminden hem de yaparken hissedilen tedirginlik sebebiyle dışarıdakiler tarafından fark edileceği için, acemilik çekenler çoğunlukla işi başkalarının yanında yapmaktan çekinirler ve genellikle de kaçmayı ya da ertelemeyi tercih ederler. Bu yüzden biz anne babalar, cinsiyet ayırt etmeden, çocuklarımıza küçük yaşta ev işlerini severek yapmayı öğretmeliyiz ki büyüdüklerinde sıkıntı çekmesinler. Aslında çocuklar çok küçükken hep bir iş yapmak, yardım etmek için telifte hatta ısrarda bulunurlar. Özellikle biz anneler ise onların yavaş ve döke saça iş yapmalarına sabredemediğimiz için ya tekliflerini reddederiz ya da elinden alıp hemen kendimiz yaparız. Bu tutumumuz çocuklarımızın ileride sıkıntı çekmesine sebep olacak türdendir. Kendimizi düşünerek çocuğumuzun yetişmesini engellemiş oluruz.

"Peki bana çocukluğunuzdaki anne babanızın iletişimi hakkında bilgi verebilir misiniz? Nasıllardı, babanız annenize yardımcı olur muydu mesela?"

"Babam anneme yardım etmezdi. Annem de çok sıkıntı çekti. Babam sorumsuz biriydi." dedikten sonra annesinin de babası hakkında, şu an kendisinin eşi ile ilgili olan düşüncelerine benzer şeyler düşündüğünü söyledi.

Ölçüyü kendimiz belirleyerek ihtiyaç üretmemiz ve bunu talep etmemiz, beklentimizin doğru olduğu anlamına gelmez.

Bu örnekte daha çok birbirlerini dinleyip, şartlarını ve ihtiyaçlarını anlayarak ortak bir noktada buluşmak yerine, sadece tek taraflı ihtiyacı belirtip kesintisiz bir yardım talebinde bulunmak söz konusu olmuş. Bu ihtiyaç algısı kişinin kendi anlayışına göre oluşturulduğu için, zamanla eşine de zor gelmeye başlamış. Ayrıca usul olarak sitem, eleştiri ve haksız ithamlar da söz konusu olunca iletişimlerinde sıkıntı oluşmaya başlamış. Hanımefendinin, "Benim ihtiyacım varsa, sen bana yardım etmek ve beni rahatlatmak zorundasın." anlamındaki tutumu, sözlü söylenmese bile, lisanıhâl ile karşısındakine yansır. Herkes kendi zihnindeki eş algısına ve o durumdaki ihtiyacının giderilmesine yönelik beklentiye girdiğinde ve bunu da karşı tarafın görevi gibi takdim ettiğinde, karşı tarafın savunmaya girmesi neredeyse kaçınılmaz gibidir.

Bu arada cinsel hayatlarının yolunda olup olmadığını sorduğumda da "zaten yorgun düştüğünü, keyfi hareket edecek zamanının kalmadığını, eşinin de bu duruma tepki gösterdiğini" ön bilgi olarak verip çok seyrek birlikte olduklarını söyledi.

Sevgi, sevdiğinin en acil ihtiyacı ne ise onu gidermeye çalışmakla başlar.

Konuşma arasında hanımefendi, cinsel hayatları konusunda, karşı tarafın kendisine yardım edilmediği hâlde isteklerinin yerine getirilmesini istediğini düşündüğü için tepkisel olarak eşine, "hayır" dediğini ifade etti. "Sen bana yardım etmezsen ben de senin isteklerine olumlu yanıt vermem." tarzında bir karşı çıkışı var ve bu tepkisinin öğretici olmasını umuyor.

Burada, eşlerin birbirinin ihtiyacının ne olduğunu anlayamaması ve hanımefendinin hep bir destek talebinin olması, hiç memnun olamaması, kendisindeki objektiflik ve adalet duygusuna zarar vermektedir. Bu da iletişimi aksatan ve ilişkiyi tökezleten bir engele dönüşmektedir. Burada önemli bir husus daha var ki o da neyin normal neyin normal dışı olduğunun tespiti. Hanımefendi eşine, kendi çocukluğunda ve gençliğinde ev işlerine alıştırılmamış olmasının kendisini zorladığını ve bu durum düzelene kadar yardım rica ettiğini söylese, suçlama ve itham etme dilinden çok daha etkili bir yaklaşım sergilemiş olabilirdi.

"Peki, şimdi başka bir konuya geçelim. Siz eşinizi sevdiğinizi söylüyorsunuz. Ona verdiğiniz değeri ve içinizdeki sevgiyi nasıl ifade ediyorsunuz?"

"Önceden ona hediye alır, arada sürprizler yapardım. Onu sevdiğimi söylerdim. Özel sofralar hazırlardım. Şimdi yapmıyorum, beni anlamadığını ve hayatımı kolaylaştırmadığını düşündüğüm için içimden ona karşı kinleniyorum."

"Başka bir danışanım olan bir beyefendinin, eşi için kurduğu şu cümleleri sizin için kursam ne dersiniz? Beyefendi, 'Eşim çocuğumuz doğduktan sonra beni unuttu, beni âdeta öksüz bıraktı, ilgi ve sevgiyi tamamen kesti. Yatakta bile bana sarılmıyor. Üstelik sanki çocuğumuz oldu diye ben suçluyum, o çok yoruluyor ve eve gelince ben hiç yorulmamışım ve dinlenme hakkım yokmuş gibi eşimi mutlu etmek için evde ne gerekirse yapmak zorundayım gibi davranıyor. Üstelik yaptıklarımı da takdir etmek bir yana, beğenmiyor bile. Eşim bunları istiyor. Oysa ben hiç iş yapmadan büyütüldüm, bunlar bana çok zor geliyor ve eşim beni hiç anlamıyor. İstediğini yapmadığım zaman bana surat asıyor ve kötü davranıyor. Asıl ben çok bunaldım.' demişti. Bu sözlerin sizin ilişkiniz açısından bir doğruluk payı var mı?"

"Tam isabet. Sanki eşimle konuşmuşsunuz gibi."

"O zaman ihtiyaçları karşılıklı olarak tespit etsek ve karşılıklı anlayışla bunların giderilmesi için iş birliği yapsak nasıl olur?"

"Gayet iyi olur fakat ben ev işlerini tek başıma nasıl halledeceğim, bana öyle zor geliyor ki. Eşim yardım etmezse tek başıma asla işlerin içinden çıkamam."

Beklentinin realitenin üzerine çıktığı durumlarda, önceki dönemlerden kalma ihtiyaç birikmesinden çoğunlukla söz edilebilir.

İşte bu noktadan sonra hanımefendiyle rollerimiz, sorumluluklarımız ve sınırlarımız hakkında konuştuk. Kendisinin bunalmakta haklı olabileceğini fakat yeni evlilik ve yeni annelik rolünün başlarda herkese ağır gelebileceğini, bunu eşiyle güzel bir iletişim ve yardımlaşma neticesinde hafifletebileceğini belirttim. Beyefendiyi çağırdım ve kendisi de tam olarak tahmin ettiğim şekilde aynı şeylerden söz etti. Beyefendiyle de anneliğin güzel yanlarını, yeni bebeğin büyümesi esnasında yaşanan zorlukların bazen kitap, bazen dost tavsiyesi ve gerektiğinde de psikolojik bir destekle daha kolay aşılabileceğini konuştuk. Daha sonraki seanslarda, güzel bir ilerleme kaydettik çok şükür. Hanımefendinin özgüven ve değerlilik duygusu kazanabilmesi için bir çalışma başlattık. Beyefendi çok rahatladı, hanımefendi de yapması gerekenleri çok çabuk kabullendi. Umuyorum ki seansların bitiminde ikisi de gayet iyi durumda olur...

Bu seanstan ne öğrendik?

Bir insanın çocukluğu, ailesinin kurallarını öğrenerek geçer. Yaşadıkları ve gördükleriyle zihninde kalıplar oluşur. Çocuk büyüyüp yetişkin olduğunda ise bu kalıplara uygun olacak biçimde düşünür ve yaşar. Neyin ihtiyaç olduğu da bunlara göre oluşur. Herkes kendi ihtiyaçlarını düşündüğü kadar karşısındakinin ihtiyaçlarını da göz önünde bulundurmalı, merhamet ve saygı çerçevesinde, suçlamadan bir orta yol bulunmalıdır. Eğer bulunamıyorsa bir yardım almak iyi olur. Her ihtiyaç zannettiğimiz, gerçekten bir ihtiyaç olmayabilir ve biz, önceden oluşmuş bir algımızın sonucunda onu ihtiyaç olarak görüyor olabiliriz. Burada önemli olan, hakkaniyetle yaklaşarak doğrusunu öğrenmek ve ona göre hareket edebilmektir. Hangi durumda olursak olalım, suçlayıcı bir dil iyi bir netice vermez. Saygıyı koruyarak konuşmak ve davranmak, uzun vadede her iki tarafa da iyi gelen çok doğru bir tutumdur. Bu hem kişileri hem de ilişkiyi korur.

Meseleye karşısından değil, yakınından bakarsak
daha doğru görürüz.
Muhalif gibi karşısında değil, yanında durursak
daha kolay anlarız.

-Dördüncü Hikâye-

"Kayınvalidem her hareketiyle beni değersizleştiriyor, asla memnun olmuyor"

Üçüncü sefer görüşecek olduğumuz bir hanımefendi var yanımda. Önceki notlarıma baktığımda, eşinin ve kayınvalidesinin yaptıklarından dolayı iyice dolmuş ve eşiyle arası açılmış bu hanımefendinin, çok üzgün ve gergin bir hâlde geldiğini hatırladım. Bütün anlatacaklarını sabırla dinledim. Kendisini anlaşılmış hissedebilmesi ve benim de yeterli bilgiyi alabilmem için sorularla biraz daha açılım yapmasını sağladım. Özet olarak beyefendinin de itirafıyla anladım ki sorun üreten bir kayınvalide var. Açıkça gelinini yeterli görmediğini ve beğenmediğini hissettiriyor, her şeyini eleştiriyor, oğlunun bu eksiklikleri görmesini ve eşine âdeta, "Annem senden daha iyi!" demesini istiyor gibi.

Bazı yetişkinler geçmişteki o aktif, çalışkan ve yeterli oldukların dönemin bittiğini, çocuklarının da büyüdüğü için artık hiç kimsenin kendisine ihtiyaç duymadığını düşünüp, bu sebeple de kendilerini atıl ve işe yaramaz hissedebiliyorlar. Kayınvalidelerde de sıkça görülen bu durumda kişi, değerli ve önemli olduğu hissettirilmediğinde, var olduğunu, hâlâ o eski güç ve yetkinliğine sahip olduğunu, her istediğini yaptırmaya çalışarak, bunu daya-tarak ispat etmeye çalışır. Bazı kayınvalideler, şimdiki gençlerin kendi çektiği sıkıntıları çekmeden rahata kavuştuğu ve hazıra konduğu düşüncesiyle, "Ben çektim, onlar da çeksin." gibi ilkel fakat anlaşılabilir bir anlayışla hareket edebilirken, bazıları da, "Ben zamanında çok çektim, gelinim çekmesin." diyerek, üstün bir ahlak sergileyip oğlunun ve gelininin hayatlarını kolaylaştıra-bilmek için elinden geleni yaparlar.

İnsanın her an değişen hâli düşünüldüğünde bunların hepsi-nin insana özgü olduğu fark edilir. Bizler hangi pozisyonda olur-sak olalım, Allah'ın (cc) bizden razı olacağı tutumu tercih etmeye gayret gösterelim. Kimseyi kınamadan, ayıplamadan hepsinin insani bir hâl olduğunu düşünüp sıkıntı verenler için dua edelim. Çünkü ne zaman hangi durumla karşılaşacağımızı ve ne duruma düşeceğimizi sadece Allah (cc) bilir. Şimdilik hepimiz zarar gör-mekten ve zarar vermekten Allah'a (cc) sığınalım.

Önceden ne yaşanmış ve bugüne etkileri ne olmuş?

Kayınvalidenin bu davranışının arkasındaki psikolojiyi anla-maya çalıştığımda, hiç değer görmemiş bir genç kızlık ve gelinlik süreci geçirmiş olduğunu öğrendim. İtilip kakılarak büyütülmüş, tabiri caizse bir güler yüze, bir tatlı söze hasret kalmış. Evlendi-ğinde de durum değişmemiş. Eşinden ve evdeki büyüklerinden sevgi ve şefkat görememiş. Ekonomik yönden yoksulluk, sevgi ve değer görme yönünden de yoksunluk içinde ömrünü geçirmiş. Bu kadar sıkıntı içinde mutsuzluktan kıvranarak çocuk yetiştirmiş... Anlatılanlara baktığımda da kaba tabirle "elin kızı geldi, oğlumu aldı" diye düşünüp oğlunu kaptırmama telaşına girdiğini düşünü-yorum. Canından can katarak büyüttüğü ve onun sevgisi ile haya-ta bağlandığı oğlunun eşini çok sevip annesini unutması ve ondan uzaklaşması endişesi anneye, bunu engellemek için her davranışı yaptırabilir. Bir de buna eğitim görememe, kendini yetiştirememe eklenince, tahmin edilebileceği üzere, duygular hayatı yöneten tek unsur hâline gelebilir. Nitekim burada da öyle olmuş.

Hanımefendinin neler yaptığını, verdiğim ev ödevlerinin ne kadarını yapabildiğini merak ediyordum. Nihayet başladık...

Ne istiyorsak ona yöneliriz.

"Hoş geldiniz değerli hanımefendi, görüşmeyeli nasılsınız?" Bu soruya olumlu cevap alamayacağım çok belli gibi duruyor.

"Hiç iyi değilim. Söylediklerinizi yapmakta çok zorlanıyorum. Çok bunaldım."

"Hangilerini yapamadınız? Yapmaya çalışırken neler hissettiniz?"

"Aslında bir yanım söylediklerinizi yapmak istiyor fakat diğer yanım, 'Bunca yapılanı sineye mi çekeyim, hiç bedel ödemesin mi? Ben iyi davrandıkça o kendini haklı görmeye devam edecek ve benim üzerime daha çok gelecek.' diyor. Bir adım atasım gelmediği gibi üstüne bir de yeniden kinleniyorum."

"Haklısınız, kim olsa böyle düşünebilir. Biz şu ana kadar düşünmediğiniz ve yapmadığınız şeyleri hayatınızda yeni yeni konumlandırmaya çalışıyoruz. Bu düşünceleri hayata geçirmekte zorlanmanız çok normal. Sadece sizi ayakta tutacak stratejileri üretmemize ihtiyacımız var. Bunları cümleye dönüştürmeli ve o yolda ilerlemek için çaba sarf etmeliyiz. Ayrıca tercih ettiğimiz bu yol ve yolculuk biçimini, kısa vadeli olarak uygulandığında istenilen sonucu veremeyebilir. Ancak bunu sürekli yaptıkça taşlar yerli yerine oturacaktır. İlerleyen zamanlarda siz stratejilerinize inanıp onları öyle güzel hayata geçireceksiniz ki işte o zaman başkalarının nasıl davrandığı tamamıyla önemini kaybedecek."

"İnşallah. Sizce ben bunu başarabilir miyim?"

"İnsanın çok istediği ve istediği şeye ulaşabilmek için gerekli adımları attığı durumlarda, o şeyi başarabilmesi kuvvetle muhtemeldir. Yeter ki neyi, niçin istediğimizi bilelim. Zannediyorum ki sizin biraz daha 'niçin2 sorusunun cevabını duymaya ve bunları içselleştirmeye ihtiyacınız var. Çünkü sistem hepimizde böyle çalışır. Beynimiz 'niçin' sorusunun cevabını ne kadar güçlü bulursa, o işe o kadar sıkı sarılır. Bunun yanında da ev ödevlerimiz olacak ve böylece ufak ufak antrenman yapabileceğiz."

"Tamam, elimden geleni yapacağım inşallah."

Bu söz, pek çok şeyin başlangıcı olmaya adaydır.

"Bu kararlılığınızı ve gayretinizi tebrik ediyorum. Ben inanıyorum ki gerekçelerinizi güçlendirdiğinizde, bunları çok güzel şekilde hayata geçirebileceksiniz. Çünkü siz zorlanmayı ve gereğini yapmayı göze alıyorsunuz. Bu çabanız çok değerli. Bu durumunuz tam da Fussilet Suresi'nin 34. ayetini akla getiriyor. Allahu Taala (cc), 'Madem ki iyilik ile kötülük bir değil, sen kötülüğü daha güzel olanla sav, o zaman göreceksin ki seninle arasında düşmanlık bulunan kimse sana, senin yakın bir dostun, sıcak bir arkadaşınmış gibi davranır. Bu, kendisine sabırdan bir pay verilenler için böyledir.' buyuruyor."

"İnşallah, inşallah."

"Eşinizle bir konuşma yapmanızı tavsiye etmiştim, onu yapabildiniz mi?"

"Henüz kendimi hazır hissetmediğim için yapamadım. Eşime benim değiştiğimi, annesine karşı daha olumlu bakmak için çabaladığımı söylersem, beklenti içine girer. Sonrasında eğer o beklentiyi karşılayamazsam, bana olan inancını kaybeder diye düşündüm ve bu sebeple de onunla konuşmadım."

"Meseleyi içinizde henüz oturtamadıysanız, konuşmamanız yerinde olmuş. Neleri konuşmanızın iyi olacağı konusunda aklınızda kalanları bana tekrar ifade edebilir misiniz?"

"Olur. Aklımda kaldığı kadarıyla diyecektim ki, 'Canım, annen şimdiye kadar sevgi, ilgi ve şefkat görmeden büyümüş. Hayata sizinle, çocuklarıyla tutunmuş. Sen de ilk oğlusun, seni benimle paylaşamamasını anlıyorum. Biz şu anda ondan çok daha iyi şartlarda yaşıyoruz ve ona göre daha bilgiliyiz. Onu sevgimizle kuşatacak stratejiler üretelim. Ben de lisanıhâl ile ona, oğlunu ondan koparmayacağımın, onun benim de annem olduğunun ve rahat olması gerektiğinin mesajını vereceğim. Sık sık gidip gelelim, ona hediyeler alalım, içinin rahat olmasını sağlayalım.' diyecektim."

"Çok güzel ifade ettiniz, tebrik ederim. Peki bir şey daha sorayım, siz böyle dediğinizde, eşinizin muhtemel tepkisi ne olur? Ona göre de bir zihinsel hazırlığımız olsun."

"Aaa çok doğru. Eşim hemen annesini savunmaya geçebilir. 'Annem senin dediğin gibi biri değil, sen fesatsın.' diyebilir mesela. Zaten şimdiye kadar size anlattığım için siz de biliyorsunuz. Eğer bana haklı olduğumu söyleseydi, bu durumla daha rahat baş edebilirdim. Fakat eşim hep annesini tuttu ve annesinin kendisini benden soğutmak için neler yaptığını gördüğü hâlde görmezden geldi. Bu yüzden ben de belki daha rahat atlatabileceğim bu süreç içerisinde çok daha fazla sıkıntı çektim."

"Anlıyorum, peki hanımefendi, bu meseleye adil olarak baktığımızda şimdiye kadar kayınvalidenizi rahatlatacak herhangi bir şey yaptınız mı?"

"Hayır, yapmadım fakat ona kötü de davranmadım."

"Sadece o böyle davrandıkça uzak durdunuz ve bu da onu korkuttu."

"Evet, aynen öyle oldu."

Niyetimiz doğru davranmaksa...

Görüşmenin bundan sonraki safhasında, erkekler çoğunlukla anneleriyle baş edemeyeceklerini ve sözlerini dinletemeyeceklerini tahmin ettikleri durumlarda veya annelerine çok bağımlı yetiştirildiklerinde; ilk olarak annelerini haklı görme ve eşlerini susturma yolunu seçebilirler. Bu da insanın adalet duygusunu zedeler ve ikili ilişkilerde duygusal bağlara zarar verir. Bu durumdan söz ederek hanımefendiye, eşiyle konuşurken annesini suçlayıcı değil de onu anladığını ifade eden cümleler kullanmasını tavsiye ettim. Örnek olarak da aşağıdaki cümleleri kurdum.

"Usulsüz vusül olmaz." Yani her işin bir yolu yordamı vardır. Belli şartlar yerine getirilmeden istenilen sonuca ulaşılamaz.

"Hayatım, canım eşim, annemi anlamaya çalışıyorum. Annemin yerinde ben olsaydım, belki ben daha sıkıntılı bir konumda olabilirdim. Allah (cc) razı olsun, o kadar sıkıntının içinde nice fedakârlıklarla sizi büyütmüş, beslemiş, size emek vermiş. Anneler her türlü ilgiyi ve saygıyı hak ediyor. Allah (cc) onları başımızda sağlık ve afiyet içinde var etsin inşallah. Sadece ben bu anlayışa yeni yeni alışmaya çalışıyorum ve senden de bana destek olmanı rica ediyorum."

"Ben hayatım boyunca, Allah'ı (cc) razı edecek şekilde davranmak istiyorum. Fakat aldığımız eğitimler ne yazık ki bunu bize kazandırmadı. Bunu şimdi yakaladığımız yerden edinmeye çalışıyorum. Sen harika bir eşsin. Seninle evlendiğim için çok mutluyum. Sen çok güzel ahlaki özellikleri olan bir adamsın. Seni çok seviyorum. Bu yolculukta bana yardımcı olabilirsen çok sevinirim. Bugün anneme ziyarete gidelim ve ona ufak tefek hediyeler alıp gönlünü hoş tutalım. Böyle davranan benim annem de olabilirdi. Ben kendi anneme nasıl davranacaksam, senin annene de öyle davranmayı istiyorum. Çünkü büyükler, 'Ataların hakkı dörttür.' demişler. Ben Rabbimin (cc) iyi bir kulu olmaya niyet ettim, bu yolu seçtim. İnşallah Rabbimin (cc) kolaylıklar lütfedeceğine inanıyorum."

"Sizce bu sözleri sarf ettiğinizde itiraz edecek bir açıklık kalır mı?"

"Kalmayacağını umuyorum."

"Aynı zamanda bunu kayınvalidenizin değişmesi, sizi anlaması ve sevmesi beklentisiyle de yapmıyoruz. O yapacaklarına devam edebilir, yine sizinle uğraşabilir. Burada bizim hedefimiz

Rabbimizin (cc) Rad Suresi'nin 11. ayeti kerimesinde, 'Bir toplumu oluşturan fertler kendi iç dünyalarındakini değiştirinceye kadar, Allah (cc) onların oluşturduğu toplumu değiştirmez.' şeklinde ifade ettiği üzere kendi iç dünyamızı değiştirmemiz. Bizi biz yapan içimizdekiler olduğu için asıl odağımız, yanlış olanları değiştirip bizi doğruya götürecek bir ahlakla donanmaya çalışmak ve iyiliğin bizden yansımasına gayret göstermek olmalıdır; bunun insanlar tarafından kabul edilmesi değil... Çünkü asıl kıymet bilen Allahu Taaladır (cc)."

"Hiç böyle düşünmemiştim. Dinlemek bile bana ne kadar iyi geldi, teşekkür ederim."

"Estağfurullah, gönlünüz hakka ve hakikate açık olunca, sizi oraya yönelten her şeye açık olursunuz. Bu kadar hızlı intibak etmenizden dolayı ben sizi tebrik ediyorum. Rabbim (cc) hayırla devamını getirmeyi nasip etsin inşallah."

"O zaman neyi anlatmak istediğimiz önemli fakat nasıl ifade etiğimiz daha da önemli. Çünkü diyaloğun yönünü 'nasıl'ımız tayin ediyor."

"Çok iyi anlamışsınız. Aynen öyle."

Hanımefendiye Yusuf Suresi'ndeki Yusuf'un (as) anlayışından söz ettim. Yusuf (as) kendisini kuyuya atan kardeşlerine, "Ben, beni kuyuya atanlarla değil, beni attıranla ilgileniyorum. Sizler aracısınız, benim sizinle işim yok. Benim gönlümde mahkûm değilsiniz, size kızgın yahut kırgın değilim. Allah (cc) benim o kuyuya düşmemi ve oradan Yusuf olarak çıkmamı murat etti. Fakat sizin yaptığınız yanlıştı, Allah'a (cc) tövbe edin." dediğini anlattım. Hepimizin düştüğü kuyuların, bizim sağlam bir anlayışa ve yaşayışa sahip olabilmemiz, zayıf yönlerimizi kuvvetlendirebilmemiz ve Allah'ın bizleri doğru davranıp davranmadığımızı sınamak için aracı kıldığı vesileler olduğunu söyledim.

Hanımefendiye okuması için kitap tavsiyesinde bulundum. Şimdilik eşi ile konuşma yapacak, duygularını onarması için Allah'a (cc) dua edecekti. Adım atmak için acele etmeyecek, sadece telefon edip hatırını soracak, gittiklerinde daha samimi ve sempatik davranmayı deneyerek tabiri caizse ısınma turlarına başlayacaktı inşallah. Daraldığı noktada yazışabilmemiz için ona numaramı verdim. Mutlu ve güvenli bir şekilde ofisten ayrıldı.

Bu seanstan ne öğrendik?

Büyüğün yanlışı, küçüğü de yanlışa sevk etme riski taşır. Büyük, evin bilge kişisi olmalı, çocuklara sevgi ve şefkatle rehberlik, danışmanlık yapabilmelidir. Diyelim ki rehberlik yapamıyor, o zaman sadece sevgi gösterip değer vermelidir. Aklı başında, olgun ve nerede nasıl davranacağını bilen büyükler birer nimettir. Herkesin bir kaderi vardır ve herkesin imtihanı farklıdır. Herkes bir başkası ile kıyaslanmadan, şu geçici dünya hayatını güzel bir şekilde geçirmeye çalışsa ne de güzel olur... Diyelim ki yetişkin bunu başaramadı, o zaman da gençlerin onu hoş görmesine ve güzel bir geçimi kendilerinin tesis etmesine ihtiyaç vardır. Diyelim ki bunda da başarılı olamadılar, kayınvalide ne olursa olsun tutumunu değiştirmedi, o zaman gençler kendi aile sistemlerini kendi durumlarına uygun olarak kurarak, annelerini de dışlamadan, ona saygıyla davranarak idare etmeye çalışmalıdır. Bu yaklaşım, çatışmanın her iki tarafa da verdiği zararla kıyaslanacak olursa, sizce de çok iyi bir seçenek gibi durmuyor mu?

Her anne babanın çocuklarına davranırken
sergilediği tutum, onların düşündüğü gibi doğru
olsaydı, bugün pek çok genç mutlu olurdu.

-Beşinci Hikâye-
"Annem yüzünden hepimiz bu evden kaçmak istiyoruz"

Bu seansta dört tane misafirim var; üç genç kız ve bir anne. Rutin konuşmaların ardından sıra, bana gelme sebeplerine geldi. İlk olarak anne konuşmaya başladı.

"Ben kızlarımla anlaşamıyorum. Hepsi ergen gibi. Bir türlü kavga etmeden iletişime giremiyoruz. Hangimizin haklı olduğunu bilemiyorum. Bunu bize siz söyleyeceksiniz." dedi.

Bu, esasında insanı sıkıntıya sevk edecek bir soru biçimiydi. Eğer haklı ya da haksız olduğunu söylersem, bundan sonra bu ifadeye göre düşünüp hareket edebilirdi. Bu ise objektif düşünmelerini engellerdi.

"Ben sizin haklı ya da haksız olduğunuzu değerlendirmeyeceğim. Her iki taraf da kimi zaman haklı kimi zaman haksız olabilir. Birinizin doğru davrandığı durumda diğerinin ona yanlış olduğunu söylemesi, hakikati değiştirmez; doğru, doğrudur. Olayın içindeyken, her birimiz objektif olmayı beceremeyebiliriz. Duygularımız hangi tarafa eğilimliyse, bizi o tarafa doğru sürükleyebilir. Ben sizin ve evlatlarınız pek çok doğru ve güzel davranışlarınızın olduğuna eminim. Fakat burada sorunları konuştuğumuz için, hep eksik ve yanlış gördüğümüz şeylerden söz edeceğiz. Burada konuştuklarımız zaten burada kalacaktır. Ayrıca sizlerden birinin yaptığı yanlış, onu kötü biri de yapmaz. İnsan ve davranışlarını ayrı değerlendirmemiz ve davranışını değiştirdiğinde kendisinin iyi olduğunu kabul etmemiz lazım. Dolayısıyla ben şimdi sizi dinleyeceğim ve kim nasıl davranırsa bu iletişim süreci daha doğru işler, birlikte bunu tespit edeceğiz inşallah."

Önceki tecrübelerimden biliyorum ki anne ve baba detaya girdiklerinde evdeki dil ve üsluplarını kullanıyorlar. Bu başkasının yanında yapıldığında gençler için incitici olabiliyor. Bazen iki tarafın da görüşünü öğrenebilmek ve tepkileri ölçebilmek için bir seansı hep birlikte geçirdiğimiz oluyor. Burada önce anne ile yalnız görüşürsem iyi olacağı kanaatini taşıyorum. Genç kızlarımıza teşekkür edip onları salona gönderdim ve anne ile görüşmeye başladım.

"Kendinizi seviyor musunuz, güzel buluyor musunuz?"

"Zannederim kendimi sevmiyorum, güzel bulmaya gelince, kafam o kadar karışık ve mutsuzum ki bunu değerlendirmeye bile sıra gelmiyor. Önceden yani genç kızken de kendimi arada güzel bulurdum fakat çoğu zaman güzel bulmazdım."

"Güzel bulmadığınız zamanlar çoğunlukla mutsuz olduğunuz zamanlardır herhâlde, değil mi?"

"Evet, evet."

Önceden ne yaşanmış ve bugüne etkileri ne olmuş?

"Peki nasıl bir çocukluk geçirdiniz?"

"Ne yazık ki anne babam, benden hiç memnun olmazlardı, sadece eleştirirlerdi. Başkalarının yanında rencide etmekten çekinmez, 'Siz daha iyi olun diye yapıyoruz.' derlerdi. Biz beş kardeştik. Hiçbirimiz mutlu değildik. Erkek kardeşim daha başına buyruktu, annemi babamı dinlemez, kendisi ne isterse onu yapardı. O böyle sert çıkınca ona sözlerini geçiremezlerdi ve sanki hınçlarını bizden alırlardı."

"Bu eleştirilme sizi nasıl etkiledi, evlenirken nasıl seçim yaptınız, eşinizi aileniz onayladı mı?"

"Eleştirilmek aslında çok berbat bir şey. İnsan kendini çok kötü hissediyor. Hadi bir şeyi daha özenli yapayım, beğensinler diyorum, o yaptığımda da bin bir kusur buluyorlar. Hâliyle ben de onların beni ve yaptıklarımı beğenmelerinden ümidimi kestim ve çabalamayı bıraktım. Beğenmeleri ve takdir etmeleri hiçbir koşulda mümkün değildi. Eşime gelince, aslında onunla evlenmemem için çok uğraştılar fakat ben direnince baktılar ki ben vazgeçmiyorum, o zaman mecburen onayladılar."

Etiketlerimizi çıkarmadan yeni rol edinemeyiz.

Konuşmalarımızdan hanımefendinin anne babasının kendisini hiç beğenmemesi sonucunda, kendisinde bir titizlik, daha dikkatli olma, kimseden eleştiri almama, mükemmel bir iş çıkarmaya çabalama gibi bir anlayış oluştuğunu anladım. İtiraf ettiğine göre, kızlarının başkalarından eleştiri almamaları için üzerlerine çok gidiyormuş. "Beğenilmemekten, takdir görmemekten canım o kadar yandı ki bir başka gerekçe ile de olsa, çocuklarıma da bunu yaşatıyor olmam çok acı." dedi ve uzun uzun ağladı.

Hanımefendiyle kızları ile görüştükten sonra elde ettiğim neticeye göre, daha doğru bir yaklaşım biçimi oluşturma konusunda anlaştık. Genç kızları odama buyur ettim. Yaşları 21, 18 ve 14 olan üç genç hanımefendiden en büyüğü, benim sorum üzerine söze başladı.

"Sizce annenizle olan iletişiminizde sorun var mı?"

"Evet, var."

"Size göre sorun nedir?"

"Annem hayatında neredeyse hiç mutlu olmamış ve bir başkasını da nasıl mutlu edeceğini bilemeyen birisi. Bu yaşıma geldim, bir kere beni takdir ettiğini, bana, 'aferin' dediğini duymadım. Kazara bir şeyi kırsak, yemek taşsa, temizliğimizi beğenmese ağzına geleni söyler. Bir keresinde canım çekti diye kek yaptım; fırında biraz fazla kaldığı ve kenarları hafif karardığı için bana öyle ağır sözler söyledi ki o keki yiyemedim. (Bunu söylerken ağlıyordu.) Sözü ortanca kardeş aldı. "Babamı da beğenmiyor ve evde kimse annem yüzünden mutlu değil. Annemin memnun olması imkânsız. Evlenip bir an önce bu evden kurtulmak istiyoruz."

Korkuyla kaçan, kaçarken aklını çoğunlukla geride bırakır.

Bu ifade bana, evliliğinin daha ilk yıllarında aşırı geçimsizlik ve bazen de boşanma kararıyla gelen çiftleri hatırlattı. Onlara, "Eşinizdeki şikâyet ettiğiniz bu özellikler, daha nişanlılık aşamasında fark edebileceğiniz türden şeyler. Hatta sadece sorarak bile öğrenebilirdiniz. Bunları gördüğünüz hâlde neden evlendiniz?" diye sorduğumda, **"Evet, fark ettik fakat evimizde o kadar bunalmıştık ki gördüğümüz bu aksaklıkların zamanla düzeleceğini, belki daha iyi olacağını düşündük, bizimki bir kaçış evliliğiydi."** diyen çok kişi ile karşılaştım. Allah (cc) korusun, burada da benzer bir risk var. Ben en küçük kardeşe dönerek bir soru sordum.

"Ablalarını birlikte dinledik. Onların anlattıkları hakkında ne düşünüyorsun?"

"Ben de aynısını düşünüyorum. Notlarımızı beğenmez, hiçbir işimizi beğenmez. Azıcık hava kararsa bizi dışarıda bırakmaz. Arkadaşlarımızı çok eleştirdiği için bizim onlara gidip gelmemizi de istemez. Arkadaşlarımla annemden gizli görüşüyorum."

Tabii bu da yalanı beraberinde getiriyordu... Anne babalar, çocuklarının yalanlarını fark ettiklerinde, onlara **yalan söylettiklerini** değil de onların yalan söylediğini düşünürler. Burada anne babalar, tutumlarını değiştirmeleri gerekirken, tam aksine çocuklarına yüklenirler.

Büyüğe dönerek sordum.

"Erkek arkadaşınız var mı?"

"Evet, ikimizin var." (Büyük ortancayı kastederek konuştu.)

"Peki anne babanızın haberi var mı?"

"Yok. Olsa kıyameti koparırlar."

"Peki nasıl görüşüyorsunuz? Haberleri olsa ne yapmayı düşünüyorsunuz? Bir gün bir şekilde olur herhâlde."

"Doğru, bir gün olacak tabii ki. O zaman da itiraf ederiz ve ciddi olduğumuzu söyleriz. Okul çıkışında ya da annem alışverişe gittiğinde kısıtlı zamanlarda görüşüyoruz."

Gençlere, "Anneniz çok sıkıntılı bir çocukluk ve gençlik geçirmiş, aslında bu baskıyı sizin hayatta eleştiri almadan daha mutlu yaşamanız için yapıyor fakat bunu nasıl değiştireceğini bilmiyor. Biz, annenizle daha iyi bir anlayış ve konuşma biçimi üzerinde çalışacağız. O sizleri üzdüğünün farkında fakat o kadar zarar görmüş ki bu girdaptan kurtulamıyor. Eğer siz de bu konuda yardımcı olursanız, anneniz bu süreci daha iyi atlatabilir." dedim. Büyük olan söze girdi.

"Ben pek ümitli değilim doğrusu. Ben ona, 'Sen böyle yaparak bizi kendinden soğutuyorsun.' dediğimde, yine bize yüklendi."

"Haklısınız. Fakat şimdi devrede sizin dışınızda biri daha var. Bu, annenizde algısını ve tutumunu değiştirme motivasyonu oluşturabilir. Başarma ihtimali çok düşük bile olsa, sizin bundan sonraki hayat kaliteniz için denemeye değer diye düşünüyorum, ne dersiniz?"

"Haklısınız."

Gençlerle annelerinin çok zarar gördüğü hususunda biraz daha konuştum. Kendini değersiz ve yetersiz hissetmenin berbat bir şey olduğunu ve hele de eşiyle mutsuz ise bununla baş etmenin çok zor olduğunu onlara anlattım. Annesine yardım edebilmek için iş birliği yapmamızın öneminden söz ettim. Bu arada babalarını da seans için davet ettim. Bu üç kızımızla şimdilik sadece güler yüzlü, saygılı ve kendilerine düşeni yaptıktan sonra, anneleri ne derse desin aldırmamaları konusunda anlaştık.

Anlaşıldığını hissedenler, anlamaya daha yatkın olurlar.

Hanımefendiyi yalnız olarak tekrar görüşmeye aldım. Çocuklarının kendisini çok sevdiğini, onun mutsuzluğuna üzüldüklerini ve daha iyi olması için ellerinden geleni yapacaklarını söyledim. Gözleri yaşardı, gülümsedi, "İnşallah." dedi.

Sonraki seansta beyefendi de geldi. Durumdan o da çok şikâyetçiydi. Eşi ile ilgili açıklamaları ona da yaptım. Kendisini dinlediğimde, onun da ailesinde ciddi sıkıntılar çektiğini anladım. Birbirlerine destek olarak daha iyi ve mutlu bir hayat sürebileceklerinden söz ederek kendisine iş birliği teklif ettim, beyefendi de kabul etti. Ben de şimdilik, tartışmadan kaçınmasını, daha kibar ve saygılı davranmasını, iyi yönlerini takdir etmesini, arada baş başa yemeğe gitmelerini ve arada hediye almasını rica ettim. Not aldı ve bende konuştuklarımızı ciddi bir şekilde hayata geçireceği izlenimini uyandırdı.

Bundan sonraki süreç, tek başına hanımefendi ile gerçekleştirdiğimiz seanslarla geçti. Öncelikle anlatmak istediği ne varsa dinledim. Anne baba imajıyla barışma seansı yaptık, bu onu çok rahatlattı. Daha sonra kendi iyi, güzel ve doğru yönleri üzerinde durduk. Artık yavaş yavaş yüzü gülmeye, daha olumlu düşünmeye başladı. Eşi ve çocuklarıyla yaptığım telefon görüşmelerinde, evdeki tutumunun da değiştiğini, hanımefendinin fark edilir şekilde mutlu olmaya başladığını söylediler. Bu beni çok mutlu etti ve şükrettim.

Bu seanstan ne öğrendik?

Her insanın kendisi için her durumda yapabileceği şeyler vardır. İnsan bazen bildiğini zanneder ancak yanılır. Bazen bilir fakat buna rağmen yanlış yapabilir. Bizler beşeriz, şaşarız. İşte tam da bu noktada, iddia sahibi olmadan kendini sık sık gözden geçirebilmek, kimsenin gönlüne kuşun kanadıyla bile olsa dokunmamak ve zarar vermemek büyük bir erdemdir. Her an daha iyi olabiliriz ancak bunun için nerede yanlış yaptığımızı öğrenip sonrasında da doğrusunun ne olduğunu araştırarak onu hayatımıza geçirebilmenin mücadelesini pes etmeden verebilmemiz gerekir. **Her insanın içinde, zor zamanda ortaya çıkacak ve çıktığı zaman da kendisinin bile inanmakta zorlanacağı kadar müthiş bir potansiyel güç vardır. "Ben yapamam." demek ve denememek, bu gücün açığa çıkmasını engeller.** Aynı zamanda bu insanın gerçeğini bilmemek demektir. Gerekli olan şeyin yapılması için niyet edip hareket etmek, Allah'ın (cc) izniyle sağlam bir başlangıç olacaktır.

Her gün bir yerden göçmek ne iyi.
Her gün bir yerden göçmek ne iyi.
Her gün bir yere konmak ne güzel.
Bulanmadan, donmadan akmak ne hoş.
Dün dünle beraber gitti cancağızım.
Ne kadar söz varsa düne ait,
Şimdi yeni şeyler söylemek lazım.

Mevlâna Hz.

*Birileri, hayattaki rollerimizle ilgili olarak bize
çeşitli gömlekler giydirebilir. Eğer o gömlekler dar
ya da bol geliyorsa çıkarmak, giyenin işidir.*

-Altıncı Hikâye-
"Annem yetişkin gibi davranmama izin vermiyor"

Bu seansta evlenmelerine çok az vakit kalmış nişanlı bir çift ile görüşeceğim. Ortak sorunun, delikanlının annesinin katı tutumu olduğunu öğrendim. İkisi de birlikte olmaktan mutlu görünüyordu. Acaba kayınvalide neyi dert etmişti de bu ilişkiye şerh düşme ihtiyacı hissetmişti? Bunu birazdan anlayacağımı umuyorum. Kayınvalidenin duygularını delikanlı ile yalnız konuşmamın daha uygun olacağı düşüncesindeydim, bu sebeple seansa beyefendi ile başladık. İlk sorum, "Nişanlınızı seviyor musunuz?" oldu.

"Nişanlımı seviyorum."

"Hangi özelliğinden dolayı onunla evlenme kararı aldınız?"

"İyi bir insan, akıllı, çalışkan, birbirimizi seviyoruz ve iyi anlaşıyoruz."

"Peki nişan öncesinde sizin ailenizin nişanlınıza ve onun ailesine karşı tavrı nasıl oldu?"

"Annem pek sıcak bakmadı."

"Neden?"

"Annesini sevmediğini, yabancı bir memleketten olduğunu ve kendi akrabalarımızdan bir kızla evlenmemin daha doğru olacağını söyledi. 'Biz anlaşıyoruz, birbirimizi seviyoruz.' diyorum ama annem hiç oralı olmuyor. Annem sadece itiraz eder, kendi görüşü neyse onu dayatır fakat çoğunlukla iyi daha iyi bir alternatifi de yoktur."

"Siz ailenize, bilhassa da annenize karşı nasıl bir duruş içindesiniz? Yanlış ve mantıksız olduğunu bildiğiniz istekleri olursa buna karşı çıkar mısınız, kendi görüşünüzü uygulamaya çalışır mısınız?"

"Bunu yapmak için çok uğraştım fakat annem her seferinde kendi fikrini uygulatmayı başardı. Abime söz geçiremiyor fakat ben biraz sessizim diye hep bana yükleniyor."

"Abiniz kendi bildiğini yapıyorsa, yanlış mı yapıyor? Hayatında uygunsuzluklar mı var?"

"Yok, hayır, yok aslında."

"Peki siz kendi bildiğiniz gibi hareket etmeyi seçtiğinizde anneniz bunun ne gibi sakıncaları olduğunu görüyor ki sizi kendi hâlinize bırakmıyor?"

"Bir sakıncasını görmesine gerek yok. Kendi dediği olmamışsa, benim yaptığımın ne kadar doğru olduğunun bir önemi kalmaz. Çünkü o annedir, onun sözü dinlenmemiştir ve ben asi evlat olmuşumdur, abisine benzemişimdir. Bundan dolayı ömrüm boyunca belim doğrulmaz, işim rast gitmez ve ben adam olamam çünkü büyük sözü dinlememişimdir, böyle der."

Önceden ne yaşanmış ve bugüne etkileri ne olmuş?

Annesinin geçmiş yaşantısını sorduğumda delikanlı, "Babam çok sakin, doğru düzgün konuşmayan ve içe dönük yapıda bir adamdır. Bu yüzden pek çok işi annem yapar. Babam tuttuğunu koparan bir yapıda olmadığı için bir erkeğin yapması gereken zor işlerde bile hep annem devrededir. Bu da otomatik olarak her şeye annemin müdahale etmesi anlamına geliyor tabii. Küçük yaştan itibaren beni hep, 'Benim sözümü dinleyen uslu oğlum.' diye sevdi. Ben anneme hiç karşı gelemedim, hep bu 'uslu oğul' ödülünü kaybetmekten korktum. Sanki annemin istediği bir şeye karşı gelirsem, beni sevmekten vazgeçerdi. Hep böyle bir korkum vardı. Bunu hâlâ da aşabilmiş değilim. Bu sebeple de şimdi 'hayır' demekte zorlanıyorum. Oysa ne kadar yanlış yaptığımın farkındayım ancak onunla mücadele etmeye korkuyorum." dedi.

Beyefendi durumunu o kadar net ifade etti ki tablonun neden böyle olduğu hemen anlaşıldı. Buna benzer öyküleri çok duydum; "Benim oğlum hiç sözümden çıkmaz.", "Kızım ne dersem yapar.", "Benim kızım asla bensiz bir yere gitmez.", "Benim kızım yalnız başına sokağa çıkmaz." gibi birçok yanlış ölçü ve düşünce... Çoğunlukla biz anneler, kendi işimize gelen durumları sabit bir davranışa dönüştürebilmek ve kendi konforumuzu sürdürebilmek için çocuklarımızı sevgimizle bağımlı hâle getiriyor ve çocuklarımızın hayatlarını karartıyoruz. Çocuk ihtiyacı olanı talep edemiyor, etse bile hem kabul edilmiyor hem de itaatsizlik ile suçlanıyor. Çocuk büyüyüp artık bir genç olduğunda bile, elini ayağını ve hatta aklını bağlayan bu telkinlerden kurtulamıyor ya da kurtulsa bile çok uğraşması gerekiyor. Annesi izin vermediği için sokağa çıkarılmayan çocuklar, daha sonra ihtiyaçları olduğu hâlde sanki sosyal fobi oluşmuşçasına dışarıya adım atamaz hâle geliyorlar. Oysa biz ebeveynler, çocuklarımızın önce aklını sonra da hayatını geliştirebileceği donanımları çocuklarımıza kazandırmakla sorumluyuz. **Evlatlarımızı özgür ve dengeli yetiştirmeliyiz, bağımlı değil.**

Bu tespite ilaveten, bir hanımefendi için hayatın içinde hem erkek hem de kadın rollerini üstlenmek de hem çok yıpratıcı ve gönül yorgunluğu veren bir durum hem de eşine karşı duygularını örseleyen, yaralayan ve zihnindeki eş imajına zarar veren bir tutumdur. Bir durumu yeterince görebilmek ve anlayabilmek için mutlaka bir iki basamak yukarıdan bakmalıyız. Beyefendinin annesinin yaşadıklarına bakarak bugünkü tutumunun sırf bu sebeple oluştuğunu söyleyemesek de etkisinin büyük olduğunu belirtmeliyiz. Eğer delikanlının babası eşlik ve babalık rollerini elinden geldiğince yerine getirmeye çalışsaydı, bu tablo daha iyi bir şekilde oluşabilirdi. Baba hem evde hem de yok gibi olunca eve sahip çıkma ve evin bütün sorumluluğunu üstlenme mecburiyetine göğüs geren kadında, herkesi yönetmeye çalışma gibi bir netice hasıl olmuş, kendisi de zamanla buna alışmış ve isteklerinin kesinlikle yerine getirilme "zorunluluğunu" diğer aile bireylerine yansıtmaya başlamış. Fakat abisi kendi sınırlarını belirleyebilmiş, buradan da anlaşılıyor ki ısrarlı ve istikrarlı olunca sınır konabiliyormuş.

Hanımefendi ve beyefendinin, annelerini ellerinden geldiğince üzmeden, kendi içlerinde bir aile olabilmeyi başarmaları gerekiyor. Bu şimdiki tabloya göre çok mümkün görünmese de önemli olan, gençlerin hürmet ve şefkat kanatlarıyla annelerini kuşatıp bu geçişin travmaya dönüşmemesine yardımcı olmalarıdır. Bir atasözümüz, **"Hem karnım doysun hem çörek bütün kalsın olmaz. Karnın doyunca çörek de azalır."** der. Kendisine itaat edilmesine bu kadar alışmış bir anne, elbette ki kendi otoritesini, içindeki kontrol arzusunu ve her şeyi denetleme ihtiyacını birdenbire terk edemeyecektir ve mutlaka arada sıkıntılar çıkacaktır. Bu göze alınmalıdır. Burada önemli olan, anne ne derse desin, irtibatı ve ilgiyi sürdürmektir. Umuyorum bu gerçekleşir.

Cesaretsiz insan, kendi eliyle esaret çerçevesini süsler.

Konuşmamızın devamında beyefendiye, annesinin haklı bir gerekçesi olmadığı hâlde, anne olma hukukunun dışına çıktığını, evladının yetişkin bir insan gibi olgunlaşmasına müsaade etmediğini ve böyle giderse beyefendiyi hem duygusal yönden hem eşi ile ilişkileri bakımından hem de iş hayatı açısından oluşacak zararlarını engelleme şansı olamayacağını anlattım. Burada sorumlu olanın kendisi olduğunu çünkü gerçeği bilerek annesine sınır koyamadığını anlattım. Giderek aile hayatında hep annesinin dediği olunca eşi nezdinde de ciddi bir imaj kaybı yaşayacağını, aralarındaki saygının zarar göreceğini ve bunun olacak çocukları dahil herkesi içine alacak bir zarar çemberine dönüşme riskini anlatmaya çalıştım. Bu dominant ve dediğim dedik tavır, sakin ve kararlı bir şekilde, doğru biçimde yönetilmezse, zamanla bu çemberden kurulmanın çok daha zor olacağını anlatmaya gayret ettim.

Akıl gelişmişse görmek kolaydır.

Beyefendi söylediklerimi doğru buldu ve bu durumda sorulabilecek en doğru soruyu sordu.

"Peki annemi de kırıp üzmeden bunu nasıl başarabilirim?"

"Evet, beklediğim soru buydu. Bu soru için teşekkür ederim. Öncelikle biz, annenizi kırmamak için elimizden geleni yapacağız fakat kırılıp tavır alacağı, küseceği, beddualar yağdıracağı neredeyse kesin. Biz şundan emin olmalıyız; bu yaklaşımda Allah'ı (cc) üzecek bir şey var mı? İnşallah hayır. Bilakis, 'İnsanın kendisini koruması farzdır.' hükmü var. Yanlış olduğu bilinen bir şeyin engellenmemesi vebaldir, sorumluluktur aslında. Annelerimiz içi sevgi dolu, çok iyi ve güzel insanlardır. Fakat kendilerini yenilemedikleri, daha doğru davranış ve yaşayış için danışma ve okuma gibi alışkanlıkları edinmedikleri zaman, bunun bedelini çocukları ödeyebiliyor."

Anne baba baş tacıdır, dedikleri sana ters gelirse yapma fakat onlara saygın baki olsun.

"Annenizi kırmadan, incitmeden, onunla irtibatı kesmeden ve doğrunun ne olduğunu bilerek bu süreci atlatmaya çalışmak lazım. Yapılan doğru davranış, zamanla ona da iyi gelecek ve önceden olsaydı kopma noktasına gelecek olan irtibat, daha canlı ve daha sağlam biçimde devam edecektir. Yani anneniz bu duruma alışacaktır. Siz kararlılığınızı korudukça, anneniz yeni bir tutum geliştirmek zorunda kalacaktır. Burada önemli olan anneniz krize girse bile siz gençlerin doğru olan tavırdan vazgeçmemesidir. Krize girdiği gibi çıkar, merak etmeyin, sizler de annenizin yanında bulunup onu rahatlatmaya çalışırsınız. Bazen 'anemin kalbi var ya bir şey olursa' gibi endişeler söz konusu olabiliyor. Siz din dışı, ahlak dışı ve insanlık dışı bir şey yaparsanız, evet, annenizin kalbini düşünün. Lakin siz yetişkin olabilme imkânınızı elinize aldınız diye, kendi tahakkümünün bittiğini ve inisiyatifini kaybettiğini düşüneceği için kalbi hasta olacaksa, bunun şifasının da Allah'tan (cc) geleceğini bilip yolunuza devam edin. Bu arada, evlendiğiniz vakit de annenizle yani ailenizle irtibatı kesmeden, ona hediyeler alarak, güler yüz ve saygı ile onlara gidip gelmeye devam etmenizde fayda var."

Doğru adımlar çoğunlukla doğru ilerletir.

"Bu süreçte daralıp bunaldığınızda ve kafanız karışıp zorlandığınızda mutlaka doğru bir muhataba danışın ki size yardımcı olsunlar. Anneniz pes edip sizi kendi hâlinize bırakıncaya kadar, ki bunun kolay olmayacağı açıkça görülüyor, köprünün altından çok sular geçmiş, sizde derin yaralar, tahribatlar oluşmuş olabilir. Ancak şu an yeni bir yol ayrımına geldiniz, farkında mısınız?"

"Evet, kesinlikle."

"Bu yola girmek size nasıl geliyor?"

"Çok zor, çetin ama mümkün. Bana yeni bir ufuk açtınız, Allah (cc) razı olsun. Ben şimdiye kadar anneme hiç başkaldırmadım. Hangi cümleyi nasıl kuracağımı, onun bana söyledikleri karşısında ona nasıl cevap vereceğimi bilmiyorum. Bana yardımcı olur musunuz?"

"Memnuniyetle."

"Peki nereden başlayalım?"

"Öncelikle bu kararınızı nişanlınızla paylaşın ki onun da içi rahat etsin. Sonra seanslar esnasında muhtemel engelleyici cümlelere nasıl cevap üreteceğimizi belirleriz."

"Biz de evi biraz uzaktan tutalım, ne dersiniz?"

"Gayet güzel olur."

"O zaman Allah (cc) yardımcım olsun."

"Amin, inşallah. Şimdi nişanlınızı çağıralım ve ona kendi cümlelerinizle kararınızı açıklayın, olur mu?"

"Evet, çok iyi olur."

İnsan için ancak yürekten inandığı şeyler yol göstericidir.

Genç kızımız geldi, onu da dinledim. Şimdilik soğuk davranmanın dışında ona yansıyan pek bir şey yok. Yapacaklarını oğlu üzerinden yapmaya çalışıyor fakat konuşmalarından anlıyoruz ki bu durum, giderek ikisini de içine alan bir sarmala dönüşme sinyalleri veriyor. Genç kız nişanlısını dinledi. Gözlerindeki o parlak ümit ışığını resmetmek isterdim, o kadar güzeldi ki... İkisi de çok mutlu ve kararlı olarak odamdan ayrıldılar. Delikanlı bir sonraki seansın randevusunu alarak ne kadar ciddi olduğunu da gösterdi.

Eğer bir karar senin içini rahatlatıyor ve daha doğru bir zeminde olmana katkıda bulunuyorsa, bu çoğunlukla iyi bir karardır.

Düşünüyorum da bir annenin tutumu, gençleri nerelere sürükleyebiliyor. Aslında niyet iyi, sevgi tam fakat bilgi eksikliği var ve doğruyu arama çabası neredeyse hiç yok. Bu son madde olmayınca da gördüğümüz gibi annelik, hayatı kuşatmaya yetmiyor. Evet, biraz kırılıp üzülecek, ah edecek, hastalandığını söyleyecek fakat bu tutum onu da ciddi bir vebalden kurtaracak ve inşallah sonuçtan kendisi de memnun kalacak diye ümit etmek istiyorum.

Bu seanstan ne öğrendik?

Allah verdiği yeteneklerin kullanılmasını ister. Erkek ya da kadın, yeri geldiğinde ailesinde yanlışa teşvik eden kim varsa ona "hayır" diyebilmelidir. Allah'ın (cc) doğru olana her zaman yardım ettiği gerçeği yolumuzu aydınlatacak ışık olursa, insan daha kolay cesaret edebilir. Anneler ve babalar da insan, onlar da hata yapabilirler. Burada önemli olan, onları kırmamaya çalışarak işin doğrusunu açıklamak ve onlardan anlayış beklemek; olmazsa da kendi yolunu çizmek. Sırf biri istediği için bir aileyi zora sokmak ne doğru ne de adildir. Böyle durumlarda birilerinin güçlü bir duruş sergilemesi ve bunun yanlış olduğunu söylemesi gerekir. Bu cesaret gösterilmeli ve o insanın çevresine eziyet ederek vebale girmesi engellenmelidir.

Bir insan ne kadar zarar görmüşse, o kadar çok
hata yapma riski taşır.

-Yedinci Hikâye-
"Eşim evde hiç konuşmaz"

Bugün bir çift, 11 yaşındaki oğullarının dikkat dağınıklığı ve ödevlerini yapmaya karşı isteksiz olduğu şikâyetiyle bana geldi. Delikanlı çok gergin görünüyordu, belki de pek çok anne babanın yaptığı gibi sorunlu ve ders çalışmayan bir evlat etiketiyle getirildiği için böyle olabilirdi. Doğrusunu görüştüğümde anlayacağım. Şimdiye kadarki bu tarz çocuk merkezli şikâyetlerin altından, çoğunlukla anne baba geçimsizliği çıktı. Eşler kendi aralarındaki diyalogları kavgaya dönüştürünce, ailedeki herkes bundan nasibini alıyor ve ortam gerildikçe başta çocuklar olmak üzere herkesin dengesi bozuluyor. Çocuklar anne babasının ayrılmasından korktukları gibi, eşler de kendi aralarında tartışınca diğer bireylere karşı gergin ve sabırsız olabiliyorlar. Çocuklarının yaptığı en küçük yanlışa dahi tahammülsüz olan ebeveynler, bu gerginliğin sebebi çocuklarının yaptıklarıymış gibi faturayı onlara çıkarmaya çalışabiliyorlar.

Gözünden düşenler sözünden de düşer.

Önce anne babayı dinledim, sonra delikanlıyı yalnız dinledim. Bunun sebebi benim yanımda delikanlıyı mahcup edecek sözler söyleyerek rencide etmelerini önlemekti. Anne babaya, çocuklara karşı takınacakları tavrın ve kullanacakları üslubun nasıl olması gerektiğini örnekleyerek tavsiyede bulundun ve seansın sonunda birlikte görüştük.

Karşımda üç çocuklu, on beş yıllık evli bir çift vardı. Kendi aralarında geçimsizlerdi. Beyefendinin, eşi ve çocuklarıyla irtibatı yok denecek kadar azdı. Zaruret miktarınca konuşuyor ve iletişimi bitiriyordu. Oysa sevgi paylaşarak açığa çıkardı. Biz insanlar birbirimizi konuşarak anlarız ve paylaşarak ortak değerler üretiriz. Beyefendinin bu durumu aslında ilginçti. İnsanın neredeyse tamamen içinde yaşaması ve tepkisini bile doğru dürüst göstermemesi, psikiyatrik bir hastalığın belirtisi olabileceği gibi, bir kaçış, bir sığınma, ailedeki gelişmelerle baş edememe, kendini yetersiz ve değersiz görme gibi pek çok sebebe de bağlı olabilirdi. Acaba bunun altından ne çıkacaktı? Adamın bu kadar içe dönmesine ne sebep olmuştu? İnşallah görüşmelerimizde sebebi açığa çıkar ve bu durum düzelir diye dua ediyordum. Hanımefendi ise iyice bunalmış görünüyordu.

Önceden ne yaşamış ve bugüne etkileri ne olmuş?

Beyefendi ile aramızda şöyle bir diyalog gerçekleşti.

"Kendinizi seviyor musunuz?"

"Hayır."

"Neden?"

"Ben sevilecek birisi değilim ki."

"Bunu neye dayanarak söylüyorsunuz?"

"Ne bileyim, öyle işte."

"Çocukken ailenizle aranız nasıldı? Sevilen, değer gören bir çocuk muydunuz?"

"Ailem çok meşguldü, hiçbir zaman bizi sevmeye zamanları olmadı. Bilakis hep tepki gördüm. Babam hem her şeye bağırır hem de bizi döverdi. Yanında hiç konuşamazdık. Annem de babamdan korkardı. Hep babamdan kaçmak istemişimdir."

"Babanız hâlâ hayatta mı?"

"Evet."

"Görüşüyor musunuz? Size karşı şimdiki tavrı nasıl?"

"Evet, görüşüyoruz. Evlendikten sonra da uzun süre aynı tavrını sürdürdü fakat artık iyice yaşlandı, şimdi sadece torunlarını seviyor. Babamı çocuklarımı severken görünce içim yanıyor. Ben de böyle sevilmek isterdim. Oysa babam beni hiç kucağına almadı, bir kere bile başımı okşamadı."

"Eşiniz evde konuşmadığınızı söyledi, siz konuşmamayı mı seçiyorsunuz?"

"Yeteri kadar konuşuyorum, daha fazla konuşmak içimden gelmiyor. Aslında mecbur kalmasam herkesle irtibatımı kesmek isterdim. Sevmediğimden değil fakat içimde büyük bir karanlık var, yoğun bir isteksizlik içinde boğuşuyorum. Mümkün olsa hiç hareket etmeden tükenmeyi seçerdim."

Bu ifade bende alarm niteliğindeydi, bana depresyonu ve hatta ilişkili başka rahatsızlıkların da olma ihtimalini düşündürdü. Hemen bir doktor teşhisi ve tedavisi gerekiyordu. Şimdilik ana konuyu dağıtmamak için bu meseleye daha sonra vurgu yapmayı tercih ettim.

Beyefendiye soru sormaya devam ettim.

"Peki eşinizle nasılsınız?"

"O da babam gibi bağırıyor, hiç memnun olmuyor, hep konuşuyor, hep konuşuyor..."

Bu sefer hanımefendiye döndüm.

"Eşinizin söylediklerini duydunuz, siz ne diyorsunuz?"

"Anlattıklarını ilk defa duyuyorum. Bunları bana en başta anlatsaydı eşime bakışım ve beklentim daha farklı olabilirdi. Şimdi siz bana söyleyin, dışarıya çıkıyor, herkesle konuşuyor, gülüyor ama eve gelince sus pus oluyor. Ben de artık bizimle konuşmaya tenezzül etmediğini düşündüm. Bu adam konuşamıyor olsa dışarıda da konuşamaz. Madem dışarıda konuşabiliyor, öyleyse içeride de konuşsun. Benim eşimle konuşmaya, çocuklarımızın da babalarıyla vakit geçirmeye ihtiyaçları var. Tamam, Allah (cc) razı olsun, hiç kötü sözü, herhangi bir fiziksel ya da sözlü şiddeti yoktur fakat sadece susarak da olmuyor. 'Konuşalım.' diyorum, 'Ne konuşacağız?' diyor. İnanın, havadan sudan bile konuşamıyoruz.

Bunun üzerine beyefendiye, konuşabilmenin önce insanın kendisine lazım olduğunu, duygularını ve ilişkileri beslediğini, bunu yapmadığında âdeta hayattan soyutlanmış gibi olacağını, konuşma ve paylaşım olmazsa ailedeki herkesin dengesinin bozulabileceğini anlatmaya çalıştım. Bunun önemli bir ihtiyaç olduğunu söyledim. Sonrasında hanımefendiye dönerek konuşmama devam ettim.

"Burada üstünde durmamız gereken bir husus daha var; beyefendi bunu seçmiyor, kendini bu durumda buluyor. Bu önce kendisi için çok zor bir durum ve muhtemelen bir hastalık başlangıcı olabilir. Bu sebeple eşinizle birlikte bir an önce bir psikiyatrist ile görüşmenizi ve gerekirse tedaviye başlamanızı tavsiye ediyorum."

"Hastalık mı? Çok şaşırdım. Peki dışarıda nasıl konuşabiliyor öyleyse?"

Kadın gerçekten şaşırmıştı.

"Siz kendinizi hasta gibi hissettiğiniz ve evde kimsenin olmadığı zamanlarda zorla da olsa kalkar, çocuklarınızın acil ihtiyacını giderir, sonra da tekrar yatarsınız, değil mi?"

"Evet."

"İşte eşiniz de tam anlamıyla böyle. Şimdi beyefendiyi anlama ve ona yardım etme zamanı. Beyefendi, siz ne dersiniz?"

"Siz ne derseniz onu yapalım."

"Teşekkür ederim. O zaman bundan sonraki ilk işiniz bir uzmandan randevu almak olmalı. Artık teşhis ne ise ona göre tavsiye edilen bir tedavi programı uygulanır."

Bu arada hanımefendi ağlamaya başladı.

"Uzun zamandır hem eşime hem kendime eziyet etmişim demek ki. Ben de isteyerek konuşmuyor zannediyordum."

Yavaşça eşinin elini tuttu. Beyefendinin de gözleri doldu. Bakıştılar.

"Önemli olan bundan sonra ne yapacağımız. Eğer gerekeni yaparsak inşallah süreç çok daha iyi işlemeye başlayacaktır."

İyi niyet varsa, çoğunlukla çözüm de var demektir.

İnsan, olaylara ve durumlara verdiği tepki ve kendisini ifade etmesi açısından orijinaldir çünkü yaşananlar, her bireyi ayrı etkiler. O anki kullanılan ifadeler de durumun hassasiyetini ve kişideki etkisini göstermesi açısından çok önemli ipuçlarıdır. Dolayısıyla her görüşme ve her ifade benim için çok önemlidir...

Konuşmamıza devam ettik.

"Peki beyefendi, tedaviye başlamanın yanında, kendinizi biraz zorlayarak da olsa çocuklarla konuşmaya çalışsanız, onlarla biraz oynamayı deneseniz; bunu düşünmek size nasıl geliyor, yapabilir misiniz?"

"Denerim."

"Gayet güzel."

Beyefendiye çocuklarıyla iletişimi için kısa diyalog örnekleri verdim.

"Bu arada hanım da bana çocukların yanında bağırmasın, beni ezmesin."

"Hanımefendi, sizin de buna dikkat etmeniz iyi olur."

"Tamam, eşim bir şeyler için çabalasın da gerekirse ben ağzımı bile açmam."

Biz eğri duruyorsak, güneşin de gölgenin de suçu yoktur.

İnsan ailede kendini en yalın hâliyle hisseder. Rahatladığı, kendini dinlenmeye ayarladığı ve içten gelen bütün duygularını açığa çıkardığı özel mekândır aile. Eğer bu aile atmosferinde bir sıkıntı varsa ve kişi kendini evinde rahat hissedemiyorsa, bu ciddi bir sıkıntı oluşturur. Pek çok örnekten bildiğim üzere beyefendinin dışarıda konuşması buna karşın evinde konuşmamasında bir kasıt yok. Fakat dışarıda mecburiyetler ortadan kalkıyor ve aslında olduğu hâle dönüyor. Dışarıdaki ortam, tabiri caizse hayatın vitrinidir. Orada görücüye çıkar gibiyiz. İşte tam da burada, ev içindeki hâlimizin, dışarıdakinden hiç de önemsiz olmadığı gerçeğinin anlaşılması gerekiyor. İnsanın kalitesi önce evinde nasıl davrandığıyla belli olur. En iyi, en sevimli, en cana yakın hâlimizin evin içinde sergilenmesi gerekir fakat ailesinden ciddi zarar görenler, bunu başaramayabilirler. Bu sebeple, yaşanmış yoksunlukların ya da travmatik öykülerin tahribatlarının onarılması, aile içi huzur için en temel ihtiyaçlardandır.

Tabii bir de bugünkü örneğimizde olduğu gibi patolojik bir yapılanma ihtimalini de aklımızda bulundurmamız gerekir.

Akıl, kişiye çoğunlukla gerekeni yapmasını söyler fakat duygular yolunu keser.

Burada haklı olarak hanımefendinin bir beklentisi var. Mevcut beklentileri karşılanmadığında ise bu baş edemediği bu durumdan şikâyet edebilir, haklıdır da. Fakat aslında, acil olarak yardıma ihtiyacı olan kişi, konuşamayan kişidir. Burada da şöyle bir gariplik olabiliyor; bu tip kişiler yardıma, iş birliğine yanaşmıyor ve kendisine uzanan yardım ellerini itebiliyor, çevresindekiler de bir süre sonra usanıp onu kendi hâline bırakıyor. Bu durumda iki taraf da yorgun ve kırgın bir şekilde bu hayatı yaşamaya devam ediyorlar. Tabii şahsa yaklaşım biçimi, "Sen sorunlusun, herkesi mağdur ediyorsun, tedavi ol da herkes kurtulsun." şeklinde olursa, bu zaten baştan kaybeden bir yaklaşım olur ve muhakkak ters teper. Bilmeliyiz ki usulsüz vusul olmaz. Bu durumda kişi önce haklı olduğu söylenerek rahatlatılmalı, sonra da anlayacağı şekilde bunun kendisine ne kadar zarar verdiği anlatılıp, vakit kaybetmeden bir uzmana götürülmelidir.

İlk uyanan diğerlerini uyandırmalıdır.

Atasözü

Bir ihtiyacı fark eden, önce kimseyi beklemeden ihtiyacı gidermeye çalışmalı, ardından da samimi ve içten diyaloglarla paylaşım ve rol dağılımı yapmalıdır. Her güzel davranış önce kişinin kendisini, sonra da ona en yakın kişileri etkiler. Bu sebeple iyi bir davranışı daima başka birinden beklemek, iki tarafın da güzelliklerden mahrum kalmasına neden olabilir. İki tarafın mizacına göre değişmekle birlikte, sohbeti açan kişi kimi zaman kadın kimi zaman da erkek olmalıdır. Bunu karşı taraftan beklemek manasız bir beklenti olabilir. Ancak özellikle kimi erkekler daha sakin ve içe dönük mizaçlı olduğu için bazı zamanlar konu bulma, gündem açma konusunda kadınların desteğine ihtiyaç hissedebilir. Bu yüzden durumu normal karşılayıp, "Eşim konu bulsun." diyerek beklemektense sohbeti başlatmak çok daha yapıcı bir tavır olur.

Zihin anlarsa gereğini yapar.

Aileye geri dönecek olursak, burada sabrı iyice tükenmiş olan hanımefendi, bu durumun kasıtlı yapılmadığını öğrenmiş oldu ve bu sürecin doğru yönetilmesi için onun katkısına ihtiyaç var. Şükür ki kendisi buna dünden hazır. Beyefendinin de babası hayattayken onunla arasını düzeltecek, annesi ile de daha sıcak ve sevecen bir iletişim kurmasına yardım edecek bir anlayışın oluşması gerekiyor; ardından da içindeki kırılmaların ve yoksunlukların telâfi edilmesi… İkisinden de bunun için söz aldım. Birlikte gelerek yardım almak istemeleri beni çok sevindirdi.

Bir insan daha içindeki karanlıklardan kurulmaya karar vermişti, çok şükür…

Acın dinmedikçe, baksan bile göremezsin.

İnsan, hatırladıkça kanayan yaralarını tedavi etmediği sürece sağlıklı bir duruş kazanamaz. Bu, anne babanın sevilmesi ve kendi içinde affedilmesiyle başlayan bir süreçtir. Önce anne babayla başlamak gerekir çünkü en dipteki kayıtlarımız onlarla ilgilidir. En çok dağıtan veya toplayan yaşanmışlıklar onlarladır. En çok onlardan sevgi ve değer görme ihtiyacımız vardır, bu yüzden önce anne babadan başlamak gerekir. Bilmemiz gerekir ki patolojik yapılanmalar hariç, bütün anne babalar evlatlarını iyi disipline ederek, bunun sonucunda iyi şeylere ve yerlere kavuşmalarını isterler. Daha iyisinin varlığından haberdar olmadıkları için "kendi" iyilerini hayata geçirirler. Bununla birlikte eskiden okuma ve bilgilenme de bu kadar yaygın değildi. Büyüklerden ne görülürse o doğru kabul edilirdi, öyle ya yanlışı kim görebilecekti ki? Ancak artık imkanlar arttı, çeşitlendi, yaygınlaştı. Bu sebeple günümüzde çabalamak için çok daha fazla alan ve yardımcımız var.

Annemiz ve babamız vesilesiyle var edildik, bu yüzden üzerimizdeki hakları da sevgileri de çoktur.

Dinimizde anne baba hakkı çok önemli bir konudur. Sevgi ve şefkatle anne babaya yaklaşmak, onları da rehabilite eder, kendi içlerinde dahi yaşayamadıkları sevgiyi ortaya çıkarıp herkesle paylaşmalarına vesile olabilir. Anne baba, hoş görülmeyi ve affedilmeyi en önce ve en çok hak eden sevgililerimizdir. Allah'ın (cc) izniyle onlar dünyaya gelme vesilelerimizdir ve bizim vazgeçemeyeceklerimizdir. O zaman eğer anne babamız hayattalarsa hemen bu mutluluğu beraberce tatmak için acele edelim. Hayatta değillerse de kabirlerine gidip onlarla duygularımızı paylaşalım. Çünkü biz hayattayız ve buna ihtiyacımız var.

Affetmek, dağları omzundan atmaktır ve en büyük faydası affedenedir.

Kontrolümüz dışında yaşadıklarımızı, Rabbimizin (cc) bir imtihanı ve daha iyi olabilmemiz için bir fırsatı gibi görebilmeliyiz. Eğer bunu yapmayı başarabilirsek yanlış davranıştan bile ders çıkarır, kendimize artı değer katacak alanlar bulabiliriz. Böylelikle önemli bir handikap da aşılmış olur. Bu, yapılanın yanlış olduğu gerçeğini ortadan kaldırmaz ama travmatik sayılabilecek bir süreçten daha kolay sıyrılmamıza ve daha güzel yol haritalarını çizmemize yardımcı olur. Değiştirilmesi mümkün olmayan yaşanmış geçmiş için küsmek, içe dönmek ya da agresif tavırlar sergilemek, kimsenin işine yaramadığı gibi, toparlanması güç dağılmalara da sebep olabilir.

Her mağduriyet bir sevinç kapısına açılabilir, tabii eğer görebilirsek.

Akıl, doğruların içinden en doğrusunu seçmek için varsa, biz de ona talip olmalıyız. Bu sebeple olanda hayır olduğunu düşünerek anne babadan ve Rabbimizden (cc) razı olmak, üst düzey bir kazanımdır. Çünkü değişmesi mümkün olmayan yaşanmışlıklar, Allah (cc) ile ilişkilendirilmiş ve hayırlı yeni yaklaşımlara bağlanmıştır.

Seansa gelen ailenin destek almak istediği esas konu, oğullarının durumuydu fakat şimdi bambaşka bir noktaya gelmiştik. Daha derinlerdeki meseleler aydınlanınca, çocukla ilgili problemin daha kolay çözüleceğini düşündüm.

Delikanlıyı odama aldım ve biraz sohbet etik.

"Büyüyünce hangi mesleği seçmeyi düşünüyorsun?"

"Pilot olmayı düşünüyorum."

"Ne güzel. Eğer ileride tercihin değişmezse, büyüyünce başarılı ve mutlu bir pilot olursun inşallah. En çok sevdiğin ders hangisi?"

"Aslında matematik ama notlarım düşük."

"Dersleri anlayamadığın için mi yoksa çalışamıyor musun?"

"Dersleri anlıyorum ama çalışamıyorum."

"Biraz daha açabilir misin, nerede çalışamıyorsun?"

"Evde."

"Niçin? Evinizde çalışma ortamı yok mu?"

"Annemle babam hep tartışıyorlar, annem sürekli 'Bunaldım artık!' diye bağırıyor, babam da susuyor. Bu durumda nasıl çalışabilirim ki? Üstelik kardeşlerim de beni hiç yalnız bırakmıyorlar, sürekli defterimle kitabımla oynuyorlar."

İyi niyet, beynin en güçlü yol göstericisidir.

Biraz daha sohbet ettikten sonra anladım ki çocuktaki "sıkıntı", evdeki huzursuzluk ve kardeşlerinin, onun dikkatini dağıtmasıydı. Çocuğu çok haklı buldum. Ona anne ve babası ile ilgili anlayabileceği bazı açıklamalarda bulundum, gayret edeceklerini söyledim. Sevindi. Evin yakınlarında kütüphane varsa oraya gidip ders çalışabileceğini, hatta bazı ödevlerini okulda yapıp eve sonrasında gidebileceğini söyledim. Bunlara da aklı yattı. Çocuğa verdiğim tavsiyeleri anne ve babası ile de konuştum. Hem evde huzuru sağlamalarına hem de ders çalışmaya uygun bir ortam ayarlamalarına yönelik tavsiyelerde bulundum. Bir dahaki görüşme için randevu aldılar ve daha iyi olacaklarını ümit ederek onları yolcu ettim.

Bu seanstan ne öğrendik?

"Ne olsaydı bu durum yaşanmazdı?" diye sorduğumuzda, cevabı için "çocukluğumuza inmemiz" gerekiyor. Çünkü bize etki edip şekillendiren olaylar, çoğunlukla bizim dışımızda, kontrol imkânımızın olmadığı çocukluk yıllarımızda yaşananlardır. Öncelikle bunun değişmeyecek bir kader olmadığını öğrenerek işe başlamalıyız. Sonra ise her durumun mutlaka telafisi olabileceğine ve daha iyi durumlara ulaşabileceğimize inanmamız gerekiyor; bunun için de elbette ki nasıl düşünmemiz ve nasıl davranmamız gerektiğini öğrenmeliyiz.

Anne baba hayattaysa büyük bir şans var demektir. O hâlde hemen yanlarına gidip öncelikle tıkanan sevgi kanallarını açmak, onlara bol bol sarılmak ve sevdiğimizi hem sözlü hem de fiilen göstermek çok iyi olur. Artık eski kuralcılıkları olmayacağı için, çoğunlukla sevgiye daha açık olacaklardır. İlk başta biraz şaşırıp soğuk dursalar bile, evlat, tavrında ısrarlı olunca onlar da bundan memnun olduklarını göstermekten çekinmezler.

Konuşmanın ve duyguları ifade etmenin de çok önemli olduğunu vurgulayarak, bundan sonraki nesli duygusal anlamda koruyabilmek için bugünün anne babalarına, "Çocuklarınızı tökezletecek dil ve üslup yanlışlarından kendinizi koruyun ve gerekirse yardım alın." diye tembihte bulunalım. Suçlamak ve geçmişte yaşananlar için aşırı pişmanlık duymak, daha iyi olmanın önündeki engellerdir. Bu sebeple geçmişi zihnimizde doğru anlamlandırarak, yaşadığımız her anı doğru yaşayarak ileriye odaklanmamız gerektiğini fark etmeliyiz.

Bazen sorunlarla boğuşurken
hayatın anlamını kaçırırız.

-Sekizinci Hikâye-
"Eşim eleştiriyi asla kabul etmiyor"

Bu seansımda bir çifti ağırlayacaktım. Eşler ofisime birlikte gelmişlerdi. Beyefendi öyle üstten bakan bir tavırla oturuyordu ki sanki karşısında kendisine saldıracak biri vardı ve o da bunun için gardını almış gibiydi. Konuya girdiğimizde hanımefendinin ilk cümlesi, "Eşimle geçinemiyoruz, eleştiriyi asla kabul etmiyor, yorulduk, bıktık artık." oldu. Hanımefendi bir şikâyetle başladığı konuşmasını, eşinin sürekli bağırarak ve azarlayarak konuştuğunu, yanlışını asla kabul etmediğini, hiç özür dilemediğini, üstelik sürekli çocuklarını ve kendisini rencide ettiğini söyleyerek sürdürdü.

Bir noktadan sonra beyefendi de dahil oldu.

"Bağırtmayın siz de. Ne dersem tersini yapıyorsunuz, bendeki de can. Elbette bardağım dolacak ve taşacak."

"Beyefendi, eşiniz siz ne dediğiniz hâlde tersini yapıyor, örnek verebilir misiniz?"

"Hmm, şimdi aklıma gelmedi."

Hanımefendi hemen atıldı.

"Ben hatırlıyorum, hemen söyleyebilirim. 'Ben televizyon izlerken çocuklar neden ses çıkartıyor, çorbanın tuzu neden eksik, bu ev neden dağınık?' Neden, neden, neden... Aklınıza gelebilecek her şey için itiraz edebilir. En basit şey için bile ağız dolusu bağırır, rencide eder. Hep o haklıdır, bir kere bile yanlış yaptığını söyleyip gönlümüzü almamıştır. Önce kırar, sonra da suratımızın neden asık olduğunu sorar. Bu nasıl bir şeyse artık, bunca yıldır anlayamadım ve alışamadım."

Her insanın eleştirilecek yönleri olabilir ve aslında insan bir eleştiri aldığında, hemen yapıp ettiklerine bir bakar ve eleştiri gerçekten yerindeyse kendisine hemen çeki düzen verir. Yani esasında eleştiri, daha iyi olabilmek için bir fırsattır. Tabii bu tablonun oluşabilmesi için eleştirinin saygı çerçevesinde ve yanlışı fark ettirme amaçlı yapılması gerekir.

Beyefendinin nasıl bir zihinsel yapılanma içinde olduğunu gerçekten merak ediyordum. İnsanda ne olur da daha iyi olması için uzatılan eli iter? Ne olur da buna duyarsız kalır? Ne olur da bunu yapanlara karşı tavır alır?

Kendini dışarıdan görmeyi istemek, içini onarma niyetinde olanların işidir.

Teşekkür ederek ikisiyle de ayrı ayrı görüşmek istediğimi söyledim. Önce hanımefendiyi dinledim.

"Eşinizi seviyor musunuz?"

"Evet."

"İsteyerek mi evlendiniz?"

"Evet."

"Eşiniz baştan beri anlattığınız gibi mi davranıyordu yoksa sonradan mı oldu?"

"İlk zamanlarda böyle değildi, sonradan oldu."

"Peki eşinizin ailesi hakkında biraz bilgi verebilir misiniz?"

Önceden ne yaşanmış ve bugüne etkileri ne olmuş?

"Elbette. Eşimin annesi ve babası geçimsizdir. Annesi babasına çok eziyet eder. Onu hiç saymaz, sürekli aşağılar, çocuk gibi azarlar. Babası da başa çıkamadığı için ipin ucunu çoktan bırakmış, arada patlar, bağırıp çağırır fakat genelde umursamamaya çalışır. Eşim de annesine çok kızar, babasına kötü davrandığını söyler, sonra da annesiyle tartışırlar. Annesi değişmeyince eşim de tartışmayı kesti fakat annesinden uzak durmayı tercih ediyor.

Risk gördüğün yerde zırh giyersin.

Bu tablo bana beyefendinin tavrını kısmen açıkladı. Beyefendi, babası gibi olmamak için kendini korumaya almış fakat dozunu ayarlayamayınca başka bir yanlış tablo daha oluşmuş. Şimdilik düşüncem bu yöndeydi ancak doğru olup olmadığını kendisini dinleyince anlayacaktım.

Genelde anne baba etkisinin çok baskın olduğu bir gerçek fakat başka bir gerçek daha var ki o da hâlimizi daha iyiye götürme çabamızın olmayışıdır. Okuma, birilerini dinleme, bazı yazarları takip etme gibi bir alışkanlığımız ne yazık ki yok. Arada gazete okumayı, sosyal medyadaki bazı kısa mesajları okumayı eğitim sanıyoruz. Bizi daha iyi bir insan yapacak sorumuz veya duamız da yok. Bu sebeple de anne babasından zarar görenlerimiz, bunları sanki kaderleriymişçesine yeni kurdukları ilişkilere taşıyor ve daha da zarar verecek şekilde hayata geçiriyorlar. Oysa yaşananların etkisi kader değildir. Biz istersek Allah'ın (cc) izniyle kendimizi daha iyi hâle getirecek yolların arayışı içinde olabiliriz.

Tekrar hanımefendiye döndüm.

"Siz hiç oturup konuşur musunuz? Çoluk çocuk birlikte zaman geçirir misiniz?"

"Aslında yeni evlendiğimizde bir ara bunları yapmıştık fakat eşim o kadar çok kalp kırıyor ki oturup konuşacak moral kalmıyor."

"Peki siz eşinize onu sevdiğinizi nasıl gösterirsiniz, neler yaparsınız?"

"Pek bir şey yapmıyorum açıkçası."

"Neden?"

"İçimden gelmiyor."

"Şimdiye kadar hiç mi özel bir şey yapmadınız?"

"Ondan bekledim. O erkek, o bana jest yapsın."

"Diyelim ki siz baştan beri eşinize hürmet ediyor, sevdiği ve sevmediği şeylere dikkat ediyor, onu mutlu etmek için özel şeyler yapıyorsunuz. Bu tavrınız eşinizi nasıl etkilerdi?"

"Çok mutlu olurdu. Aslında eşim, ona özel hiçbir şey yapmadığımı söyler, ben de 'Sen bana yap, ben kadınım.' derim ve konuşma öylece kalır."

"Birlikte eşinizin aile yapısını ve ilişkinizi biraz tahlil edelim mi? Anaerkil bir ortamda yetişmiş ve kendi hemcinsi olan babası, annesi tarafından hep değersizleştirilmiş, aşağılanmış bir eş söz konusu. Bu da onda, kadınlardan kendini koruma refleksi oluşturmuş olabilir. Öte yandan siz de ona değer veren, sevgi ve şefkatle yaklaşan bir eş profili çizememişsiniz anladığım kadarıyla. Beyefendi hem ilgi boşluğu yaşamış hem de otoritesini korumak istemiş. Bu konuda yeni yöntemler keşfedilmediği zaman, kaba kuvvet ya da kaba sözler devreye girebiliyor ve gerçekten can acıtan diyaloglar oluşabiliyor. Burada birinizin daha doğru olanı tercih edip, bu durumu daha iyiye götürücü bir tutum değişikliğine girmesine ihtiyaç var. Bu kişi siz olabilir misiniz?"

"Neden o değil de ben?"

"Farkındaysanız şimdiye kadar hep eşinizden beklemişsiniz ve adım atmamışsınız. Bu tavır size bir şey kazandırdı mı?"

"Hayır."

"O zaman eşinizden beklemek çok iyi bir fikir gibi durmuyor. Bunu yapmaktan sizi alıkoyan ne oldu?"

"Gururum."

"Yani?"

"Yani kendimi küçük düşmüş gibi hissederim."

Bu noktadan sonra hanımefendiye, evlilikte gururun değil, onurun öne çıkarılması gerektiğini, bir iyi davranışı yapanın fazaletli olmak adına daha öne geçtiğini ve bunun dinimizde övüldüğünü, hatta iyi bir davranışa engel olduğu zaman gururu ayaklar altına almanın övünülecek bir şey olduğunu ifade etmeye çalıştım. İlaveten kadın psikolojisinin sevgi ve şefkat ağırlıklı olmasından dolayı bu tarz bir uygulamayı kadının başlatmasının daha kolay olabileceğini söyledim. Bu konuşmadan sonra adım atmaya biraz daha yanaştığını hissettim.

Evlilik, iki kişinin el birliği ile ayakta tuttukları bir sistem ve birlikte oturdukları bir taht gibidir.

Eşler kendileri adına, yuvaları için, sıfır beklenti ile ilişkilerini güzelleştirme konusunda çaba sarf etseler ve hiç pes etmeseler, inanıyorum ki bu huzursuzluk tablolarının çoğu yok olur.

Şimdi sıra beyefendideydi. Kendisinin biraz rahatlatılmaya ihtiyacı olduğunu düşünerek kadın dayanışması içinde olmadığımı ve kendisiyle savaşmayacağımı anlamasına yardımcı olmaya karar verdim. Bu sebeple konu dışı sorularla biraz onu rahatlatmaya çalışacaktım.

Herkesin önce anlaşılmaya ihtiyacı var.

Elimde bir makineli tüfek olduğunu ve hemen onu tarayacağımı zannettiğini yüz ifadesinden ve duruşundan tahmin ettiğim beyefendiye, lisanıhâlimle ve yaklaşımımla barıştan yana olduğumu söyledim. Faydası oldu çok şükür… Beyefendi bir süre sonra tebessüm ederek konuşmaya başladı, yüzündeki gerginlik bulutları dağıldı ve yerine âdeta tebessüm güneşi doğdu. Hep öyle değil midir zaten; ne zaman tehdit algısı biterse insan da o zaman rahatlar.

"Kendinizden memnun musunuz?"

"Bazen evet, bazen hayır."

"Biraz açar mısınız?"

"Aslında sert davranınca kendime kızıyorum, mutlu olmuyorum. Fakat herkes benim inadıma bir şeyler yapıyor gibi geliyor bana. Her şey âdeta ben sinirleneyim diye programlanmış gibi."

Aslında herkes gibi bu beyefendinin içinde de iyi bir insan var fakat muhtemelen muhtelif duygularla onu bastırıyor.

"Örnek verebilir misiniz?"

"Mesela eşim istemediğim bir şey yaptığında aslında çok önemli değil fakat neden olduğunu bilmediğim bir şekilde hemen öfkeleniyorum."

"Sizi öfkelendiren şeyin ne olduğu üzerinde biraz konuşabilir miyiz? Mesela o olay size ne düşündürüyor?"

"Beni saymadığını, önemsemediğini düşünüyorum."

"Acaba eşiniz istemediğiniz bir şey yaptığında size annenizi hatırlatıyor ve ona duyduğunuz öfke devreye giriyor olabilir mi? Mesela babanızın mağduriyetinin öfkesini de taşıyor da olabilirsiniz."

"Hah! İşte tam da bu! Sanki hanımıma bağırdıkça anneme bağırıyor ve babamın intikamını da alıyormuşum gibi hissediyorum."

"Yani eşiniz burada tam bir kurban gibi olmuş oluyor, ne dersiniz? Hiç alakası olmadığı geçmiş sorunların muhatabı olmuş."

"Ne yazık ki aynen öyle."

"Eşiniz ne yaparsa size değer verdiğini, sizi saydığını düşünürsünüz?"

"Bilmiyorum ki. Mesela bana, 'Seni seviyorum" dese, çocuklara beni iyi anlatsa, bana beni sevdiğini hissettirse güzel olur. Ben bunları eşimden hiç görmüyorum."

"Peki siz eşinizi seviyor musunuz?"

"Evet."

"Siz sevginizi nasıl ifade ediyorsunuz?"

"Doğrusunu söylemek gerekirse ben de bir şey yapmıyorum."

"Peki eşinize onu sevdiğiniz mesajını vermek isteseydiniz neler yapardınız?"

"Hımm... Ona elbise alırdım, kirazı çok sever mesela, kiraz alırdım, yüzük küpe gibi takılar alırdım, kolye de sever, kolye de alabilirdim."

Beyefendi birden hıçkırıklarla ağlamaya başladı.

"Ben eşime alırım ya, almak istiyorum. O çok iyi bir insan, bunca yıldır kahrımı çekiyor, ben onu çok seviyorum fakat ona bunu hiç diyemedim. Eşimi çağırır mısınız, ona sarılmak ve ondan özür dilemek istiyorum." dedi.

Koşar adım odadan çıkıp eşini çağırdım. Kadın şaşkın bakışlarla ne olduğunu anlamaya çalışıyordu. Gözlerimin dolduğunu saklamaya çalışarak odadan dışarı çıktım ve eşleri başbaşa bıraktım.

Bu tablo, sevgisini farklı sebeplerle açığa çıkaramamış, içinde hasretini büyütmüş bir beyefendinin, gözyaşlarıyla eşine olan sevgisinin ve hasretinin dışavurumuydu. Ben de duygulandım. İlginç, bir o kadar güzel ve eşine az rastlanır bir durum yaşamıştım az önce. İnşallah sonu da hayırla gelirdi.

Sonunda kapı açıldı, ikisi de iyice ağlamış ve rahatlamış durumdaydı. Gülümseyerek içeri girdim ve tekrar sohbete başladık.

"Nasılsınız?"

Hanımefendi cevap verdi.

"Daha iyiyiz çok şükür."

"Güzel, çok şükür."

"Şu anda bana söylemek istediğiniz şeyler var mı?"

"Benim gözüm açıldı, eşime ne yaptığımı gördüm, Allah (cc) sizden razı olsun. Sizin yaklaşımınız buna vesile oldu. Bundan sonra nasıl düzelebiliriz? Şimdiye kadar yaptıklarımı nasıl tamir edebilirim? Bunu bize anlatın lütfen."

Beyefendinin talebi çok samimiydi.

"Memnuniyetle. Çok doğru bir sordunuz, bu sebeple sizi tebrik ediyorum. Bu, Allah'ın (cc) bize bir yardımı, çok şükür. İnanıyorum ki bundan sonra çok daha iyi olacaksınız inşallah."

"İnşallah."

Bundan sonrasında kadın ve erkek psikolojileri, davranışlarımız ve bunların karşımızdakilere etkisi üzerine konuşup hem bu meseleler hem de duyguların onarılması hakkında kitaplar tavsiye ettim. Ayrıca bir süre düzenli olarak görüşme kararı da aldık. Çok şükür, güzel biten bir seanstan sonra, sanki canıma can, ömrüme ömür katılmış gibi sevindim.

Bu seanstan ne öğrendik?

Çocukluğumuzda yaşadıklarımızı biz seçmedik fakat artık doğru bir tutumu seçerek daha doğru davranabilmek ve daha huzurlu yaşayabilmek bizim elimizde. Her birimizin geçmişte yaşadıkları bizi etkilemeye devam edebilir. Önemli olan, bu davranışın kaynağını bulup düştüğümüz yerden kalkabilmektir. Bunun için çevre desteği de son derece önemlidir. Karşı karşıya değil, yan yana durmamız gerektiğini anlamamız, her insanın sevgiyle yaklaşılması hâlinde açılacak nice güzel kapılarının olabileceğini peşinen kabul etmemiz gerekir çünkü bizi konuşturan ve harekete geçiren inandığımız düşüncelerdir.

Yürekleri sevgi ışığıyla aydınlanmamış olanlar,
kendi içlerindeki güzellikleri dahi göremezler.

-Dokuzuncu Hikâye-
"Hedefim yok,
nasıl hedef edinebilirim"

Şu an tek başına bana gelmiş genç bir hanımefendi ile beraberim. Lise üçüncü sınıf öğrencisi ve kendine güveninin olmadığını, hiçbir şey yapmaya motivasyonunun bulunmadığını ve bu durumdan kurtulamadığını söyleyerek söze başladı. Çok çekingen ve düzelemeyeceğine inanmış gibi bir hâli vardı. Güzel olan birkaç şey var; öncelikle hedefinin olmadığının ve aslında olması gerektiğinin farkında, bununla birlikte bir de yalnız başına gelmiş. Bu benim için gerçekten çok önemli. Karşımda kendi ihtiyacını gidermenin derdine düşen güçlü ve akıllı bir karakter var. Genelde hedefsizlik, anne, baba ve çocuk iletişiminde sorunlar olduğunda, ideal bir geleceğe dair herhangi bir gündem oluşmadığında ve gençlerin onları hayatlarında çok başarılı bireyler yapacak ilgi ve yetenekleri desteklenmediğinde kendini belli eden bir durumdur. Bakalım burada durum nasıl... Ona "sen" diye hitap etmek için izin istedim ve konuşmaya başladık.

Önceden ne yaşanmış ve bugüne etkileri ne olmuş?

"Kendini seviyor musun?"

"Galiba hayır."

"Neden?"

"Sevilecek biri değilim ki."

"Buna neye göre karar verdin?"

"Elimden doğru dürüst bir iş gelmiyor. Her şeyi zorla yapıyorum. İçimden yapmak gelmiyor. Kimse benden memnun değil."

"Kimse derken?"

"Annem, babam, kardeşlerim, belki çevremdekiler de memnun değildir ama söylemiyorlardır."

"Yani çevrendeki hiç kimsenin senden memnun olmadığını mı düşünüyorsun?"

"Evet, aynen öyle."

"Söyle bakalım bu insanlara hangi kötülüğü yaptın da insanlar seni sevmiyor?"

Bunu söylerken gülümsemiştim.

"Aslında bir şey yapmadım ama…"

"Peki seni niye sevmesinler ve senden neden şikâyetçi olsunlar ki? Bunu neye dayanarak söylüyorsun? Yoksa bu senin çevrendekilerden birinin sözü mü?"

"Bilmem… Şey, evet, galiba. Annemin sözü."

"Annen sana hangi durumda ne der?"

"Sürekli, 'Senin elinden düzgün hiçbir iş çıkmaz.' der."

"Neyi yapamadığın için bunu söyler? Gerçekten yapamıyor musun?"

"Çocukluğumdan beri eleştirildiğim için, annemin yanında herhangi bir iş yaparken elim ayağıma dolanıyor ve yalnızken yapacağımdan çok daha fazla hata yapıyorum."

"Peki annen yaptıklarından memnun olmadığı için nasıl oluyor da seni tanıyan herkes annen gibi düşünebiliyor sence?"

"Bilmiyorum, öyle gibi."

"Peki, şimdi hedef konusuna gelelim. Sevdiğin ve yapmak istediğin bir meslek var mı?"

"Yok."

"Hiç mi olmadı?"

"Eskiden olmuştu ama şimdi yok."

Burada hiçbir ilgisi desteklenmemiş ve üstüne üstlük değersizleştirilmiş, alay edilmiş bir kız var. Bu genç kızın hem kendi içinde moral ve motivasyonu neredeyse sıfıra indirilmiş hem günlük işlerde hiçbir şeyi beceremeyeceği mesajı verilmiş hem de bir mesleği tercih ettiğini söylediğinde o meslek kötülenmiş ve zaten onu da yapamayacağı söylenmişti. Peki, kızlarının düşündüğü meslekler doğru tercihler değilse, kendilerinin alternatif tercihleri neydi? Elbette ki "hiç"ti. Kelimenin tam anlamıyla "sen bir hiçsin" mesajı veriliyordu. Ne bir seçenek ne de destekleme, hiçbiri yoktu.

Peki bu kızımız şimdi ne yapmalıydı? Burada hedef tayininden önce, ayakta durabileceği ve bu dünya hayatını sağ salim sürdürebileceği bir desteğe ve morale acilen ihtiyacı vardı.

Çocuklarına değer vermeyen aileler, onların hayallerine de değer vermezler.

Konuştukça anladım ki bu kızcağızın vaktiyle var olan güzel hayalleri, sürekli değersizleştirilerek gönlünde bir kaos oluşturulmuş. Çocuğun meslek tercihleri anne babanın anlayışına veya gönlünde yatana göre değil, Allah'ın (cc) o çocukta var ettiği ilgi ve yönelimlere göre ve zamanla geliştirilerek ortaya çıkartılır. Bu, çocuk için hem bir hak hem de Allah'a (cc) karşı bir görevdir. Anne babalar, çocukları için neyin uygun olduğu konusunda küçük yaştan itibaren Allah'ın (cc) onda yarattığı özel ilgileri keşfetmek için çaba sarf etmeli ve çocuklarını çeşitli kurslara gönderip, eğitimler aldırarak buna hazırlık yapmalılardır.

Kendini objektif olarak görebilmek, yeni bir kişisel mimariye kapı aralamaktır.

Görmek aramakla ilgilidir. Aramak ise ihtiyaç duyulduğunda gerçekleşir. Biz neyin önemli olduğunu bilmezsek, bulmak ve yeşertmek için de çaba sarf etmeyiz. Fark edilmeyen değerler, geliştirilmediği için zamanla solar. Tabii bundan önce çocuğun, Allah'ın (cc) emaneti olduğu, aslında hepimizin birbirimize emanet olduğumuz fikri yüreklerimize ve zihinlerimize kazınmalı ki birbirimize değer vererek, asil insan muamelesi yaparak yaşayıp gidelim. Nitekim Peygamber Efendimiz (sav) "Çocuklarınıza asil insan muamelesi yapınız." buyuruyor...

"Kimse seni engellemeden önce, gönlünde hangi meslek vardı?"

"Tıp."

"Ne kadar güzel, doktorluk çok önemli bir meslek."

"Fakat ben asla yapamazmışım, annem ve babam öyle söylüyorlar."

"Neden bunu söylüyorlar sence?"

"Ev işlerini bile beceremediğim için, doktorluk gibi zor bir mesleği hiç yapamayacağımı söylüyorlar. Kendine göre basit bir şeyler seçmeliymişim."

"O basit dedikleri şey ne, belli mi?"

"İki yıllık yüksekokulları kastediyorlar."

"Peki, şu anda varsayalım ki ailen seni destekliyor, o zaman tıp okumak ister misin?"

"Evet, hem de çok."

Bunu söylerken, gözleri sevinçle parladı, heyecanlandı.

"Peki şimdi tıp okumaya karar versen ailen sana engel olur mu?"

"Evet. Alay ederler, inanmazlar ve desteklemezler. Ders çalışacağım zaman iş yapmamı isterler."

Kızımız şu anda lise üçüncü sınıfta ve önünde yaklaşık bir buçuk senesi daha var. Tıp konusundaki isteğini ve kararlılığını anlamama yarayacak birkaç soru daha sorduktan sonra, onunla bir anlaşma yaptık. Ailesine herhangi bir şey demeyecek, derslerini yapıp boş zamanlarında dinlenecek ve test çözecek. Ailesi ona aşağılayıcı ne söylerse söylesin umursamayacak ve kendi çalışmalarına yoğunlaşacak. Belli aralıklarla bana gelecek, birlikte moral ve motivasyon tazeleyeceğiz. Yeni ve daha verimli çalışma biçimleri üzerinde duracağız. İlaveten şu ana kadar kendisinde var edilmiş kendilik algısı bozukluğunun doğrusu ile değiştirilmesi konusunda da çalışmalar yapacağız.

Ayrıca kendisini şu anda tıp fakültesinde okuyan tanıdıklarımla tanıştırıp okullarını gezdirebilecekleri, sınava hazırlanma konusunda teknik bilgi verebileceklerini söylediğim zamanki sevincini görmeliydiniz. Kendisini tebrik ederek uğurladım.

Bu arada, aile ile görüşmek istediğimi söyleyip onları da davet ettim. Eğer anne babası gelebilirse, onları suçlamadan kızları ile nasıl daha iyi bir iletişim içinde olabileceklerini anlatmaya çalışacaktım.

Bu seanstan ne öğrendik?

Her insanın yatkın olduğu bir iş vardır, o işi yaptığında kendisini çok mutlu hisseder ve o alanda üretken olabilir. Birilerine zor gelen iş, bir başkasına zor gelmeyebilir. Üstelik yapabileceğini söyleyen birisine, "Sen yapamazsın!" demek, o insanın belki de hayatını karartmak anlamına gelebilir. Çocuklarımızın doğru karar verebilmeleri için o mesleği tanımalarına yardımcı olmalıyız.

"Sen yapamazsın" mesajı sadece okul ve meslek ile sınırlı kalmadığı için, yaygın olan bu yaklaşım biçimi, gençleri hayatın her alanında gerilebilir. Büyük bir potansiyele sahip birçok genç, kendini tanıyıp bu potansiyeli ortaya çıkaramadan yıllarını geçirebilir. Bilmeliyiz ki mutluluk, kabiliyetler açığa çıktıkça kazanılır.

Sen, sana yapıştırılan etiketlerden ibaret değilsin. **SANA KENDİNİ YANLIŞ TANITAN ETİKETLERDEN KURTUL. AT O ETİKETLERİ. GERÇEK SENİ ORTAYA ÇIKAR.**

O zaman göreceksin ki sen de herkes gibi hatta onlardan daha güzel işler başarabilirsin. **AT O SİYAH GÖZLÜKLERİ. KENDİNİ VE HERŞEYİ MEVCUT GÜZELLİĞİ İLE GÖR.**

Sana kendi hayatında figüranlık yaptırmış olabilirler. **AT O KOSTÜMÜ. KENDİ HAYATININ BAŞROL KOSTÜMÜNÜ GİYİN, KENDİ ROLÜNÜ OYNA.**

Diline sana söylenen sözcüler yerleşmiş olabilir. Kendini beğenmeyip eleştiriyor olabilirsin. **AT O SÖZCÜKLERİ. KENDİN İÇİN YEPYENİ, HARİKA SIFATLAR ÜRET VE ONLARI KULLAN. EKSİĞİNİ GÖR, DOĞRUSUNU BUL VE GÜVENLE YOLUNA DEVAM ET.**

Sana hayat yolculuğunda daracık yolları göstermiş olabilirler. **AT O ALGIYI. KENDİ YOLUNU SEN SEÇ VE ONU GENİŞLET.**

İnsanlar, kendilerine neyin iyi geldiğini sadece kendileri bilebilirler. Sana neyin iyi geleceğini de sadece sen bilebilirsin. Başkaları sana "Bunu yapamazsın!" demiş olabilir, sen de buna inanmış olabilirsin. **AT O DÜŞÜNCEYİ KAFANDAN. ÖNCE ADIM ATIP, YÜREKTEN İSTEYEREK DENE. BELKİ DE O İŞİ DÜNYADA EN İYİ YAPAN KİŞİ SEN OLACAKSIN. BELKİ DE GERÇEKTEN O KONUDA DÜNYAYA ÖRNEK OLACAKSIN.**

Sürekli suçlananlar
kendilerini suçlu zannederler.

─────────────

-Onuncu Hikâye-
"Ben yetersiz bir anneyim"

"Ben eşime ve çocuklarıma yetemiyorum. Çocuklarıma sürekli bağırıyor, sonra da vicdan azabı çekiyorum. İyi bir eş ve anne değilim. Okusam bile okuduklarımı hayata geçiremiyorum. Ben artık düzelemeyeceğimi düşünüyorum. Ne yapacağımı bilmiyorum. Bana yardımcı olabilir misiniz?"

Ağlayarak sorulan bu soruda, derin bir üzüntü, çaresizlik ve tükenmişlik vardı. Hanımefendinin yanındaki eşi, haklı olduğundan emin bir şekilde karısı için yardım istiyordu. Onları önce birlikte, sonra da ayrı ayrı dinledim. Hanımefendinin bütün şikâyeti kendisinde toplanmıştı. Ona göre eşi ne dese haklıydı çünkü kendisi yetemiyordu. Beyefendi de aynı dil ve üslubu kullanarak eşinin bir türlü sakin ve sabırlı bir anne olamadığını söyleyip, konuyu kendisine getirdikten sonra onun iyi bir "eş" olamadığını da ima etti.

Anlatılanlara hiç değinmeden önce beyefendiye kendisi ile ilgili sorular sordum. Eve ne kadar zaman ayırdığına, çocuklarla ilgilenip ilgilenmediğine, en son ne zaman eşiyle baş başa vakit geçirdiğine, eşine değer verdiğini ve onu sevdiğini kendisine nasıl hissettirdiğine, hoşuna gitmeyen bir şeyler olduğunda nasıl tepki verdiğine ve küsüp küsmediğine dair sorular sordum. Hiçbir soruma olumlu cevap alamadım. Diyaloglardan bazıları ise şöyleydi.

"Eşinize günlük diyaloglarınızda nasıl hitap edersiniz?"

"Hanım, derim."

"Öfkelendiğinizde kullandığınız bir iki cümleyi rica edebilir miyim?"

"Hmm... 'Çocuklara niçin bağırıyorsun?', 'Sen ne biçim annesin.' 'İleride bu çocuklar seni sevmeyecek.' gibi şeyler diyorum ama sonuna kadar haklıyım. Açıkçası zaman zaman hakaret ettiğim de oluyor çünkü artık benim de sabrım kalmadı."

İnsanın iki tane sevgi merkezi vardır; çocukluğundaki yuvası ve evlenerek kurduğu yuvası.

Sevgi ve değer görme, en zaruri ihtiyaçlardandır. Kişi, bunu bağımlı olduğu bebeklik döneminde mutlaka anne babasından görerek sevgi deposunu doldurmuş olması gerekir. Bu depo dolmadığı zaman insan, farkında olmadan dengesini bozan bu boşluğu doldurma ihtiyacı hisseder. Bunu ailede gideremezse dışarıdan en kolay neye ulaşabilirse onunla doldurmaya çalışır. Genç danışanlarımdan biri, "Annem kendisine sarılmama izin vermiyor. Ben de komşu teyzeye sarılarak anne sevgisini almaya çalışıyorum." demişti.

Sevgi, değer gördüğü yere akar.

Sevgi kaynağı ile onun muhatabı arasında derin bir bağ oluşur. Bu bağ önce anne baba ile sonrasında ise eş ile olmalıdır. Bugün eşinden sevgi, güler yüz ve iyi muamele görmediği için ayağı kayan kadın ve erkeklerin sayısının, tahminlerin üzerinde olduğunu düşünüyorum. İnsandaki bedensel ve psikolojik arızaların çoğu, bu eksik ve yanlış davranışlar sebebiyle oluşmaktadır. Sevginin hissettirilmemesi kişiyi yoksunluğa, o da bunalmaya ve karşısındakini de bunalıma sokmaya iter çünkü asıl olan sevgiyi taşımak ve sevgi alanını genişletmektir. Ana kaynaklardan sevgi görülemediğinde sevgi dilenciliği başlar. Bu ise insanı onarmaz, gördüğü sevgi kendisine yetmez ve kişi sürekli ihtiyaç içinde olan, isteyen, bekleyen ve bu eksiklikle olmadık yanlışlar yapan birisine dönüşebilir.

Sevmeyi öğrenmeden iyi insan olunamaz.

İnsanın içinde taşıdığı duygular onu etkiler, kuşatır ve o etkiyle konuşur, hareket eder. Sevgi yumuşatır, zarifleştirir, merhameti ve ilgiyi canlı tutar; korumaya, daha çok anlamaya, fedakârlık yapmaya, sıkıntıları daha kolay atlatmaya yardımcı olur.

Önceden ne yaşanmış ve bugüne etkileri nasıl olmuş?

Beyefendiye sormaya devam ettim.

"Kendinizi seviyor musunuz?"

"Eh işte, seviyorumdur herhâlde."

"Anne babanızla iletişiminiz nasıldı?"

"İyi değildi. Ben çocukluğumu yaşayamadım ki. Hep babamın sert bakışları, içimi acıtan sözleri vardı, dayak da atardı ve ondan hep korkardık. Bir tek bayramlarda elini öptürür ve bize dokunurdu. O anın hiç bitmemesini isterdim. Anneminse babamı memnun etmeye çalışmaktan, işleri yetiştirme telaşından gözü bizleri görmezdi. Çünkü babam en ufak bir eksiklikte bile ağzına geleni sayar, ilgili ilgisiz herkese kızardı. Onun babası da öyleymiş."

"Peki siz babanızla kendinizi yan yana düşündüğünüzde, babanıza benziyor musunuz?"

"Galiba."

"En son ne zaman çocuklarınızı sevdiniz, başlarını okşadınız?"

"Ben severim ama fazla belli etmem, şımarmasınlar diye tabii."

"Sizin göstermediğiniz sevginizi çocuklarınız anlayabilirler mi sizce?"

"Bilemiyorum."

"Peki, eşinizi seviyor musunuz ve sevginizi nasıl ifade edersiniz?"

"Tabii ki severim, sevmesem evli kalır mıyım? Evden işe iş-
ten eve, hiç sosyal hayatım yoktur. Evle ve evdeki herkesle çok
ilgiliyimdir. Ama tartışmalarımızdan dolayı sevgimi ifade etmeye
fırsat bulamıyorum doğrusu."

Konuşmalardan anladım ki bir tek sevgi sözcüğü yok, takdir
yok, eve misafir davet etme ya da birilerine misafirliğe gitme,
sosyalleşme neredeyse yok, hediyeleşme yok, huzur yok, birlikte
ağız tadıyla zaman geçirme yok. Üstelik yapılan hiçbir işi beğen-
meme, sürekli kusur arama, azarlama ve aşağılama var. Beyefen-
diye, "Bu durumda insan ayakta bile duramaz, siz kendi içinizde
karanlık bir dünya oluşturmuşsunuz ve o karanlığı yuvanıza da
yayıyorsunuz." dediğimde çok şaşırdı ve hiç bu açıdan düşünme-
diğini söyledi. Asıl meselenin beyefendinin kendisini sevmeme-
si, anne babasını sevememesi ve içindeki boşluğu dolduramadığı
için bunun acısıyla etrafındakileri kırıp geçirmesi olduğunu tespit
ettik. Eşinin yanında, hanımefendinin yetersizliği değil, beyefen-
dinin sevgisizliğinin sorun olduğunu, önce bunun giderilmesi ve
ondan sonra dilinin ve hâlinin düzelebileceği konusunda hemfi-
kir olduk. İkisi de çok şaşkınlardı. Beyefendi eşi üzerinden terapi
yapacağımı, hanımefendi de kendisini düzeltmek için ona yardım
edeceğimi bekliyordu ancak durum bambaşkaydı. Hanımefendi
kalkıp boynuma sarıldı ve dakikalarca ağladı, teşekkür etti.

Ayrıca beyefendiye, eleştiriyi sıfırlaması ve çocuklarla sevgi
dolu bir üslupla ilgilenmeye çalışması konusunda ricada bulun-
dum. Elinden geleni yapacağını söyledi ve ikinci seansta buluş-
mak üzere kendileriyle ayrıldık.

Yoksunluk tahrip edici hatta yok edicidir.

Bu arada onlara, "Allah'ım, bizi doğru anlayanlardan, doğru
davrananlardan ve hayatını sevgi ile kuşatanlardan eyle. Hâlimi-
zi daha iyisiyle değiştirmemiz konusunda bize yardım et. İşimi-
zi kolaylaştır. Razı olacağın bir hâle gelmemiz konusunda bizi
hayırlı bilgi ve hayırlı insanlarla karşılaştır. Hayatımıza sevdiğin
dostlar kat. Bizi mutlu bir eş ve mutlu çocuklara sahip olacağımız

alışkanlıklarla ve güzel bir ahlakla ödüllendir. Senin gücün her şeye yeter." gibi bazı dua örnekleri verdim.

Dualar çok önemlidir çünkü dua ettiğimizde en büyük makama el açarak yürekten talep ederiz. Zihnimiz düşündüklerimizden ve talep ettiklerimizden etkilenir ve âdeta dilimizden çıkanlar gönlümüzdekilerle birleşip ne yapacağımız ve ne tarafa gideceğimiz konusunda bize rehberlik ederler.

İkinci Seans

Nasıl olduklarını çok merak ediyorum. Hanımefendinin ve beyefendinin bu süreçte nasıl bir duygu durumu içinde olduklarını duymak içinse sabırsızlanıyorum. Aynı zamanda tahminimden iyi olmaları için de duacıyım.

Hanımefendi inanılmayacak kadar mutlu, yüzü aydınlık ve sevinç içinde geldi. Bu ilk sinyal, bazı şeylerin değişmeye başladığının müjdesi gibiydi. Çok şükür, dedim içimden. Baktım beyefendi de daha rahat ve mütebessim, bu da benim için ikinci güzel mesaj oldu.

Oturduk ve ilk sorumu sordum.

"Görüşmeyeli nasılsınız?"

Hanımefendi hemen söze girdi ve daha iyi olduklarını söyledi. Beyefendi de eşini onayladı. Kısa bir sohbetin ve onları tebrik etmemin ardından ikisini ayrı ayrı seansa aldım. Önce beyefendiden başladım. Bu bir haftanın nasıl geçtiğini, duygu durumunun nasıl olduğunu, eşine eleştiri yapıp yapmadığını ve bunu yaparken neler hissettiğini sordum.

"Açıkçası çok zorlandım. 'Bu eksik oldu.', 'Şurası yanlış oldu.', 'Sen beceriksizsin.' demeye dilim o kadar alışmış ki."

"Peki siz bu eleştirileri yapmadığınızda her şey daha kötü mü oldu?"

"Yok, olmadı."

"Peki şimdi size bir soru sorayım, eleştirmediğinizde her şey daha kötü olmadıysa, şimdiki hâliniz mi yoksa önceki hâliniz mi daha iyi?"

"Elbette şimdiki daha iyi."

"Peki eşiniz bu durumdan nasıl etkilendi, ne dedi?"

"Eşim bu bir haftada çok değişti. Ben ona sataşmayınca baktım ki daha rahat hareket ediyor, daha sabırlı davranıyor, daha mutlu ve herkese daha sevecen yaklaşıyor. Böyle davranmak daha iyiymiş."

"Size çok zor geleceğini tahmin ediyordum. Ancak zor gelmesine rağmen tavsiyemi uyguladığınız için size teşekkür ederim."

Bundan sonra asıl meselenin temeline, yani aile ilişkilerine değindik. **Anne babasıyla gönlü barışmayan hayatla da barışamıyor ne yazık ki.** Beyefendiyle bu konu hakkında konuştum ve ne olursa olsun ailesini sevmeye ve onlara hakkını helal etmeye çalışmasını tavsiye ettim, kendisi de kabul etti. Ardından bu süreci daha kolay atlatabilmesi için, bazı terapi teknikleriyle bunu ilk önce zihninde gerçekleştirdik. Sonrasında kendisine bazı cümleleri öğreterek anne babasıyla konuşmasını, onlara daha yakın davranmasını ve onlardan helallik istemesini tavsiye ettim. Bunun kolay olmayacağını biliyorum fakat biz insanlar, yaş aldıkça sert tabiatımız yumuşuyor, toprağa yaklaştıkça biraz daha mütevazı oluyoruz. Umuyorum ki anne babası beyefendiye sert tepkiler vermezler. Önce zor gelenden başladık, yani babasından. Beyefendiyi gerçekten çok takdir ettim.

Kendi içimizdeki buzları eritirsek bu durum karşımızdakine de yansır.

Beyefendi doğruya açıktı, ne desem kabul etti. Ayrıca kendisine en zor gelen şeyden başladı ve bunu hayat geçirdi. Görüşmenin ardından konuştuğumuzda babasıyla ağlaştıklarını ve babasının da oğluna sarıldığını söyledi. Bu beni çok sevindirdi. Annesi de oğluna sarılmış ve o da içli içli ağlamış. Bunca yıldır annenin bu aşağılanma ve bağırıp çağırılma arasında nasıl bir psikoloji içinde olduğunu düşünemiyorum bile. Sosyal hayat yok, bilgilenme yok; sevgi, saygı, değer, takdir, gözünü açabilecek ve tutunabilecek hiçbir şey yokken yine de hayata tutunabilmek ne büyük bir başarı, çok şükür ve binlerce aferin...

Bunu birkaç seans çalıştık ve çiftin büyük ölçüde hem duygu durumları düzeldi hem de ilişkileri daha saygın bir seviyede gerçekleşmeye başladı çok şükür. Artık bundan sonrası tavsiyelere uymalarına bağlı.

Hanımefendinin şimdiye kadarki sıkıntılarının hafiflemesi için ona bazı uygulamalar yaptım. "Yeniden çerçeveleme" dediğimiz bir teknikle, zihninde yeni anlamlar ve yaklaşımlar oluşturmaya çalıştık. Allah'a (cc) şükür, iyi niyet, doğrulara açık olma, insanın değişebileceğine inanma ve gereğini yapmanın bir ailenin hayatını nasıl değiştireceğinin bir örneğini daha yaşadık. Bundan sonrasının daha iyi gitmesi için dualarımızla seansları bitirdik.

Bu seanstan ne öğrendik?

Kendinde olanı görebilmek, akıl, özgüven ve cesaret gerektirir. Beraberinde iyi niyet de olunca Allah'ın (cc) izniyle, insan kendisinde var olan olumsuzlukları daha iyileriyle değiştirebilir. Hayat kalitesini yükseltebilir. Bulunduğu mekân insanca nefes alınabilecek bir yer hâline gelir. Her insanın böyle davranması hem hakkı hem de görevidir. İnsan kendisinde olanları göremezse değiştiremez, değiştiremedikçe de çevresindekileri tahrip eden davranışları yapmaya devam eder. Bu durum ise yakın iletişimde bulunan kişilerin yara alması, var olan sevgi ve güvenin zarar görmesi demektir ki kimse kendisine bu kötülüğü yapmamalıdır.

"Kadınlarınızla, onlardan hoşlanmamış olsanız bile, iyi geçinin. Olabilir ki bir şey, sizin hoşunuza gitmez de Allah (cc) onda birçok hayır takdir etmiştir."

(Nisa Suresi, 19. ayet)

Yara iyileşmeden acı bitmez,
gönül onarılmadan sevgi yeşermez.

-On Birinci Hikâye-
"Evlendim fakat hâlâ annemin sözleriyle hareket ediyorum"

Bugün ilk danışanım, genç kız zannedebileceğim kadar genç ve güzel, üç çocuklu bir hanımefendiydi. Yerinden kımıldayacak hâli olmadığını ve aslında zorlanarak geldiğini hissettirecek kadar bitkin ve moralsiz görünüyordu. Tanışma faslından sonra, şikâyetini ve bu seanstan ne beklediğini sordum.

"Sadece konuşmak istiyorum. Durumun ne olacağını, nereye gideceğimi bile şu anda düşünemiyorum." dedi.

Bu sözler esasında bir yardım çığlığıydı. Hanımefendi aslında, "Boğuluyorum, elimden tutun." diyordu.

Genç kadın, konuşmaya gözyaşlarıyla başladı. Bazen böyle durumlarda danışanımın boynuna sarılıp bir abla, bir anne gibi teselli etme ihtiyacı güçlü bir şekilde ortaya çıksa da kendimi tutuyor, bazen gözyaşlarımı içime akıtıyorum. Burada da öyle oldu. Konuşma devam ettiği esnada cümlesini bitince kendisini durdurdum. Eline bir ayna vererek ne gördüğünü anlatmasını istedim. Aynadaki görüntüsüne baktı, baktı... Gözyaşlarından kendisini görebildiğini sanmıyordum, peçete verdim ve tekrar bakmasını rica ettim.

"Akılsız, beceriksiz, hiçbir işe yaramayan birisini görüyorum."

"Bu güzel hanımefendi ne yaptığı için bunları söylüyorsunuz, bana örnek verebilir misiniz?"

"Elinden hiçbir iş düzgün çıkmaz, kimse onu sevmez; beceriksiz ve başarısızdır."

"Elinizde çok fazla etiket oluşmuş. Şimdi bana bunları söyleten eksikliklerinizi örnekleyebilir misiniz?"

Önceden ne yaşanmış ve bugüne etkileri nasıl olmuş?

Konuşmamız boyunca her birimizin hayatında olan sıradan şeylerden bahsetti. Bunlar kendisine bu kadar olumsuz etiketi yapıştıracak cinsten ciddi yanlışlar değildi. Hayatını etkileyen iki insan olmuş; annesi ve eşi. Mükemmeliyetçi ve eksiğe, yanlışa hiç tahammül edemeyen bir anne, onu destekleyen fakat bir o kadar da ilgisiz ve sorumsuz bir baba, son olarak da daha iyi olacağı düşüncesiyle evlenip, bekârlığında yaşadığı ateşin ortasına düştüğünü hissettiren bir eş... Tabii burada hanımefendinin de eşine bolca malzeme verdiğini tahmin ediyorum. Bunu da hesaba katmak gerekir. Moralini yitirmiş bir şekilde geldiği yuvasında, çok kısa süren bir mutluluk ve ardından aynı tempoda eleştiri, aşağılama ve değersizleştirme olunca, hanımefendinin de artık ayakta duracak takati kalmamış.

Burada kendisinin eşine nasıl bir mesaj verdiğini merak ediyorum. Hepimizin içinde yaban bir taraf vardır; karşımızdakini zayıf ve savunmasız gördüğümüzde, eğer o yaban tarafımız terbiye edilmemişse, hemen bir suçlama, aşağılama ve kendine haklılık payı çıkaracak açıklar bulmaya çalışır. Ne yazık ki insan olmamızdan dolayı bu açıklar hepimizde mevcuttur. Ancak bu bir bahane değil çünkü onu kontrol altına alabilmek de yine bizim elimizdedir.

İnsanın yanlışının veya eksiğinin olması onu kötü ve beceriksiz yapmaz; biz onu öyle görmek istemedikten sonra...

Annesinin en derindeki mesajlarını bulabilirsek, belki hanımefendinin onlardan kurtulmasını sağlayabiliriz. Zira **bir sorunun kökleri kurutulursa dalları kendiliğinden kurur.** Hanımefendiye bir uygulama yaptım ve hayalinde annesi ile yüzleştirdim. Rengi attı, gerginleşti, gözlerinden yaşlar boşandı. Kendisine yakıştırdığı sözleri tekrar söylettim. Gerçekten burada yazmak istemeyeceğim kadar ağır ve inciticiydi. Uygulamada onu annesi ile konuşturdum ve benim cümlelerimi söylemesini istedim. Sorduğumuz sorularda anne sessiz kaldı, cevap veremedi. Ben de tam burada, bu sözlerin gerçeği yansıtmadığını itiraf ettirdim.

Şimdi sıra anneyi anlamaya gelmişti. Hangi travmatik sürecin sonucunda yüreği bu kadar katılaşmıştı acaba? Anne farkında olmadan nasıl bir karmaşa içine giriyor da "canım" dediği kızına böyle sözler söyleyebiliyor? Zihnimizin "niçin" sorusuna doğru ve anlamlı bir cevap bulması hâlinde her şey düzelme sürecine girebilir çünkü doğru kararlar, çoğunlukla doğru bilgilerle alınır.

"Annenizin hayatına dair neler biliyorsunuz? Size anlattığı oluyor muydu?"

"Evet. Öncelikle kendi anne babası, sonra da babam anneme çok zarar vermiş. Babası evlenirken çok zorluk çıkarmış, âdeta kaçar gibi evlenmiş. Babam ise evlendiğine bin pişman edecek şeyler yapmış. Sık sık evden gider, annemi çocuklarla baş başa ve beş parasız bırakırmış. Annem bizi bırakıp bir işte çalışamamış, günlerce aç kaldıkları olmuş. Yani çok çile çekmiş. Kendi istediğiyle evlendi diye ailesi ona sahip çıkmamış, üstelik dedemin maddi durumu da çok iyiymiş. Bence annem depresyondan hiç çıkamadı. Babam annemi hiç doktora götürmezdi, numara yaptığını söylerdi. Annem bize hiç bayramlık alamadı çünkü elinde parası yoktu. Babam kazandığını başka yerlerde harcar, eve öyle gelirdi."

"Şimdi anneniz nerede ve ne yapıyor?"

"Biz üç kardeş evlendik, annemle babam baş başalar. Babam hâlâ eve arada gelir. Annem bütün gün yatar, çok zor ayağa kalkar ve iş yapar. Fakat işin garibi, biz eve gittiğimizde bize hâlâ ağır konuşur."

"İçi bu kadar acıyla dolu birisinden çok fazla şey beklememek gerekir, ne dersiniz?"

"Doğru aslında."

Bundan sonraki konuşmalarımız, annesine nasıl yardımcı olacağımız çevresinde şekillendi. Aslında bu kadar acı ve sıkıntı çekmiş birine, eşi olmasa bile, üç evladı bir araya gelip yardım edebilirdi. Hanımefendinin kendilik algısı üzerinde çalıştıktan sonra, üç kardeşi ile birlikte annesine nasıl yardım edebileceğimiz konusunda görüşmek üzere anlaştık ve seansı bitirdik.

İyi niyetle doğru adım birleşirse daha hızlı yol alınır.

Sonraki seansa üç kardeş birlikte geldiler. Anneleri hakkında daha detaylı bilgi aldım. Baba hâlâ ilgisiz ve sorumsuz vaziyette, gününü gün etmeye devam ediyordu. Onlarla şu maddeleri yerine getirmek üzere anlaştık.

- Babaları ile üçü birlikte görüşecekler. Ona, bu zamana kadar annesini ve kendilerini ihmal ettiğini, onu sevdiklerini fakat artık bu gidişe bir dur demeleri gerektiğini söyleyecekler.

- Annelerini tedavi ettirmek istediklerini söyleyecek, babalarının maddi durumu iyi olduğu için masrafları onun karşılamasını talep edecekler.

- Eğer baba direnirse, kanunen annesine bakmak zorunda olduğu için, gerekirse avukat tutup kanuni yollara başvuracaklarını söyleyecekler. Bu tavır bir babaya uygun değil gibi görünse de, **"Sert oduna keskin balta gerekir."** diye bir atasözümüz var. Babası bu zamana kadarki keyfi uygulamaları için harcama yapmıştı ve yapmaya da devam ediyordu. Bu sebeple şimdi de annesinin hak ettiği tedaviyi yaptırmak için gerekirse bu yolu kullanacak ve el birliği ile sonuç almak için gayret edecekler.

• Gerektiğinde eşlerinin devreye girmelerini rica ederek halkayı genişletip babayı sorumluluğunu yapmaya teşvik edecekler. Eğer mümkün olursa babayı da görüşmeye davet ettim, getirmeye çalışacaklar.

Anne ile ilgili işlemi yoluna koyduktan sonra, biz hanımefendi ile görüşmelere devam ettik. Bu arada anlaşıldı ki kendi alınganlığı ve değersizlik duyguları sebebiyle, eşinin pek çok mesajını da yanlış anlamış. Bazen de kendisi hatalı davrandığı için eşi ona yanlış davranmış. Bir süre sonra beyefendiyi de çağırıp sistemi birlikte daha sağlıklı hâle getirmenin planlarını yapacağız inşallah.

Bu seanstan ne öğrendik?

Zarar gören zarar verir. Asıl çözüm, zarar kaynağının tespit edilip mümkünse ortadan kaldırılması, kaldırılamıyorsa üstesinden gelinebilecek bir anlayış oluşturulmasıdır. Bunun için gerekirse yardım alınmalıdır.

Hayatımız uzun gibi görünse de aslında çok kısa. Bu kısa hayatı ne kadar nitelikli yaşarsak o kadar hem kendimize hem de bu dünyaya katkıda bulunabiliriz. Sıkıntıları içe atmak yerine, danışıp dışa atalım. Ayrıca her insanın içinde anne babasına karşı onlara sarılamaya hazır bir taraf vardır, bunun farkında olalım.

Çocuk yüreği ilgi ile dokunur, sevgi ile okunur.

-On İkinci Hikâye-
"Babama tepki olsun diye okumadım"

Babasına tepki olsun diye okumadığını söyleyen bir hanımefendi ile görüşüyorum. İki şeyin sıkıntısı içinde; ilki, babası ile yaşadığı gönül kırıklığı onu hâlâ olumsuz etkilemeye devam ediyor, ikincisi ise şimdiye kadar içinde bulunduğu bu tepkisel tercihin etkisinden artık kurulmak istiyor ve bunun için yollar arıyor. İnsanın aklı aramaya başladığında, önünde bin bir çeşit yol açılır. Binlerce belki yüzbinlerce sinir hücresi harekete geçer.

Önceden ne yaşanmış ve bugüne etkileri ne olmuş?

"Babam üniversite mezunu, annemse ilkokul mezunu. Babam bunu bilerek annemle evlenmiş fakat giderek annemi küçük görmeye başlamış. Hatta bizim yanımızda annemizi 'cahil' diye aşağılıyor, küçük düşürecek, rencide edecek ifadeler kullanıyordu. Oysa babam üniversite mezunu olduğu hâlde kaba ve sert sözlü, âdeta sözleriyle insanı döven biriydi. Annem ise babamın tam tersi, o kadar iyi ve yumuşak mizaçlı bir insan ki ... Babamın onca kırıcı ve incitici muamelesine rağmen ona iltifat etmekten, onu bizim gözümüzde yüceltmekten geri durmadı. Babamın yaptığı işlerde annem fikir verir, babam annemin fikrini uygular, bununla da çok övgü alırdı. Ancak yine de anneme dönüp, 'Bak senin fikrin işe yaradı, teşekkür ederim.' demezdi. Annem bunu gördüğü hâlde, babama fikir vermekten, onu takdir etmekten ve iyiliği için dua etmekten hiç vazgeçmedi. Annem hepimizin gönlüne taht kurdu."

Yanlış davranışlar bilhassa çocuklarda güçlü birer olumsuz pekiştireçtir.

"Babam çocuklarının okuması için çok uğraştı fakat aile hayatımızda çok sıkıntı çekmemize sebep oldu, annemi her fırsatta aşağılamak için o kadar fırsat kolladı ki içimde babama karşı bir tepki oluştu ve bana 'oku' dedikçe ben okuldan uzak durdum. Sanki içimden, 'Hayır, ben sana inat okumayacağım. Sen annemi cehaletle suçluyorsun fakat okuduğun okul, aldığın bilgiler seni iyi insan yapamamış. Anneme cahil olduğu söylesen de o senden çok daha iyi ve bizim için hayatı güzelleştirmeye çalışıyor, bize senin gibi kırıcı ve incitici davranmıyor. Ben annem gibi olmayı seçiyorum, aşağıladığın, cahil gördüğün annem gibi ben de okumayacağım ve sen benim başarılarımı görüp, demek ki okumadan da bir şeyler yapılabiliyormuş, diyeceksin.' dedim ve okumadım."

Çocuklar kırıldığında derinden kırılırlar.

"Şimdi kırk yaşıma geldim ve hayatımı sorguluyorum. Okumayı çok seviyordum, evimizde neredeyse okumadığım kitap kalmamıştı. Ansiklopediler de dahil, geniş bir okuma yelpazem vardı. Şimdi çok şükür çevremde sevilen, değer verilen ve eline aldığı işi yapınca herkesin beğenisini kazanan ve dua alan biriyim. Fakat ben okuyabilir ve bu yaşıma kadar hem kendime hem topluma daha büyük katkılarda bulunabilirdim. Fakat ne yazık ki babamın bizi kendisinden iten ve soğutan tutumu, okumak için direnmeme sebep oldu."

Aramanın ve daha iyi olmanın yaşı ve mazereti yoktur.

"Şimdi ne yapabilirim? Babamla ilgili bu olumsuz algılarımın değişme şansı var mı? Anneme olan hayranlığım, hep onun yanında durmama ve babamdan uzaklaşmama sebep oluyor. Şu an bile yaşadıklarımız aklıma gelince içim üzüntüyle doluyor. Bu duygularım geçer mi, ben babamı affedebilir miyim? Yeniden okuyabilir miyim? Bu arada ben de ilkokul mezunuyum ve yakın zamana kadar okumayı gündemime bile almıyordum. Babama karşı duyduğum öfke, her seferinde beni bu duruşa itti. Ancak artık bunu aşmak istiyorum. Bunun bir çözümü var mı, varsa neler yapmalıyım?"

Daha iyi olmanın sayacı çalışmaya başlamış.

Zihin arayışa geçmişse, Rabbimin izniyle, nice güzel kapılar açılacak demektir. Kırk yaş insanın kemale ulaşmadaki eşiğini, insanın durulma zamanının geldiğini ifade eder. Bu sebeple olgunluğun ve en güzel çağın başlangıcıdır. Hele de bazı gerçeklerin anlaşıldığı ve ne yapılırsa daha iyi olacağı konusunda sorular oluşmuşsa, önümüzdeki yolun ışıkları yanmaya başlamış demektir. Arayış başlamışsa, azim varsa, o kadar güzel gelişmeler olur ki şahıs kendisi bile inanamaz. Rabbimizin (cc) ısrarla arayan ve çabası sürekli olanlara sunmak için nice saklı müjdeleri vardır.

Her anlatılan çok değerlidir.

Hani derler ya, "İnsan düştüğü yerden kalkar." diye, çok doğru. Şimdi hanımefendinin kalkacağı yer de düştüğü yer olmalı. Önce kalp kırıklıkları tamir edilmeli, duygular onarılmaya çalışılmalı, yaşananlar mantık bağlamında yeniden çerçevelenmeli ve hanımefendinin babası ile daha samimi bir diyalog kurabilmesi için kollar sıvanmalı. Bilelim ki onarılmanın en güzeli yüzleşmekle ve yaşananları arkaya atabilmekle mümkün olur.

Hanımefendi babasına gidip okumamasının sebebini, annesine davranış biçiminden nasıl etkilendiklerini ve bundan dolayı ciddi kırıklıklar yaşadıklarını anlatacak. Elini öpüp, boynuna sarılıp belki de gönlü ağarana kadar ağlayacak ve helalleşecekler. Büyük ihtimalle baba, yaptıklarından dolayı özür dileyecek ve meselenin bundan sonrası tatlıya bağlanacak inşallah. İşte asıl onarılma bundan sonra başlar. Öyle umuyorum ki gönlü hafifleyen hanımefendi, yürümeyip koşacak, belki de uçacak.

Sonra ise hemen ortaokul, lise ve üniversite eğitimlerine devam edecek. Okul okumayı ne kadar istediğini sözlü olarak ifade etse de bu isteğini anlatmaya sadece bakışları bile yetiyordu. Bu konuda yardımlaşmak için anlaştık. Gözlerinde karar vermiş olmanın ışıltısını görmekten dolayı memnunum.

Bu seanstan ne öğrendik?

Anne babalar iyi olmaya çalışmalı, doğru davranmalı, rollerini ve sorumluluklarını hakkıyla yapmaya çalışmalılardır. Aksi takdirde oluşan tahribat, ömür boyu acısını hissedecekleri bir yaraya dönüşebilir. Düşünenler ve okuyanlar daha kolay anlar ve intibak güçleri daha yüksek olur. Bir insan yapacağı işe inanırsa, o ana kadar yaptıklarından çok daha iyisini yapabilecek bir enerjiye sahip olabilir. Affedebilmek, yürek yaralarını iyileştiricidir, yol açıcıdır ve tabiri caizse kanat takıcıdır. Affedip yoluna devam edebilmek, bir insanın kendisine yapabileceği en büyük iyiliklerdendir.

*Hayatın gerçeklerinden ve kendisine düşenden
habersiz yaşayanlar, kayıpları kazanç zannedecek
bir algı yanılması yaşayabilirler.*

-On Üçüncü Hikâye-
"Ayrılmaya karar verince
eşim düşmana dönüştü"

Bu seansta karşımda içinde bulunduğu durumdan ötürü gerçekten acı çeken ve çözüm arayan bir kadın vardı. Konuşmaya başladık.

"Ben yuvasının önemini iyi bilen ve boşanmaya karşı olan bir insanım fakat eşimin tavrı artık herkese zarar vermeye başladı, ben de onun için hiç istemediğim hâlde boşanmayı gündeme getirdim."

"Eşinizin hangi tutumu sizi boşanmayı düşünmeye sevk etti?"

"Sanki arkadaşlarıyla öğrenci evinde kalıyormuş gibi sorumluluk almaktan vazgeçti. Yanlış arkadaşları var, eve geç geliyor, çocuklarıyla komşu kadar bile ilgilenmiyor. 'Neredesin, akşam yemeğe bekleyelim mi?' diyorum, 'İşim var, bekleme.' diyor. Bazen nerede olduğunu sorduğumda, 'Bana hesap mı soruyorsun, sana hesap vermek zorunda değilim, bana karışamazsın.' diyor. Eşlik hukukundan habersiz gibi davranıyor. Buna çocuklar da çok üzülüyor. Çocuklar harçlık istese, onları rencide edecek sözlerle azarlıyor. Baba sevgileri zarar görecek diye çok korkuyorum ve buna engel olmak istiyorum fakat eşim, çocukların gönlünden kopmak için bilhassa çaba sarf ediyor gibi. Ayrılma kararımı kendisine bildirdikten sonra sanki çıldırmış gibi daha çok zarar verecek şekilde davranmaya başladı."

Önceden ne yaşanmış ve bugüne etkileri ne olmuş?

Beyefendinin annesi, oğlu ne yaparsa yapsın onu hep destek-lemiş ve ona hiç engel olmamış. Beyefendi tek çocukmuş ve anne baba da üstüne çok düşmüşler. "Aman üzülmesin, aman aramız açılıp da bizi terk etmesin." diyerek tabiri caizse hep pohpohlan-mış. Şimdi de muhtemelen yine aynı gerekçelerle ne yaparsa yap-sın oğullarını haklı görüp onun yanında yer alıyorlar. Eğer gelirse, gerçeğini kendisinden duymuş olacağız inşallah.

"Ben eşim ne yaparsa yapsın, ona insan gibi muamele etme-ye kararlıyım Allah'ın (cc) yardımıyla. Birlikte güzel günlerimiz geçti. Ortak paydamız, çocuklarımız var. Ben eşimin yanlışlarını çocuklara karşı örtmeye çalıştıkça eşim, bunu çocukların beyni-ne kazımak ister gibi onların yanında durmadan kötü davranıyor. Ben buna rağmen çocuklara, babalarının zor zamanlar yaşadığını, kendini kontrol edemediğini ve onun için dua etmemiz gerekti-ğini söylüyor, çocukların duygularının fazla tahrip olmaması için çaba sarf ediyorum. Eşim eve sadece yatmaya geliyor, evdeki hiç-bir şeyin sorumluluğunu almaya yanaşmıyor. Mesela çocukların doktor randevuları olduğunda, 'Sen götür, ben yorgunum.' diyor. Ben de, 'Doğru, yorgun olabilirsin ama çocukların zihinlerinde onlarla neler yaptığına, nasıl ilgilendiğine dair fotoğraflar oluş-sun. Babamla şunu yaptık, desinler, seni özlesinler, sevsinler.' di-yorum. 'Seni sevsinler yeter, beni sevmeseler de olur. Zaten ben sana göre iyi baba değilim, o yüzden beni unut.' diyor. 'Sen iyi bir insansın fakat çocuklarınla ilgilenmezsen onlarla paylaştığın hiç-bir şey olmayacak, çocuklarımız babasız gibi olacaklar.' diyorum."

"Genelde huzursuz ve bir eşin yardımcı olmadığı aile tablola-rında eşler bazen tek çocukla kalıyorlar. Siz maşallah dört çocuk sahibisiniz. Bunu eşiniz nasıl karşıladı? Bu sizin aile ilişkinizi na-sıl etkiledi?"

"Haklısınız, bu konuda çevremden de çok eleştiri aldım fakat hiçbiri bana sağlıklı gelmedi. Tek çocukla yetinmemi söylediler.

Oğlum tek kalmayı hak etmiyor. Ömür boyu tek başıma bakacağımı bilsem bile, çocuklarımı kardeşlerinin güzel paylaşımlarından mahrum etmeye hakkım olmadığını düşündüm ve zaten Rabbimin (cc) kolaylığını vereceğine inandım; verdi de çok şükür."

Tedbir aldıktan sonra Allah'a (cc) güvenmek, insanı korkulardan korur.

"Nasıl yani?"

"Çocuklarla meşgul olurken eşimin yaptıklarına takılmaya zamanım kalmadı. Çocuklar birbirleriyle çok güzel paylaşımlar içinde olunca, daha sağlıklı bir kimlik ve kişilik oluşumu sağlanacağına inanıyorum. Ayrıca tek çocuk büyütmek hem anne hem çocuk açısından çok zor. Annenin de babanın da bütün dikkati tek çocuk üzerine odaklanıyor. Çocuklarının her hareketini âdeta denetlemek ve kendi istedikleri kalıba sokmak istiyorlar. Bu çocuk için ciddi bir eziyet. Oysa şimdi dört kardeş birbirleriyle o kadar güzel oyalanıyorlar ki. Aslında sorunlu ilişkilerde çocuk sayısı bir dezavantaj gibi algılansa da annenin tutumuna bağlı olarak bu durum değişebiliyor. Ben eşimden yapması gerekenleri rica ettim, yaptığı da oldu, yapmadığı da. Son zamanlarda zaten her şeyden elini çekti. Ben de sıfır beklentiyle sanki babaları hastaymış ve bize hiç yardımcı olamıyormuş gibi düşünüp her şeyle tek başıma ilgilenmeye gayret ettim. Ben bunu göze alarak Allah'tan (cc) çocuk talep ettim, Rabbim de (cc) verdi çok şükür. Şimdi ayrılma aşamasındayız. Eğer tek çocuğum olsaydı, hiçbir zaman öz kardeşi olamayacak ve hayatı boyunca bir kardeş desteği göremeyecekti. Bunun için bile çocukların çok olması harika bir şey. Şimdi evimiz şen şakrak. Ben eşime hiçbir zaman savaş açmadım, açmam da. Evde gerginlik oluşmasına böyle engel olmaya çalışıyorum işte. Engel olamadıklarım için de Allah (cc) affetsin diye dua ediyorum."

"Peki, ayrıldığınızda yaşayacağınız muhtemel zorluklar neler sizce, size nasıl yardımcı olabilirim?"

"Ben de tam bunun için buradayım. Çocuklarımın babaları ile aralarının iyi olmasını ve ayrılmamızdan en zararla kurtulmalarını nasıl sağlayabileceğimi danışmak istiyorum?"

"Babalarını buraya davet etsem gelir mi?"

"Çok ihtimal vermiyorum ama denerim."

"Güzel. Ayrıca çocuklarla görüşmekte de fayda var. Onlar bu ayrılık kararını nasıl algılamışlar, babalarının ve sizin bundan sonraki ilişkiniz ve durumunuzun nasıl olacağı hakkındaki düşünceleri neler, onları öğreniriz ve ona göre bir yol haritası çizeriz."

"İnşallah. Çok teşekkür ederim."

Beyin inanırsa bütün beden ona uyum sağlar.

Seans esnasında hanımefendinin asıl yapmak istediği şeyin ayrılmak olmadığı hâlde, bunun böyle devam etmesi durumunda herkese zarar verecek bir boyuta gelmesinden endişe ettiği için boşanma konusunu gündeme getirdiğini anladım. Beyefendi dünden razı gibi davranıyormuş fakat ben bu denli rahatlığı pek inandırıcı bulamıyorum. Boşanma kararından sonra çok daha tahrip edici davranması da aslında boşanmak istemediğinin bir ifadesi olabilir. Bu zamana kadar çoktan profesyonel bir destek almış olmaları gerekirdi. Belki o zaman bu noktaya kadar gelmezlerdi. Beyefendi, eşinin dört çocukla boşanmayı göze alacağına inanmıyor ve vazgeçeceğini düşünüyor da olabilir. Fakat gördüğüm kadarıyla çocuklarını zaten yalnız büyüten hanımefendi rahatlıkla boşanır ve elinden geldiği kadar da çocuklarıyla ilgilenir. Hanımefendi, beyefendinin ciddi olduğunu anlayıp sorumluluklarının farkına vararak eve yeni bir anlayışla dönmesini ümit ediyor fakat kötü senaryoyu da göze almış durumda.

Beyefendinin tutumunun arka planını düşündüğümde aklıma çeşitli senaryolar geliyor. Mesela beyefendi yanlış arkadaşlara takılmış ve kopamıyor olabilir. Bu da özgüvensiz ve "hayır" diyemeyen bir yapıda olduğunu düşündürüyor. Kendisi sorumluluk alamayacak şekilde büyütülmüş olsa da eşi ile bunu paylaşıp yardımlaşmak yerine, kaçmayı tercih ediyor. Eşini kıskanıyor, kendisi aynı durumda olamadığı ve rollerini hakkıyla yerine getiremediği için bu durumla baş edemiyor ve saldırı hâline geçerek baskın çıkmaya çalışıyor da olabilir. Çocuklarla nasıl ilgileneceğini bilmemesi de bir seçenek. Bir şeyleri yeni baştan öğrenmek ona zor geliyor olabilir. Böylece eşini suçlayarak haklı olduğunu iddia etmeye çalışıyor. Tabii ailesi, bilhassa da annesi, bu tutumunun gerçekten destekçisi ise oradan destek alarak bu tavrını sürdürüyor da olabilir.

Bütün bunlar tabii ki tahmin. Ancak beyefendinin boşanmaya razı gibi durması gerçekten de çok sahte bir tutum. Bu kadar rahatına, keyfine düşkün ve sorumluluklarından kaçan insanlar, kolay kolay konforlarının bozulmasını istemezler. Hem şikâyet eder hem de ayrılmak istemezler. Bunların ne kadar doğru olduğunu ya da olmadığını, seansa gelirse kendisinden öğrenmiş olacağız inşallah.

Bu arada sanki yıllardır eğitim alan ve bu alanda çalışan bir profesyonel gibi davranan hanımefendiye karşı takdirlerimi ve tebriklerimi sundum. Dört çocuk için ben de çok sevindim. Ben de boşanacaklarsa bile en az üç çocuk olmasından yanayım. Kardeşlik bağları, dayanışma, yardımlaşma ve birbirlerine tutunarak hayatta bir şeyler yapabilme adına bu, inanılmaz bir güç ve değerdir. Tabii bu arada annenin mutlaka sağlıklı düşünüp sağlıklı davranabilme gibi bir derdi ve tercihi olmalı.

Haklı olmanın, haklılıktan kaynaklanan bir duruşu ve heybeti vardır.

Hanımefendi ile ayrılmaları durumunda nerede kalıp nerede yaşayacaklarını, geçimlerini nasıl sürdüreceklerini ve çocuklarının okul durumlarını konuştuk. Gerçekten sakin, Allah'a (cc) güvenen ve her durumda Allah'ın (cc) mutlaka bir çıkar yol göstereceğine inanan bir tutumu vardı. Bir mesleği olduğunu ve çalışabileceğini söyledi. Ayrıca ailesiyle yakın oturup çocuklarla irtibatlarını sağlamayı moral ve değer açısından gerekli gördüğünü söyledi. Ben de çok doğru düşündüğü konusunda kendisini tasdik ettim.

Şimdi sıra beyefendiyi davet edip gelmesini temenni etmekteydi. O aşamadan sonra belki de her şey değişebilirdi.

Bu seanstan ne öğrendik?

Altın, elmas, pırlanta yahut yakut gibi değerli taşları nereye koyarsanız koyun, isterseniz çöpe atın, kimyası değişmez; elmas, pırlanta veya yakut olarak kalırlar. Hatta paramparça yapsanız bile, en küçük parçası bile aynı yapıyı taşır, yani bozulmaz ve değişmez. İşte kimi insanlar da aynen böyledir. Şartlar ve durumlar, onların insanlığını, asaletini ve doğru davranma refleksini etkilemez. Bu tarz insanlar, nerede bulunurlarsa bulunsunlar, bulundukları yere kalite katarlar. "Ben elimden geleni yapayım, sonuçta Allah'ın (cc) dediği olacak." yaklaşımı çok rahatlatıcıdır. Bunun için de ilimle derinleşmek ve ahlak ile güzelleşmek, tercih edilmesi gereken bir yoldur.

Bir durumun hakikatini anlamaya çalışan insan,
er ya da geç ona ulaşacaktır

-On Dördüncü Hikâye-
"Eşim bana değer vermiyor"

Bana içtenlikle gülümseyerek odama giren çifte, az kalsın muhtemelen buraya yanlışlıkla geldiklerini söyleyecektim. O kadar tatlı bir yüz ifadesi içindeler ki bu tablodan ne gibi bir sorun çıkabileceğini merak ettim doğrusu.

"Sizi buraya getiren sebep nedir, nasıl yardımcı olabilirim?" diye sordum.

Konuşmaya başlamadan yine birbirlerine bakıp gülümsediler ve "Haydi sen başla." dedi beyefendi. Hanımefendi biraz ciddileşerek, "Hangisinden başlasam, bilmiyorum." dedi ve başladı...

"Eşim bana değer vermiyor, beni ciddiye almıyor ve bu da beni çok üzüyor. Kendisi bunu kabul etmiyor ama ben bu durumu o kadar çok yaşadım ki artık çok bunaldım." dedi ve ağlamaya başladı.

Ne zamandan beri böyle düşündüğünü sordum. Yine birbirlerine baktılar ve hanımefendi, "Baştan beri." dedi. Buna somut bir örnek vermesini isteyince de bir örnek verdi.

"Eve misafir getirirken bana sormaz. Annesi bana sataşır, beni korumaz. Evdeyken telefondan gözlerini ayırmaz... Daha da sayayım mı?"

Beyefendiye dönerek, "Misafir konusunu bir de sizden dinleyebilir miyim?" dedim.

"Biz yedi senelik evliyiz, bu dediği ya bir kere olmuştur ya iki kere. Uzun zamandır görmediğim çok yakın bir arkadaşımla yolda karşılaştık, kısa bir hoşbeşten sonra, işten eve dönüyor olduğum için ona bize gelmesini teklif ettim, o da kabul etti. Eşimi arayıp, 'Biz falanca arkadaşımla karşılaştık, yaklaşık kırk beş dakika sonra eve geleceğiz.' dedim. O esnada dur, hanımımdan izin alayım mı diyecektim? Hanımıma da açıkladım fakat buna rağmen yine kıyameti kopardı. Hatta arkadaşımı biraz lafa tuttum ki hanım biraz daha zaman kazansın. Ne bileyim, ev dağınık diye sorun etmem, yemek yok diye sorun etmem. Allah (cc) ne verdiyse mütevazı bir sofra kurar, birlikte yeriz diye düşündüm. Meselemiz bu işte."

Dert edilmeyecek şeyleri dert etmek, sağlıklı düşünmenin bozulması demektir.

"Burada sizi rahatsız eden ne? Yaptığı bu açıklama size yeterli gelmedi mi?"

"Ben o esnada müsait olmayabilirdim."

Beyefendi devreye girdi.

"Peki sen müsait olmasaydın sana kızar mıydım? Niye şu yok, ev niye dağınık der miydim?"

"Hayır."

"Peki o akşam geldiğimizde sana hiç sıkıntı çıkardık mı?"

"Hayır."

"Savunmanın başka sorusu yok o zaman."

Bu diyaloğun ardından ikisi birden gülmeye başladı. Ben beyefendiye, hanımefendi ile yalnız görüşmek istediğimi ifade ederek salona geçmesini rica ettim. İlk olarak şu soruyu sordum.

"Beyefendinin misafir getireceğini öğrenince ne hissettiniz?"

"Kendimi yok sayılmış gibi hissettim. Fikrinin önemli olmayan, herkesin rastgele davrandığı ve kendisine bir şey sorulmasına gerek görülmeyen birisi gibi hissettim. Sanki ben o evin hanımı değilmişim gibi geldi bana, çok içerledim."

"Anlıyorum. Bu duyguyu çocukluğunuzda size en çok kim hissettirdi?"

"Babam."

"Biraz babanızdan bahseder misiniz? Nasıl bir baba kız ilişkiniz vardı?"

Önceden ne yaşanmış ve bugüne etkileri ne olmuş?

"Önce ilişkimizin olup olmadığını sorsanız daha doğru olurdu. Babamın gözünde yok gibiydim. Beni hiç sevmedi, kucağına almadı, elimden tutup yürütmedi."

Kadın hıçkırıklarla ağlamaya başladı.

"Bu tavrı sadece size karşı mıydı yoksa diğer kardeşlerinize de böyle mi davranırdı?"

"Abilerime ve benden sonraki erkek kardeşime bana olduğundan çok daha iyi davranıyordu. Hatta en küçük kız kardeşime bile daha iyi davranıyordu. Ben ise onları severken hayranlıkla bakıyor ve belki beni de sever diye yanına yaklaşıyordum, çocukluk işte... Ama ben gelince ya yüzünü döner ya da kızarak beni uzaklaştırırdı."

"Eşinizin davranışları size babanızı çağrıştırıyor olabilir mi?"

"Tam da öyle. Bütün erkekler sanki beni yok saymaya çalışıyorlarmış gibi geliyor ve o esnada boğazıma bir şey düğümleniyor, nefes bile alamayacak hâle geliyorum."

Konuşmamızın ilerleyen süreçlerinde, hanımefendinin her ailede olabilecek basit meseleleri bile sanki bir kriz sebebiymiş gibi abartılı biçimde algıladığını gördüm. Çocukluk dönemimizde anne babamızın üzerimizdeki etkilerinin, bugün bizi şekillendiren davranışlara dönüşebildiğini, bunda eşinin de kendisinin de masum olduğunu fakat bu durumun düzeltilmesi gerektiğini anlattım. Hanımefendi beni anladı ve daha objektif bakmaya başladı. İlerleyen seanslarda, önce anne baba imajıyla barışma terapisi yapmaya ve babası ile ilişki kurabilmesi için annesinden yardım istemeye karar verdik.

Çift, ofisten ayrılırken yine el eleydi ve yüzleri gülüyordu.

Bu seanstan ne öğrendik?

Bazen insanların gördüğü zararlar onları öyle bir hâle getirir ki benzer bir tutumu sergileyeni de hemen diğerleriyle aynı kefeye koyma yanlışına düşerler. Şahıs bunu farkında olarak yapmaz, bu otomatik oluşur. Özellikle de rol modellerimizin bizde oluşturdukları imaj, hayata ve insanlara nasıl bakacağımıza varana kadar bizi etkileyebilir. Bunun en dikkate alınması gereken tarafı ise şahsın kendisine olan bakışıdır. Eğer ilişki içinde olduğu şahıslar kendisini yok sayacak şekilde hareket ederlerse, şahıs da kendisini değersiz hissetmeye başlar. Bu ise giderek yiyip bitiren bir algıya dönüşebilir. Bu yüzden hiç kimse hiç kimseye, onun kendisini değersiz hissedeceği şekilde yaklaşamamalıdır. Çünkü bu bile tek başına bir insanın hayatını karartmaya yeterlidir. Aslında olması gereken, kimsenin tutumunu kendisi ile ilişkilendirmemek ve şahsi algılamamaktır. Yok saymak ve değersizleştirmek, asıl böyle davrananın kendisini değersiz hissetmesinden kaynaklanan bir durumdur. Böyle olunca, **"Her söz, sahibini yansıtır."** deyip, "Yardımcı olabileceğim bir durum var mı?" diye düşünmek, üst düzey bir yaklaşım biçimidir.

Her meseleyi kendilerini merkeze alarak
değerlendirenler, karşılarındaki insanların sadece
kendileri için var olduğunu zannederler.

-On Beşinci Hikâye-
"Hanımım depresyondan çıkamıyor, hepimiz çok bunaldık"

Bugün üç çocuklu bir aileyi ofisimde misafir ettim. Hanımefendi suskun ve mahzun bir görüntüdeydi. Daha çok beyefendi konuştu. Beyefendinin eşini suçlayıcı konuştuğunu görünce çocukları dışarı çıkardım. Evde anneleri hakkında daha ağır sözler de duymuş olabilirlerdi fakat benim yanımda annelerinin aşağılandığını, suçlandığını duymalarını istemedim. Çünkü çocukların hem anneye hem de babaya sevgi duymaya ve değer vermeye ihtiyaçları var. Çocuklar çıkınca beyefendi söz aldı ve tekrar eşini suçlayarak söze başladı.

"Eşim kendini tamamen bıraktı. Ne desem tesir etmiyor, beni anlamıyor. Sürekli yatıyor, kalktığı zaman da aldığı ilaçlardan dolayı bir şey yapacak durumda değil. Ev perişan, çocuklarla ilgilenen yok. Bu durumdayız işte."

Beyefendinin ilk cümlesinin iş olması çok ilginç. Sanki evin hizmetçisinden şikâyet ediyor gibiydi. Eşinin ne durumda olduğunu değil de evde yapamadığı işlerden söz ediyordu.

"Eşiniz ne zamandır bu durumda?"

"Yaklaşık altı yıldır."

"Ondan önce nasıldı?"

"Daha iyiydi, en azından ev işlerini yapıyordu, çocuklara bakıyordu."

"Birkaç cümlenizden yola çıkarak anladığım kadarıyla sizi asıl rahatsız eden, eşinizin iş yapamaması ve çocuklarla ilgilenememesi, doğru mu anladım?"

"Evet."

Hanımefendiye dönerek konuşmaya başladım.

"Geçmiş olsun, nasılsınız?"

"İyi diyelim, iyi olalım."

"Ne gibi şikâyetleriniz var, kendinizi nasıl hissediyorsunuz?"

"Hiçbir şey yapacak takatim yok. Hiçbir şeye isteğim yok. Çocuklarıma bile yardım edemeyecek derecede bitkinim. Mutsuzum."

Hemen eşi devreye girdi.

"Bu şükürsüzlük değil mi sizce, Allah'a (cc) şükür her şeyimiz var, mutsuz olacak ne var? Fakat ben bunu eşime bir türlü anlatamıyorum."

Ben tekrar hanımefendiye döndüm.

"Sizin en çok neye ihtiyacınız var, ne olursa mutlu olursunuz?"

"Sevgiye ve değer görmeye. Eşim beni asla takdir etmez, tatlı dili yoktur. Bir de… Bir de annesi."

Beyefendi tekrar devreye girdi.

"Annemi hiçbir zaman benimsemedin ki şimdi bile 'annen' diyorsun."

"Kendisini sevdirmedi ki… Bana gün yüzü gösterdiği mi var… Beni sevdiğine, adam yerine koyduğuna dair herhangi bir cümle hatırlıyor musun?"

"Evet hem de çok."

"Eşim bunu hiçbir zaman kabul etmedi ancak annesi bizim bir aile olmamıza izin vermedi. Eşimi hep kendi istekleri doğrultusunda yönlendirdi. Ben ha vardım ha yok. Azıcık itiraz etsem hemen ikisi birlikte karşı çıktılar. Nereye gitsem sorun oldu. Arkadaşlarımla iletişimim bitti. Bana gelseler sorun, ben onlara gitsem sorun. Eşim eve geldiğinde tatlı tatlı sohbet ettiğimizi hatırlamam. Annesinin diliyle konuşur ve sürekli, 'Şu eksik.', 'Bu yanlış.', 'Sen zaten şöylesin.' Der. 'Çocukların yanında konuşmayalım.' desem, "Onlar zaten biliyor, neyi gizliyorsun ki?' der. Ben işin içinden çıkamadım, laf anlatamadım. Şimdi de ipin ucu kaçtı, artık toplayamıyorum."

Davranışlarıyla karşısındakini bunaltmak ve bunu görmek istememek, kendi haklılığına odaklanan kişinin tavrıdır.

Hanımefendi durumunu tahminimden daha güzel özetledi. Eşi bu arada epey kızmış görünüyor ve söz vermem için sabırsızlıkla bekliyordu. Ben de ona beklediği fırsatı verdim.

"Buyurun beyefendi, şimdi sizi dinleyelim."

"Ev dağınıksa ben iyi mi diyeyim? Hiçbir şeyi düzgün yapamıyor, söylüyorum ama dinlemiyor, anlamıyor. Her şeyden şikâyetçi, bir türlü mutlu edemedim. Onun bu mutsuzluğu evin bütün havasını bozuyor."

"Peki, hanımefendi, sizi biraz salona alabilir miyim? Beyefendi ile yalnız görüşeceğim, birazdan da sizi yalnız dinleyeceğim."

Önceden ne yaşanmış ve bugüne etkileri ne olmuş?

Beyefendiye çocukluğunu, anne baba geçimini, annesinin ilişki biçimini ve anne oğul ilişkisini sordum. Öğrendiklerim ise şunlardı: Anaerkil bir aile yapısı. Annesi eşinden sevgi görmemiş, beyefendi de annesi ile olan sıkı anne oğul bağından dolayı, annesi ne derse onu tekrar eden, kendi başına fikir üretip ailesinin ihtiyaçlarını gideremeyen, annesinin dil ve üslubunu devralıp eşine karşı annesi gibi konuşan bir erkek ve eş olmuş.

Anlamak için birkaç soru daha sorum.

"Eşinize sevginizi nasıl ifade edersiniz?"

"Valla ortada sevgi falan kalmadı ki. Her gün kavga, sürekli gürültü. Hayatı tatlı tatlı yaşatmıyor bize."

"Peki beyefendi, eşiniz ne yapsa onu severdiniz ve sevince bunu nasıl ifade ederdiniz?"

"Önce kadın gibi olmalı."

"Yani?"

"Bana ve anneme hürmet etmeli, görevlerini yapmalı. Yani eş olsun, ev kadını olsun, anne olsun bana yeter. Başka bir şey istediğimiz yok. Sevgimi ifade etmeye gelince de eve geliyorum, dışarı hayatım yoktur. Evden işe, işten eve. Aldığım parayı eve getiririm, ailemi aç açık bırakmam. Sevgi budur bence."

"Peki, teşekkür ederim. Şimdi de eşinizle yalnız konuşalım."

Hanımefendi yalnızken daha rahat konuştu. Daha cümleye başlamadan gözyaşları boşaldı ve bir süre sakinleşemedi.

"Evlendikten sonra hayatım altüst oldu. Eşim ve annesi çok anlayışsız insanlar. Benim kimse ile irtibata girmeme izin vermiyorlar. Dertleri sadece iş. Her taraf düzenli olsun ve ne derlerse desinler "evet" diyeyim. Onların istediği bu. El iyi görsün, gelininin kaynanasına ne kadar itaat ettiğini görsünler, konuşsunlar, kendi sözü geçsin, bunları istiyor. Eşim aslında merhametli ve iyi bir insan. Fakat annesi o kadar baskıcı ki ona asla 'hayır' diyemiyor. Eğer kazara diyecek olsa, 'Ben anne miyim ki zaten… Sen benim sözümü tutmazsan elin kızı beni niye saysın? Ben oğul büyütmemişim, resmen düşman büyütmüşüm.' gibi saçma sapan cümleler kuruyor. Eşim bunları kaldıramadığı için annesi ne derse o da bana aynısını söylüyor. Kayınpederimden zamanında kısmen çekiniyordu ama artık onu da etkisiz eleman hâline getirdi. O da kayınvalidemle başa çıkamıyor. Evden kahveye kahveden eve, ruh gibi gelip gidiyor adamcağız. Kayınvalidem onu da bir şeye karıştırmaz zaten. Ben ise çocuklarıma bile bakamıyorum şu anda."

Dinlediklerim, bu hanımefendinin ne kadar zor durumda bırakıldığını gösteriyor. Anne babası da arayıp sormuyorlarmış. Onlardan da bir destek alamayınca hepten savunmasız kalmış. Bu arada beyefendi lise mezunu, hanımefendi ise ilkokul. Zaman zaman kendisine cahil muamelesi de yapılmış.

Daha sonra beyefendiyi tekrar yalnız dinledim. Kendisinin haklı olduğuna ve eşinin yetersizliğine o kadar inanmış ki... Eğer hanımefendinin ihtiyaçlarından başlasaydım, otomatik bir savunma ile karşılaşırdım, ben de bu yüzden, kendisi üzerinden bir şeyler anlatmaya çalıştım.

İnsanın insan olarak yaşayabileceği ve ihtiyaçlarını karşılayabileceği serbest bir alana ihtiyacı vardır. Bu engellenirse insan dengesini kaybeder. Burada da öyle olmuş.

İnsan canının yandığı yerden bağırır.

Çiftimin ikisinin de canının yandığı konular farklı. Aslında bu örnekte, kayınvalide dışında herkes mağdur. Beyefendi, yetişkin bir insan olmuş ama hâlâ annesi onu çocuk gibi yönetiyor. Bu kendini güçlü bir erkek gibi hissetmesine mâni olan bir durum. Anne aslında farkında olmadan ilk önce oğlunun canını yakıyor. Oğlu, eşi ve çocukları ile birlikte mutlu zamanlar geçirip kendi duygularını besleyemiyor çünkü anne buna izin vermiyor. Çocuklarına sempatik bir baba olamıyor çünkü o alanda da kısıtlama var. Bu durum eşi ve çocukları nezdinde bir imaj kaybı demektir. İlaveten annesinin istediği şekilde konuşup sürekli negatif algı üretmesi, kendi psikolojisi açısından da iyi değil. Konuşurken düşündürecek ve aklını kullanmasına yardımcı olacak şekilde konuşmalıydım. Özünde merhametli bir insan fakat annesinin baskıları o merhametin açığa çıkmasını engelliyor.

Beyefendiye, nasıl bir aile olunabileceğinden, erkeğin aile içindeki aktif pozisyonundan, rollerinden ve sorumluluklarından söz ettim. İçinde bulundukları durumu yavaş yavaş esnetmesi gerektiği konusunda kendisini bilgilendirdim. Beni dinlerken, 'Ben anneme bunu nasıl söyleyebilirim ki?' gibi soruların zihninden geçtiğini hissettirecek kadar çaresiz bir yüz ifadesi vardı. Nitekim sözüm bitince, tahminim de doğrulandı.

Korkularımız bizi kuşatırsa, mantıklı davranmamızı engelleyebilir.

"Annem buna asla izin vermez."

"Peki siz buna rağmen bazı şeyleri yapsanız, en kötü senaryo ne olur?"

"Yüzüme bakmaz, belki de beni eve bile almaz."

"Bu durumda babanızın durumu kolaylaştırıcı bir tavrı olabilir mi acaba?"

"Olabilir, babamdan biraz da olsa çekinir. Ancak annem babama durumu öyle bir anlatır ki babam da annemi haklı sanır."

"O zaman siz annenizden önce babanızı bilgilendirseniz ve artık yeni bir düzene geçmek istediğinizi söyleseniz nasıl olur?"

"Olabilir."

Burada daha önemli bir husus vardı. Beyefendi, annesinin bakış açısıyla bakarak eşini değersizleştiriyor. Bu algının değişmesi, beyefendinin eşine değer ve hak vermeyi öğrenmesi, sevgi ve saygı gösterme hususunda ise bilgi sahip olup öğrendiklerini hayata geçirmesi lazım. Bu yaşanması gereken bir süreç ancak şu an için önemli olan, anlayış olarak bunu kabul etmesi. Daha sonra ise bu süreci besleyecek şekilde bilgilenme ve bilinçlenme aşamasına gelinmesi lazım. Beyefendiye, eşinin bu durumda olmasında, annesinin ve kendisinin rolü olduğunu ve iyileşmesi için de önce kendisinin desteğine ihtiyacı olduğunu söyledim. Biraz itiraz edecek gibi oldu fakat daha sonra kabul etti.

Hanımefendi suçlanmaktan bıkmış usanmış vaziyette iken, kendisine iyi davranılması konusunda anlaşmaya varılınca hem şaşırdı hem çok memnun oldu. İçinde bir umut ışığı doğduğunu hissedebiliyorum. İnşallah devamı da hayırla gelir ve ikisi de çok mutlu olurlar.

Bundan sonraki görüşmelerimizle ilgili bir plan yaptık. Öncelikle annesine bir şey demeden eşi ile ilişkilerini ev içinde düzeltmeye çalışacaktı. Bunun için ilk kural; eleştiri, şikâyet, emir cümlesi, kıyaslama, geçmişi gündeme getirme, küslük ve başa kakma gibi davranışları terk etmekti. İkinci kural; güler yüzlü ve tatlı dilli olmaya gayret etmekti. Üçüncüsü ise sevgi ve değer ifade eden sözler söylemekti. Bu üç başlığı onlardan rica ettim ve ikisi ile de anlaştık. Bir dahaki seansta, eşlik rolleri ve eşlerin birbirlerini mutlu edebilme kriterleri üzerinde durmak konusunda anlaştık. Kendilerine bir iki kitap tavsiyesinde bulundum. Sonrasında daha iyi bir psikolojiyle aileyi yolcu ettim.

Bu seanstan ne öğrendik?

Her insan önce rollerinin ve sorumluluklarının farkında olmalı. Önce Allah'a (cc) karşı sorumlu olduğumuzu hatırlayarak bilgi ve bilinç düzeyimizi artırmalıyız. Bir insan İnandığı ölçüde o işin gereğini yapmaya çalışır. Rollerimizin tanımını birilerinin görüşüne göre değil, bu annemiz olsa bile, evlilik ve aile olmanın hukukuna göre belirlemeliyiz. Kimse kimseye zarar verecek bir davranışta bulanamamalı ve yanlış saydığı davranışlar olsa bile bunu bir hak gibi görememeli. Buna engel olabilmek için de önceden bu işin doğrusunun, Hakk'a ve hakikate uygun olan davranışın hangisi olduğunu öğrenmek gerekir. Bu anlayışın her türlü düşünce ve davranışın temelinde yer alması çok önemlidir. Yani birilerini kırmama adına başka birinin hayatını ciddi biçimde zora sokacak şekilde hareket etmek, kesinlikle yapılmaması gereken bir tutumdur. Bilhassa da evin yöneticisi olan erkeğin âdeta kılı kırk yararak herkesin özgürlük alanlarını koruması, haklarının verilmesi ve ihtiyaçların giderilmesi konusunda duyarlı olması gerekir.

Yolumuzdaki tabelalar yanlış yeri gösteriyorsa,
istediğimiz yere gitme şansımız kalmaz.

-On Altıncı Hikâye-
"Annem eşimi hiç sevemedi"

"Eşimden ayrılmak istiyorum. Bir buçuk yıllık evliyiz ve eşimle yapamayacağımı artık anladım. Beni çok bunaltıyor, zaten artık ailem de onu istemiyor. Ben rahat yaşamak ve kafamı dinlemek istiyorum, boşanma kararı aldım."

Bu ifadeleri kullanan hanımefendi, belli ki boşanma kararını alarak gelmişti. Çünkü "Duygularımı nasıl onarabilirim?", "Yuvamı nasıl kurtarabilirim?" gibi bir sorusu yoktu. Bakışları, duruşu, sözlerinin vurgusu ve ses tonuyla kesin kararlı olduğunu hissettiriyordu. Kendisini dinlediğimde biraz daralmış olabileceğini anladım fakat yaşadıklarını anlattığında anladım ki boşanma kararı almasına sebep olacak cinsten şeyler yok gibiydi.

Karşıma nasıl bir tablo çıkacağının merakı içerisinde hanımefendiyi biraz daha detaylı dinledim. Eşi ise şimdilik sessizdi.

"Eşim çok titiz, temiz oldu mu diye her yeri kontrol ediyor, beni çok sıkıyor, yaptıklarımı beğenmiyor, sürekli bağırıyor. Daha yeni evliyiz ama ben bıktım, bunaldım artık."

Beyefendiye döndüm.

"Siz ne düşünüyorsunuz, eşiniz rahatsızlık duyduğu bazı durumlardan bahsetti. Size göre durum nasıl?"

"Hanımefendi, her evlilikte sıkıntılar olmaz mı? Eşler konuşarak ne sıkıntıları varsa çözmezler mi? Eşim kendi ailesine baksın, hiç annesiyle babasının sıkıntıları olmamış mı mesela? Onlar hemen ilişkiyi koparıp evliliklerini bitirmişler mi? Haftalardır dışarıdan yemek siparişi vermekten bıktım. Evde bir tertip düzen yok. 'Ya hanım, şuralar toz içinde, biraz ilgilensen ne olur?' desem suç oluyor. Ev yemeğini özlediğimi söylüyorum, 'Sen beni sıkıştırıyorsun.' diyor. Eşim sadece arkadaşlarıyla gezip tozsun, eve bağımlı olmasın, bekâr gibi yaşasın, eve geç gelsin, ev işlerini başkası yapsın, hiç rahatı bozulmasın istiyor. Bir de ben bu evin erkeğiyim, artık bekâr gibi takılmamasını söylediğimde neden suç işlemiş muamelesi görüyorum? Sanki onun sosyal hayatını engellemişim, hiç nefes alma aralığı bırakmamışım gibi davranıyor. Oysa o kadar serbest hareket ediyor ki. 'Bu kadar harcama yapıyorum ama bütçemiz yetiyor mu?' diye de hiç sormuyor. Tamam, kendisi de çalışıyor fakat harcamaları kazandığını aşıyor, üstelik zaten parasını da bana vermiyor, onun kendi parasıymış."

"Şimdi de parama mı göz diktin. Bitsin ya bu evlilik. Bu adama daha fazla tahammül edemiyorum."

"Ha bu arada, eşimden şiddet gördüğümü de ilave etmeliyim."

"Nasıl yani?" diye sordum.

"Bir gün sıradan bir isteğime o kadar fevri ve aykırı cevaplar verdi ki ben de dayanamayıp sesimi yükselttim. O da bana tokat attı. Eğer ben de o öfkeyle vuracak olsaydım elimde kalırdı."

"Vursaydın ya, vursaydın! Vurmak o kadar kolay mı?"

"Vurmak kolay olanıydı, çok şükür ben vurmamayı seçtim. Peki vurmadım da kıymet mi bildin, şimdi sen beni boşuyorsun hem de hiçbir haklı gerekçen olmadan."

"Sen yaptıklarını hiç görmezsin zaten, hep ben kabahatliyimdir. Tamam işte, boşanalım da kurtul benden."

Yuvayı ve insanı korumamak ve yıpratmak, değer bilmemekten ve yanlış bilgiyle hareket etmekten kaynaklanır.

Beyefendiden salona geçmesini rica ederek, hanımefendiye biraz daha detaylı sorular sormak istedim.

"Aileniz sizin evlenmenize nasıl bakıyordu?"

"Babam bana bıraktı fakat özellikle annem hiç istemedi. Bize yakışmadığını, içinin ısınmadığını söyledi hep."

"Bize yakışmıyor derken ne demek istedi?"

"Sosyal ve ekonomik olarak."

"Anladım, sizden çok mu düşük seviyedeler?"

"Aslında çok da değil fakat annem asıl görsel olarak eşime ısınamadı."

"Peki siz sevdiniz mi eşinizi?"

"Sevmiştim tabii ki fakat şimdi o sevgi yok oldu."

"Nişanlıyken annenizin tutumu nasıl olmuştu?"

"Kabullenmediği için iki kere nişanı attık fakat daha sonra nasipmiş, tekrar oldu."

"Peki şimdi sizin bu kararınızı nasıl karşılıyor?"

"'Ben sana demiştim bu adam bize uygun değil diye. Daha fazla çekme, ayrıl.' diyor."

"Peki babanızla annenizin arası nasıl?"

"Mutlu değiller. Annem babamı çok eleştirir, beğenmez, evde sürekli kavga ederler."

"Bu kavgada sizce kim kendisini değiştirir ve doğru davranırsa ilişkileri daha iyiye gider ve ailede huzur olur?"

"İkisinin de hatası var fakat annem babamı hiç anlamıyor. Babamın haklı beklentilerine, 'Bana göre uygun değil.' diyerek karşılık vermiyor. Hep kendi istediğine göre hareket ediyor, evimizde hiç huzur yoktu."

"Bu düşüncenizi annenizle hiç paylaştınız mı?"

"Evet fakat annem kimseyi dinlemez."

"Siz annenizin ilişkiyi yönetme biçimini beğenmiyorsunuz o zaman."

"Evet."

"Fakat sizin evliliğinizi de etkiliyor ve eşinizden soğumanıza sebep olacak telkinlerde bulunuyor, farkında mısınız?"

"Ama haklı. Benim durumumu görüyor, daha yol yakınken bitirmemi istiyor çünkü mutsuz olmamı istemiyor."

"Peki evde ev işleri yapma ve sorumluluk alma konusunda anneniz sizi evlilik hayatına hazırladı mı?"

"Hayır, ben hiç ev işi yapmadım. Allah razı olsun, annem bana hiç iş yaptırmadı."

Alışkanlıklarımız, hayat yolunda bizi ilerleten arabalar gibidir.

Bu konuşmalardan sonra anlıyorum ki kendi ailesini doğru yönetemeyen anne aklı, kızının yuvasını da olumsuz telkinlerle yanlış yönetiyor, evladının doğru düşünmesini engelliyor ve evladı da bunu göremiyor. İlaveten ev ve aile sorumluluğuna hazırlanmamış ve en ufak bir sorunu dahi abartılı biçimde algılamaya müsait bir psikoloji içinde. Eşi benimseme, küçük sıkıntıları dert etmeme ya da çözmeye uğraşma, yuvanın bütünlüğüne yönelik koruma ve sahip çıkma davranışları yok.

Önceden ne yaşanmış ve bugüne etkileri ne olmuş?

Daha sonra hanımefendinin annesi ile görüştüğümde, kızının psikolojisini daha iyi anladım. Annede ne yazık ki doğru olanı yapma gayreti yok, ayrıca aklına eseni yapma konusunda ise aceleci ve sorgulamadan hareket ediyor. Çok yanlış telkinlerde bulunuyor, sonunu düşünmeden hareket ediyor. Kızının boşanması için ileri sürdüğü nedenlerin hepsi boşanma gerekçesi olamayacak kadar basit ve sudan sebepler. Üstelik beyefendi, daha dikkatli olacağını ve elinden geleni yapacağını söylediği hâlde, hanımlar cephesi en ufak bir geri adım atmaya dahi yanaşmıyorlar. Kızı da annesi ne derse onu uyguluyor. Karşımızda kızını düşündürecek, yuvasına sahip çıkmasına, kendi sorumluluklarını bir eş olarak kuşanmasına, realist düşünme ve davranmasına yardımcı olacak, onu bilgilendirecek bilge bir anne yok. Anne sanki kendi evliliğiymiş gibi karar verip bu ilişkide kendini yetkili görüyor. Kaldı ki annenin kendi evliliği olsaydı bile bu kadar basit sebeplerle bir yuvayı yıkma hakkı olmazdı.

Bu seanstan ne öğrendik?

İnsanların anlayışları ve yaşama biçimleri, daha çocukluktan itibaren anne babalarından gördükleri ile temellenir. İnsana verdikleri değer ile insan ilişkileri şekillenir. Burada çocukluk dönemine takılı kalma, haz odaklı yaşama, bir yetişkin gibi düşünerek davranamama, aklını kullanamama, kâr ve zarar hesabı yapamama durumları söz konusu. Ne yazık ki bu anlayış biçimi değişmezse, hanımefendinin bundan sonra yapacağı diğer evlilik girişimleri ve yeni bir evlilik gerçekleştirse bile eşi ile olan iletişimi sağlıksız olur. İnsana değer vermeyenler, insanı koruyan bir zırh niteliğindeki yuvaya da önem vermiyor ne yazık ki. Oysa bir evliliği yıkmak bu kadar kolay olmamalı. Bu tutum, kişiliğin iç yapılanması ile alakalı olduğu için, önce annenin sonra da kızının ciddi bir değişim geçirmeleri gerekiyor ki doğru düşünmeye başlayabilsinler.

Netice itibarıyla koyu bir inatla direttiler, mahkemeye verdiler. Şu an anne kız boşanmak için sabırsızlıkla bekliyorlar. İlişkilerini yönetirken doğruyu aramayanlar, bana şu cümleyi yazdırdı: **"İnsanı asıl savuran şey, yanlış yapması değil, doğruyu aramamasıdır."**

Gönlümüzün bağlı olduğu yer gözümüzü de bağlayabilir. Küçük yaştan itibaren düşünme becerisi geliştirilemeyenler ve fikirlerine istikamet ayarı yapılmayanlar, büyüklerinin gösterdikleri istikamette ilerlerler. Baskının büyüklüğü kadar, akıl küçülür. Büyük bir bedene geliştirilmemiş bir çocuk sıkıştırılmıştır. Bu Allah'a (cc) karşı suç, çocuğa karşı hak gaspıdır.

───────

-On Yedinci Hikâye-
"Nişanlım annesinden bağımsız bir kişilik oluşturamamış"

Bugün tek başına gelen bir genç kızımız ile ilk görüşmemi yapacağım. Tek başına gelerek yardım alanları gördükçe memnun oluyorum çünkü bu, hayatlarında bir şeylerin yolunda gitmediğini fark etmeleri ve çözüm için arayışa geçmeleri anlamına geliyor. Bu en başta insanın kendi hayatı için çok önemli ve değerli bir tutum. İnşallah sıkıntısını gidermesinde ona yardımcı olabilirim. Kısa bir tanışmadan sonra, beş aydır nişanlı olduğunu, ailelerin bu beraberliği onayladığı fakat korktuğunu, geleceğe dair ümitsiz olduğunu söyledi.

Bu arada ona "sen" diye hitap edebilmek için izin aldım.

"Nişanlımla çok tartışıyoruz. Neredeyse her buluşmamızda bir şeyler bahane oluyor ve biz kendimizi bir tartışmanın ortasında buluyoruz."

"Bana tartışmalarınızdan bir örnek verebilir misin? Tartışma nasıl başlıyor ve nasıl devam ediyor?"

"Tabii, o kadar çok örnek var ki. Mesela en son tartışmamızı anlatayım. Biz bir süredir düğün hazırlıkları yapıyoruz. Örneğin mobilya seçeceğimiz zaman annesi de bizimle geliyor. Gelmesi sıkıntı değil, fikir verir, dua eder; güzel olur fakat bizde böyle olmuyor. Güya bana seçtiriyor ama benim seçtiğime onlarca bahane bulup daha ucuz ve hiç beğenmediğim bir mobilyayı aldırmaya çalışıyor. Nişanlık kıyafetime bile kendi beğendiğimi aldığım için tonlarca laf söyledi. Nişanlımla gezmeye gideceğimiz zaman her seferinde nereye gittiğimizi sorar, sonra da, 'Ne gerek var bu kadar gezmeye.' der. Sanırım oğlu bana para harcayacak diye sık sık buluşmamızı istemiyor. Biz de öyle sık sık buluşamıyoruz zaten, haftada bir ya da on günde bir dışarıya çıkıyoruz. Kayınvalidemin bu tutumu beni çok bunaltıyor. Aileme çok hissettirmiyorum fakat onlar da pek çok şeyin farkındalar ve bu durumdan rahatsızlar."

Kendinden başkasını görmeyen, kendi aklının dünyaya yeteceğini zanneder.

"Burada önemli olan nişanlının buna nasıl yaklaştığı. Mesela tartışmalarınız nasıl çıkıyor?"

"Ben, 'Annen her kararımıza bu kadar karışmamalı.' diyorum. O, 'Ben anneme bunu söyleyemem, idare et.' diyor. Ben de, 'Annen evlendiğimiz zaman iç işlerimize de karışacak, kendisi ne isterse onu yaptıracak. Bizim bir özelimiz ve kendimize ait kararlarımız olamayacak, bunu adım gibi biliyorum. O zaman geldiğinde sen beni annene karşı koruyamayacaksın. Annen bizi sık sık evine çağırsa, bugün biz şuraya gideceğiz, sana yarın gelelim, diyemeyeceksin.' diyorum, o da, 'Ne biliyorsun, belki de öyle olmaz.' diyor."

"Bu delikanlıyı eş olarak seçmende etkili olan kriterler neler?"

"İyi bir insan, merhametli, bana değer veriyor, bir sözümü iki etmemeye gayret ediyor, ne istersem yapmaya çalışıyor, tabii **annesi aksi yönde bir şey istemedikçe.**"

Bu kilit bir cümle. İnsanlar yeri gelir farklı düşünür, yeri gelir itiraz eder ve başkalarının istediğinden farklı bir şey isteyebilir. Bunu sorun olarak görmek, "İstediğim her şey o olursa dünyanın en tatlı ve güzel geçimli insanı olurum." demektir. Anlaşılan beyefendiye, "Peki, istediğin her şeyi yaptım, sen mutlu oldun, tamam ama ya benim haklı isteklerim, onlara ne olacak? Sen beni ne zaman var olarak göreceksin?" diye sormak gerekiyor.

"Nişanlının başka kardeşleri var mı? Onların annesiyle ilişkileri hakkında bilgi sahibi olabilecek görüşme ve paylaşımlarınız oldu mu?"

"Evet, abisi ve kardeşleri var. Abisi kendi ve eşi ne isterse onu yapar. Annesi de onlara fazla baskı yapamaz. Fakat benim nişanlım sessiz biri, bu yüzden de onu istediği gibi yönlendiriyor."

"Evlendiğinizde birlikte mi oturacaksınız, ayrı mı?"

"Ayrı evde oturacağız ama kayınvalidem yakın oturmamızı istiyor, ben istemiyorum."

"Evin uzakta olması durumuna nişanlın ne diyor?"

"'Annem razı olmaz, sorun çıkarır, yakın olalım ama sen anneme aldırma.' diyor. Fakat ben aldırmasam ve bazı isteklerine "hayır" desem, annesinden korkar ve kesinlikle yanımda olmaz. Yani aslında bu, 'Beni annemle muhatap etme, ne derse yap ki sorun çıkmasın.' demek. Ben de daha şimdiden bunaldım. Evlenince kim bilir nasıl bir hakimiyet kurmak isteyecek. Buna razı olamıyorum. İyi niyetli olsa, bizim de bir yuva kuracağımızı anlayıp bizi biraz rahat bıraksa inanın ki hiç önemli değil. Onu bir büyüğüm olarak başımda taşırım. Fakat kayınvalidem diğer gelinine yapamadığı kayınvalideliği benim üzerimde yapmaya kalkıyor. Ben buna tahammül edemiyorum."

Herkesin özel bir hareket alanı vardır. Başkalarının sınırlarına müdahale etmeden, kendi sınırları içinde gelişme hakkı ve görevi vardır. Bunu daraltmaya kalkarsak o insanın dengesinin bozulmasına sebep oluruz.

"Peki ben sana nasıl yardımcı olabilirim, benden beklentin nedir?"

"Ne yapacağımı bilmiyorum. Ayrılsam sonradan pişman olur muyum acaba? Nişanlımı seviyorum, onun da beni sevdiğini biliyorum fakat annesine bir tek söz bile söyleyemiyor ve bu da beni çok korkutuyor."

"Haklısın, bu gidiş korktuğun ilişkilerin yaşanabileceğini düşündürüyor. Diyelim ki sen kayınvalidene kendin tavır koydun ve onun her hâlinizi yönetmesine müsaade etmedin. Kayınvaliden de kızdı, söylendi ve oğluna yüklendi. O zaman nişanlın senden, annesinin isteklerini yerine getirmeni ister mi, sana bu konuda baskı uygular mı?"

"Kesinlikle uygular. Bunu şimdiden yapıyor. Yani sadece bana bıraksa, 'İkinizin arasında ne geçerse geçsin ikiniz halledin.' dese, bu bile şimdiki durumdan daha iyi olurdu. Fakat yapamıyor."

"Nişanlını buraya davet etsem gelir mi?"

"Bilmiyorum ama sorarım."

"Senin geldiğini biliyor mu?"

"Evet, biliyor ve gereksiz buldu."

Köy görünüyor, kılavuza hacet yok.

Bu ilişkide bazı sıkıntılar şimdiden kendini göstermeye başlamış. Delikanlı hem eşini savunamıyor hem de kendisini savunmasını istemiyor. Bu durum, ilişkilerinde sıkıntı yaşayacaklarının bariz bir göstergesi. Bazı anneler babalar, sakin mizaçlı çocuklarını kendilerine aşırı bağımlı hâle getiriyor, "iyi evlat olup cennete girmen beni memnun etmene bağlı" mesajı veriyorlar. Bu çemberi kıramayanlar da ilişkilerinde ciddi sıkıntılar yaşıyorlar. Çünkü bir kadın, erkeğinin güçlü olmasını ve evini yönetebilmesini ister. Bu beyefendi yetkilerini annesine devretmiş ve annesi ne derse o oluyor. Annesinin her dediği olunca müstakbel eşinin haklı talepleri de yerine gelemiyor. Bu durumun devam etmesiyle evlerinde ne huzur ne de muhabbet kalacak. Bu anneye birisinin "dur" demesi lazım ki bunu yapsa yapsa büyük abi yapabilir. Ama o da anneye bir süre engel olduktan sonra bu işe müdahil olmayı bırakır. İş yine hâliyle gençlere kalır. Bu sebeple eşlerden birinin bunu yapmayı göze alması gerekir. Şimdi hanımefendinin nişanlısının gelip gelmeyeceğine bakacağız fakat o zamana kadar genç kızın zihninde bazı şeylerin netleşmesi gerekiyor.

Aslında kayınvalide, karşısında güçlü ve kararlı insanları görürse tavrını kısmen de olsa geri çekebilir. Fakat asıl önemli olan, başkasının tesirinin ne olduğundan ziyade, geçlerin söz ve tutum birliği içinde olmalarıdır.

Güçten anlayan güçten çekinir.

Kayınvalide sözünü geçirebildiği kimselere yükleniyor. Burada gençler, kırıp incitmeden, kararlı bir şekilde kurallarına ve sınırlarına sahip çıkmalı. Kızımızın ailesi mutlaka durumdan haberdar olup meseleye el atmalı ve dengeleri bozmayacak şekilde gençlerin yeni kuracakları yuvalarında kendi sistemlerini oluşturmalarına müsaade edilmesini sağlamaya çalışmalı. Bakalım, delikanlı gelirse ve yeni stratejilere açıksa, yol almak mümkün olur fakat değilse ve o da annesi gibi düşünüyorsa o vakit buradan iyi bir tablo çıkabileceğini ne yazık ki düşünmüyorum.

İhtiyacı giderilmeyen organizma sıkıntı üretir.

Bir insanın hayatını kimseye yük olmadan ve dengeli bir şekilde sürdürebilmesi için ihtiyaçlarının asgari düzeyde giderilmesi gerekir. Bunlar aşağıdaki gibidir.

Fizyolojik ihtiyaçlar – Yeteri kadar yeme içme, giyinme ve barınma ihtiyacı.

Duygusal ihtiyaçlar – Sevgi, değer görme, paylaşım ve kendini ifade etme ihtiyacı.

Fikrî ihtiyaçlar – Okuma, dinleme, araştırma, öğrenme ve kendi kararlarını verebilecek imkân bulabilme ihtiyacı.

Ruhsal ihtiyaçlar – İnanma, inancının gereği gibi yaşama ve mutlu olacağı paylaşımlar yapabilme ihtiyacı.

Sosyal ihtiyaçlar – Sosyal alanda faydalı işlerde bulunabilme, toplumsal bir işin ucundan tutabilme, arkadaş gruplarıyla zaman zaman bir araya gelebilme ve iş hayatını sürdürebilme ihtiyacı.

Yeni evliler açısından düşündüğümüzde ise eş olabilme, bir evin içinde uyumlu bir şekilde yaşayabilme, birbirinin dilini ve niyetini anlayacak derecede bir arada olabilme, kendi zeminlerini ve bir arada yaşama prensiplerini oturtabilmeleri önemli bir ihtiyaçtır. Ancak bu ilişki ağında bunlar pek mümkün görünmüyor.

Kavağın altında oturmayı seçen, gölgesi yok diye şikâyet etmemeli.

İnsan, hayatı boyunca seçimler yapar. Kimisi kendi seçimlerinde hep birilerinden destek görmek ve yardım almak ister. Fakat her ne olursa olsun kişi, son tahlilde kendi kararını kendi vermelidir. Bazı şeyler çok kolay öngörülebilir, tıpkı bu örnekte olduğu gibi; ancak bazen de yaşadıkça ortaya çıkar... Çok kapalı yetiştirilen insanlar, körü körüne kararlar verebilirler. Örneğin birisi onlara, "Seni seviyorum." demişse, ölümüne o kişinin peşinden gidebilirler. Bu tip tercihler daha çok, özgüveni zayıf ve sevgi açlığı çekenlerde görülür. Herhangi bir sorunu görmezden gelir, sorulduğunda da zamanla düzelebileceğine inandıklarını söylerler. Doğru, zamanla bazı şeyler düzelebilir fakat o zaman gelinceye kadar neler yaşanacağını ve ne hâle gelineceğini sadece Allah (cc) bilir. Herkes seçiminin sonuçlarıyla er geç yüzleşir. Bu sebeple evlenmeden önce iyi düşünüp ona göre seçim yapmak gerekir.

Adını doğru koyabilmek, doğru düşünebilmek için gereklidir.

Biz şimdi damat adayının gelmesine odaklandık. Onun tutumuna göre durumun netleşeceğini düşünüyorum. Adını koyabilmek için şimdilik beklemedeyiz. İnşallah delikanlı geldiğinde ipler gerilmez ve ilişkilerine zarar gelmeden bu konu halledilir. Daha önce bu tarz çok örnek gördüm. Gelin sessiz sakin ve kayınvalidesi ne derse o oluyor. Ne özel bir talep ne doğru dürüst dinlenme, her şey kendisi nasıl isterse ona göre oluyor. Sanki oğluna eş değil, kendisine hizmetli almış gibi... Kaldı ki evlerimize yardımcı olarak gelen insanların da bir canı var, onlara bile kimsenin bu kadar acımasız davranma lüksü yok.

Baskın yapı ile büyütülen evlatlar, yetişkin ve yetkin bir birey gibi değil de her an annesinin aklına muhtaç bir çocuk gibi davranmaya şartlandırılıyor. Yani yetişkin gibi akıl etmesine, karar vermesine ve tabiri caizse büyümesine müsaade edilmeden büyümüş oluyorlar. Tıpkı bu örnekteki gibi... Hanımefendinin nişanlısının eş olmasına bile müsaade edilmiyor. Bu kadar kontrol ve baskı altında kalan erkeğin, çocukları ve çevresi ile irtibatı hep yüzeysel ve yetersiz olur. Ne yazık ki bazen insanın acımasızlığının sınırı da bulunmuyor. Oğlu ile gelininin arasının bozulması, kayınvalidenin umurunda bile olmuyor mesela. Gelini depresyona girdiğinde, "Onu bu hâle ben getirdim." demiyor, "Gelin sağlam çıkmadı, hasta." diyor. Bu bir hak gaspı, eziyet ve hatta zulümdür. Bu zulmü çeken kadınlar bebeğini doğru düzgün emziremez, eşiyle baş başa vakit geçiremez, ailesine gidemez, arkadaşları ona gelemez, kendi başına bir program yapamaz. Âdeta esir hayatı yaşar. Ancak insanın bir tane ömrü ve insanca yaşama hakkı var. Bu hak da kendisine verilmek zorundadır. Böylesi haksızlıkların olduğu durumlarda aklı başında olanların bu gidişe "dur" demesi lazım ki bu da çoğu kere mümkün olamıyor.

Oğluna gelen gelini kızı gibi görmeyenler, bir evladın daha içtenlikle "anne" demesi gibi bir kazançtan mahrum kalırlar.

Benzer durumda olanlarda tablo genellikle şöyle oluyor: Cendere içindeyken çocuklar dünyaya geliyor. Babaannelerini ve babalarını çok seviyorlar, annelerine karşı biraz soğuk davranıyorlar çünkü babaanne gelinine hep iş yaptırıp çocuklara kendisi bakıyor ve onları kendisi terbiye ediyor. Annenin söz hakkı bile olmuyor. Böyle olunca dengesiz anne çocuk ilişkileri ortaya çıkıyor. Bu durum çoğu zaman kayınvalide vefat edene kadar böyle devam edebiliyor. Çekirdek aile kendi başına kaldığında ise bunca zamandır yaşananlardan dolayı ciddi bir psikolojik destek alma ihtiyacı duyabiliyor. Çünkü hem birlikte yaşamayı yeniden öğrenmeleri hem de o zamana kadar yaşananları onarmaları gerekiyor.

Bu ilişki bana, onlarca başka örneği olan bu tabloyu hatırlattı. Ancak burada bir fark var çünkü gelin adayı bu durumu kabul etmeyecek kadar kendi sınırlarının bilincinde ve bunu korumaya çalışıyor. Evet, bu konu daha da uzar gider, en iyisi ben burada bitireyim. İnşallah anlaşırlar da ilişkileri güzellikle devam eder.

Kendisini üstün görenler, sözlerini geçirebilmek için zayıf gördüklerini seçerler. Bu yüzden herkes kendisini zihnen güçlendirerek eziyet görmekten muhafaza etmelidir.

Nihayet damat adayı geldi. Ona "sen" diye hitap etmek için izin aldım. Yüzünden düşen bin parçaydı. Belli ki kendi isteğiyle gelmemişti fakat buna rağmen gelmesine çok sevindim.

"Bugün kendi ilişkin için burada olmandan dolayı teşekkür ederim." diyerek söze başladım. Hâl hatır sorduktan sonra konuya geçtim.

"İlişkinizde sıkıntı var mı, varsa sana göre nedir?"

"Nişanlım annemi kabul edemiyor, bu yüzden sıkıntı yaşıyoruz. İnsan annesini atabilir mi?"

Konuya böyle gireceğini tahmin ediyordum.

"Haklısın, anne babalarımız bizim baş tacımızdır. Hayatta olduğu müddetçe onlara iyi davranmalı ve gönüllerini hoş tutmalıyız. Bana nişanlının anneni kabul edemeyişiyle ilgili somut bir örnek verebilir misin?"

"Annemin hiçbir yaptığını beğenmiyor. Annem nişanlımı çok seviyor ve iyi olmamızı istiyor fakat nişanlım her şeye sürekli karşı çıkıyor."

"Yaşadığınız bir örneği rica edebilir miyim?"

Delikanlı durakladı. Sabırsızlıkla dinleyen genç kız hemen atıldı.

"Ben yardım edeyim mi?"

"Olur."

"Mesela nişan kıyafetimi alırken, benim üzerimde güzel durmayan, rengini ve modelini beğenmediğim bir elbiseyi almam konusunda ısrar etti. Neticede nişanlanacak olan genç kız benim ve benim tercihime göre alınmalı. Ben ısrar edince annemin yüzü düştü, o günden sonra hep laf çarptırıp durdu. 'Aldığın bir şeye benzemiyor, üstelik hem pahalı hem sana yakışmadı. İnsan büyük sözü dinler, ben sana git de en kötüsünü al demiyorum, benim teklif ettiğim de gayet güzeldi. Böyle kendi başına buyruk olunmaz ki. Biraz büyük sözü dinlenmeli.' gibi bir sürü söz etti. Bunun gibi daha neler neler var."

Delikanlıya dönerek, "Annenin bu tavrı konusunda ne düşünüyorsun?" dedim.

"Annem kendisine göre en iyisinin olmasını istiyor. Annem bana çok düşkündür, bizim mutlu olmamızı istiyor."

"Annem dediyse doğrudur." görüşü, annelerin çocuklarına yükledikleri yanlış bir algıdır.

Burada iki önemli cümle vardı; "annem bana çok düşkündür" ve "bizim mutlu olmamızı istiyor." Her anne çocuğuna düşkündür fakat burada anne çocuk ayrışmasını gerçekleştirememiş, çocuğunu gözünde büyütemediği gibi pratikte de oğlunun aklına ipotek koyup kendi aklıyla yönetmeye çalışan bir anne gerçeği var. Oğlunu gelini ile paylaşmaya hazır değil. Evli olmanın, bir aile kurmanın kendi içinde bir bütünlüğü ve hukuku var. Burada ise tek bir hukuk var, o da annenin istedikleri. Bir diğer husus ise aslında kayınvalidenin kendi mutluluğu için mücadele etmesi. Yani ortada ne oğul ne de gelin hakkı ve hukuku yok.

Genç hanımefendiden müsaade alarak delikanlı ile yalnız konuşmak istedim. Burada duyguların gerçek yapısı ortaya çıkabilir, bu da beyefendiyi hanımefendi karşısında zora sokabilir. Bu yüzden yalnız görüşmek daha iyi olur.

"Bana biraz çocukluğundan ve anne baba çocuk iletişiminizden söz eder misin?"

Önceden ne yaşanmış ve bugüne etkileri ne olmuş?

Delikanlı küçük yaştan itibaren annesiyle daha çok zaman geçirmiş. Kendisi dört kardeşin en küçüğü. Şu anki yaptığı mesleğini annesi seçmiş ve işinden memnun değil. "Arkadaşlarımla oynamama zar zor izin verirdi. Şu anda bile arkadaş çevrem çok kısıtlı. Kimse ile yakın arkadaşlık kuramıyorum, eve biraz geç gelecek, arkadaşlarımla biraz vakit geçirecek olsam beni eve çağırmak için bin bir bahane bulur." diye ifade etti. En büyük abisi ve iki ablası evliymiş. Delikanlı bundan önce iki defa daha nişan aşamasına gelmiş ancak devamı gelmemiş. İlişkiyi iki seferde de kız tarafı bitirmiş. Laf arasında öğrendiğim kadarıyla yine kayınvalidenin katı tutumu sebebiyle sıkıntı yaşamışlar. Annesi kendisine ve iletişim tarzına bakarak bu biten ilişkilerden ders alıp kendisini düzeltmek yerine, karşı tarafı suçlamaya devam etmiş. Delikanlı da zaten annesine itiraz etme gücünü kendinde bulamadığı için üzülse de annesinin tarafında durmuş. Ancak şimdiki ilişkisinde de tıkanmalar baş göstermiş. **Nefes alması engellenen herkes, nefes alabilmek için gerekirse camları kırar, duvarları yıkar çünkü nefes hayat demektir.** Burada da psikolojik bir nefes aldırmama söz konusu.

Aynı kaygan zeminde durdukça, düşme riski her zaman var olacaktır.

Yaşananlar tekerrür ediyor çünkü sebepler değişmiyor. **Hak gasbı** her zaman insan hayatını bereketsizleştirir. Delikanlı çok mutsuz görünüyor. Nişanlısına haklı olduğunu söylese, o zaman gereğini yapması beklenecek; haksız olduğunu söylese, su sefer de kendisi haksızlık yapmış olacak. Nişanlısının yanında durduğunda annesinin karşısındaymış gibi bir pozisyona düşecek ve annesine bunu açıklayamayacak. İki arada kalmış, sıkışmış ve ne yapacağını bilmiyor. Güçlü olandan yani annesinden yana tavır almaktan başka seçeneğinin olmadığını düşünüyor ve annesinin baskın tavrıyla baş etmesinin imkânsız olduğunu söylüyor.

Delikanlıya bazı sorular sordum.

"Annene karşı onu kırmadan bir duruş sergileyebilmeyi ister miydin?"

"Evet."

"Annenin ya da başka birilerinin dediklerini körü körüne yapan, aklını kullanamayan, hep başkaları tarafından idare edilen bir hayat arkadaşının olmasını ister miydin?"

"Hayır."

"Nişan aşamasına geldiğin önceki ilişkilerinde, annen doğru davranıp, sana daha çok insiyatif vererek süreci doğru yönetseydi, o ilişkiler biter miydi?"

"Bitmezdi."

"Şu an nişanlınla aynı sona doğru gidiyor gibisiniz. Eğer bu biterse, bundan sonrakilerde de aynı tablo yaşanacak gibi duruyor, sizce de öyle mi?"

"Evet."

"Kendini daha güçlü, daha etkin ve nişanlının gözünde de daha yeterli görmek ister misin?"

"Evet"

"Sen annenin baskın tavrından çekindiğin ve başka türlü davranmana müsaade etmedikleri için böylesin, doğru mu?"

"Evet."

"İstersen bu durumun değişebileceğini ve senin şimdikinden daha güçlü, etkin ve yetkin bir beyefendi olabileceğini söylesem, ne dersin?"

"Bu mümkün mü, nasıl?"

"Elbette mümkün. Öncelikle buna inanman ve işbirliğine hazır olman gerekir."

Delikanlının gözleri doldu, başını çevirdi, gözyaşlarını sildi. Bana öyle bir baktı ki benim dahi içim yandı. Âdeta, "İmdat, yardım edin!" der gibiydi. Annelik duygularım kabardı ve benim de gözlerim doldu. Anlaşmıştık.

İki ablasıyla da arasının iyi olduğunu öğrendim. Abisiyle de iyilermiş fakat aralarında biraz mesafe varmış. Ablalarıyla görüşme kararı aldım, delikanlı da bunu uygun buldu. Şimdilik anneleriyle irtibata geçme konusunda işbirliği yapmayı düşünüyorum.

Bu arada delikanlıya, bu durumda olan çiftlerin evli olsalar bile ne gibi zorluklar yaşadığından, etkin bir pozisyonda olması gereken erkeğin annesinin sözünden çıkmamasının eşinin ve çocuklarının gözündeki imajını nasıl zedelediğinden ve bunun ilişkilerine nasıl yansıdığından söz ettim. Çok etkilendi ve bana hak verdi.

Bu görüşmede beni en çok sevindiren husus, yanlış olanı görecek ve doğruya talip olabilecek bir anlayışı görmüş olmamdı. Bu varsa Allah'ın (cc) izniyle yol alınabilir; bu yoksa da yolda kalınacağı neredeyse kesindir.

Dinlemesini bilen ve anlayan insanlarla her daim doğrularda buluşabilirsiniz.

Şimdi gelelim nişanlısı ile bu konuyu konuşmaya...

"Nişanlına ne demeyi düşünürsün?"

"Bilmiyorum, ne demeliyim sizce?"

Bu soru hoşuma gitti çünkü stratejik bir zaman ve durum söz konusu. Danışması, beni anladığının ve gereğini yapmaya niyetli olduğunun ifadesi gibiydi.

"Öncelikle psikolojik rahatlama için haklı olduğunun ifade edilmesi gerekir diye düşünüyorum. Sonra da annenin tavrına karşı onun yanında olmak istediğini fakat bunun olması için zamana ve nişanlının desteğine ihtiyacının olduğunu söyleyebilirsin. Bu ifadeler sence de uygun mu?"

"Evet, çok iyi. Şu anda annemin arkasından iş çeviren suçlu bir çocuk gibi hissediyorum kendimi."

"Bunu şöyle düzeltelim mi; Allah'ın (cc) kullanmanızı istediği yetkilerinizi kullanacak ve annenizi incitmeden kendi sorumluluklarınızı alacak derecede cesur ve akıllı bir atakta bulunacaksınız. Bu, Allah'ın (cc) sizin üzerinizdeki hakkıdır. Anneniz size yetkin olma fırsatı vermeyerek Allah'ı (cc) üzecek ve sizin hakkınıza girecek bir davranış sergiliyor. Siz sorumluluğunuzu kuşanarak aslında annenize iyilik yapıyor ve onu vebalden kurtarıyor olacaksınız."

"Gerçekten bunun adı bu mu?"

"Evet, tam da böyle."

"İyi o zaman, çok şükür, içim biraz rahatladı."

Delikanlının yüzü aydınlandı. Hâlâ biraz tedirgin olmasına rağmen rahatlamış olduğu yüzünden okunuyordu.

"Şimdi nişanlını çağıralım mı?"

"Olur."

Hanımefendiyi çağırdık. Nişanlısının şaşkın bakışları arasında delikanlı şunları söyledi: "Şu ana kadar şikâyet ettiğin şeylerde sen haklıydın. Ben annemle başa çıkamadığım için onun yanında durmak zorunda kaldım. Bunun yanlış olduğunu bilsem de ona uygun hareket etmeme fırsat tanımadı. Şimdi ise bunun değişebileceğini, benim annemi kırmadan tavır alabileceğimi öğrendim. Hanımefendi, ablamlarla da görüşecek."

O an genç kızın mutluluğunu ve gözlerindeki parıltıyı görmeliydiniz. Kalktı ve sevinçle boynuma sarıldı.

"Size çok teşekkür ederim."

"Rica ederim, ne demek. Ancak asıl teşekkürü beyefendi hak ediyor. En babayiğitler bile çok kısa sürede bu kararı alamaz. Çok küçük yaştan itibaren yapılanmış bir anlayış ve bunun devamını zaruri kılan bir baskı söz konusu. Bütün bunlara rağmen doğruyu görüp zoru göze alabilen bu delikanlı, gerçekten takdiri çokça hak ediyor." dedim ve onları alkışladım.

Zorluğa rağmen doğru adımları seçenler, mutlaka huzurlu bir hayat ile ödüllendirilirler.

Ben ikisine de ilişkilerinin bundan sonraki aşamalarında annelerine nasıl davranmaları gerektiği ve süreci nasıl yönetebilecekleri konusunda stratejiler verdim. Şimdilik hiçbir şey yapmayacaklar. Ben ablaları ile konuştuktan sonra strateji üreteceğiz ve ondan sonra da dörtlü bir seans yapıp birlikte planlama yapacağız inşallah.

Seansı ikisi de mutlu bir hâlde bitirdi çok şükür. Korktuğum olmadığı için ben de tekrar şükrettim.

İkinci Seans

Delikanlının ablaları geldi. Onlara teşekkür ederek seansa başladım. Onlar da annelerinin kardeşleri üzerinde çok baskın olduğunu kabul ettiler.

"Annemize biz de söz geçiremiyoruz ama bu duruma gelinmesinde kardeşimizin güvensiz ve cesaretsiz tavrının etkisi de çok fazla. Aynı anne bize her dediğini yaptıramıyor ve şu anda bundan dolayı söyleniyor fakat aramız yine de kötü değil. O söyleniyor, biz duymazdan gelip ilişkimizi sürdürmeye devam ediyoruz. Tabii burada kardeşimizin sessiz sakin bir yapısının olmasının ve küçük yaştan itibaren annemin baskın tutumuna maruz kalmasının da rolü var. Kardeşim kendine güvense, anneme karşı yavaş yavaş tutum değişikliğine gitse, her dediğini ciddiye almasa pek çok sıkıntı ortadan kalkabilir."

O zaman delikanlı için yapılması gereken ilk şey, psikolojik bir ayağa kalkış ve kendini annesine haksızlık yaparak vebale gireceği endişesinden kurtarma. Genç adam üzerinde hep bu anlayışla baskı kurulmuş. Haberleştik, anlaştık, değerlilik ve yeterlilik duygusu üzerinde çalışmaya başladık. Birkaç aylık bir kurs alarak sevmediği mesleğinden başka bir alana geçiş yapabileceğini öğrenince bunu kendisiyle de paylaştım. Önce büyük bir sevinçle karşıladı, sonra da aniden yüzü gölgelendi ve annesinin buna izin vermeyeceğini söyledi. Ancak kurs alıp geçeceği bölümde daha yüksek maaş ödeneceğini öğrendim. Daha yüksek maaş almasından annesinin memnun olup olmayacağını sorduğumda, "Çok memnun olur." cevabını verdi. O zaman annesine, daha yüksek ücret almak için kursa gittiğini söyleyecekti. Böylece hem annesini memnun edecek hem de kendisinin daha çok sevebileceği bir işi yapabilecekti. Bu durumun delikanlıya çok iyi geleceğini düşünüyorum.

Kırmadan, incitmeden hataları düzeltmeye çalışırken doğrulardan taviz vermeyelim çünkü o zaman hayatın tadı kaçar.

Devam eden seanslarda, delikanlıyı çok coşkulu ve iyi buldum. Âdeta hayatını yeniden şekillendiriyor gibiydi. Tabii ki bu arada nişanlısı olan hanımefendinin de sevinçten ayakları yere basmıyordu. O da bu süreçte nişanlısına çok destek oldu, ona da çok kere "aferin" dedim. Çok şükür şu anda beyefendi hızla özgüven kazanıyor, annesi ile arası iyi, ablalarından destek alıyor. Özetle kendisini daha iyi pozisyona getirebilmek için Allah'ın (cc) izniyle kararlı bir şekilde gayret ediyor.

Bu seanstan ne öğrendik?

Anne, insan hayatının en temelindeki vazgeçilmez varlıktır. Annenin çocuğunun hayatındaki yeri ömür boyu sürer. Yaşı ilerledikçe kendi hayatının yol haritasını belirleyebilmesi için çocuk, sevgisi ve şefkati azaltılmadan, dozu giderek artacak şekilde serbest bırakılmalıdır. Anne çocuğuyla arasındaki duygusal göbek bağını kesip ondan ayrılmayı başaramazsa, kendi bağımlılığını onu da bağımlı yapacak şekilde çocuğu üzerinden devam ettirir. Bu, sahiplenme, "benim" deme ve bundan dolayı da paylaşamama hâlidir. Kıskançlık da, yönetme tutkusu da, "saçını süpürge etme" edebiyatı da gerçek sahibin Allah (cc) olduğu gerçeğinden kopulduğu zaman yaşanan kazalardır.

Evlatlar arası cinsiyet ayrımı cahiliye adetidir.

Bu durum daha çok erkek evlat üzerinden yaşanıyor. Çünkü bazı anne babalara göre bacasını tüttürecek ve yaşlılıklarında onlara sahip çıkma rolünü üstlenecek kişi erkek evlattır. Bu sebeple de emeklerinin meyvelerini, çocuklarını tutsakları hâline getirerek almaya çabalarlar.

Biz ebeveynler, önce Allah'a (cc) kulluk bilinci içinde yetişebilmeleri için, çocuklarımıza nasıl bir model olduğumuzun hesabını vereceğimizi aklımızda tutmalıyız. Baskı altında büyüyen çocuk sevmeyi öğrenemez. Sevmeyi öğrenemeyen ve anne babasından doyasıya sevgi alamayan çocuklar, yetişkin olduklarında sevgiyi nasıl üretecek ve nasıl iletecekler? Bunu öğrenmekte ve hayata geçirmekte zorlanmayacaklar mı? Bu vebali anne babalar nasıl göze alabiliyorlar anlamış değilim...

Çocuğumuzun yürümesine izin vermeliyiz.

Çocukları geliştirecek doğal hareket alanlarının onlara sunulmadığı ve özgürce düşünebilen bireyler olabilmeleri için gerekli desteğin sağlanmadığı ortamlarda, hayatıyla oynanmış, silik ve çok zarar görmüş şahsiyetler yetişir. Annelik şefkati ve sevgisi buna engel olabilmeli. Onları sevdiğimizi söylediğimiz çocuklarımıza böyle davranarak, onlara dışarıda görebilecekleri zararların hepsinden daha fazla zarar vermiş olacağımızı hiçbir zaman unutmamalıyız.

Gerçek sahip Hz. Allah'tır (cc).

Dolayısıyla hayattaki hiçbir şeyin bizim olmadığı gerçeğini nasıl kabul ediyorsak, çocuklarımızın da bize emanet olarak verildiğini kabul etmemiz gerekir. Belki o zaman, "Sen el kızısın, bu BENİM oğlum." diyerek ego dağlarından seslenmeyiz. O el kızı dediğimizin de bir ana kuzusu olduğunu belki bu bilinçle hatırlarız...

Kendimiz için lâyık gördüğümüz anlayış ve yaşam biçimi, bizim yol haritamız olmaya adaydır. Bazen gönül gözümüz bir şeyleri daha evvel gösterir; tabii kendimizi hakikat aynasında görmeye niyetimiz varsa... Eğer böyle bir niyetimiz yoksa kendimizi görebileceğimiz bütün aynaları kırmışız demektir.

-On Sekizinci Hikâye-
"Para kazanmaya başlayınca eşim çok değişti, beni aldattığını düşünüyorum"

"Eşim artık evli bir erkek gibi değil, sorumluluk üstlenmeyen bir ergen gibi davranıyor, eşlik ve babalık konularında gerekenleri yapmıyor." şikâyetleri ile gelen hanımefendi, çok mutsuz görünüyordu. Yanında ise buraya gelmekten hiç memnun olmadığını bariz bir şekilde hissettiren eşi vardı. Önce ikisini birlikte dinledim. Hanımefendi o kadar dolu görünüyordu ki bir an önce anlatmak ve âdeta eşine söz geçirilmesini sağlamak ve durumu acilen değiştirmek istiyor gibiydi. Hissettiklerimde yanılmadığımı seansın içinde anladım. Kısa bir tanışmanın ardından hanımefendi söz alarak konuşmaya başladı.

"16 yıllık evliyiz ve üç çocuğumuz var çok şükür. Eşim başlangıçta evine, bana ve çocuklarına düşkün iyi bir babaydı ancak sonradan değişti. Eve geç geliyor, nereye gittiğini haber vermiyor, sorunca da söylemiyor. İş yemeği diyerek çıkıyor fakat geç saatlere kadar eve uğramıyor. Bazen çocuklar babalarının yüzünü bile göremiyor. Ben, 'Böyle olmaması lazım, sen bu evin erkeğisin, evde ne olup bittiğinden haberin olmalı, bizimle ilgilenmelisin.' diyorum. O da bana, 'Sen ilgilen, benim işim başımdan aşkın.' diyor. Biraz üsteleyecek olsam, 'Sen bana karışamazsın.' diyor. Eşim ne zaman bir evinin, karısının ve çocuklarının olduğunu anlayacak? Ben bunaldım, yoruldum. (Bu noktada hanımefendi ağlamaya başladı.) Ayrıca, bütün parçaları bir araya getirdiğimde eşimin beni aldattığından şüpheleniyorum."

"Bu durum ne zamandır böyle devam ediyor?"

"Ne bileyim, sanırım altı yedi yıldır."

Beyefendiye dönerek sordum.

"Beyefendi eşinizi birlikte dinledik. Size göre mesele nedir?"

"Eşim abartıyor, aslında büyütülecek bir şey yok."

"Ne iş yapıyorsunuz?"

"Tekstil işiyle uğraşıyorum."

"İşiniz size mi ait yoksa çalışan mısınız?"

"Bana ait çok şükür, iki ortağım var ama büyük ortak benim."

"Eşiniz eve zaman ayıramadığınızı söylüyor, çok mu yoğunsunuz, ayarlama imkânınız olamıyor mu?"

"Evet, çok yoğunum, işten geç çıkıyoruz."

"Teşekkür ederim, şimdi de sizlerle teker teker görüşelim, önce hanginiz konuşmak istersiniz?"

"Beyefendi eşini göstererek, "Hanım konuşsun." dedi.

"Peki, sizi şimdi salonda ağırlayalım, birazdan çağıracağım, teşekkür ederim."

İnsan kendisini görmek istemezse, dünyanın en büyük aynası bile işe yaramaz.

Hanımefendi, eşi çıkar çıkmaz ağlayarak ne kadar yorulduğunu anlatmaya çalıştı. Bu arada cinsel hayatları da yolunda değilmiş ve o da geç gelmeye başladığı zamanlardan beri devam ediyormuş. Geç geliyor, yorgun olduğunu söylüyor, eşine bir "Nasılsın?" diye sormadan, çocuklarla ilgilenmeden yatıp uyuyormuş. Beyefendinin tahsili lise terk, hanımefendi ise ilkokul mezunu. Evin derli toplu olup olmadığını, evde düzenli yemek pişip pişmediğini, kendisine özen gösterip göstermediğini sordum.

"Önceden yani mutluyken yapardım, özel giysiler giyer, eşimi öyle karşılardım. Şimdi hazırlanıyorum ama gelen giden yok. Üstelik yüzüme bile bakmadan yatıp dinlenmeye bakıyor. Ben de artık bıraktım, eşim için hazırlanmıyorum. O ise önceki giyim kuşamından daha farklı olarak, dışarıya her gidişinde çok şık ve bakımlı giyiniyor. Bizden bu kadar uzaklaşmasının altında yatan sebebin başka bir kadın olabileceğini düşünüyorum."

"Şüphelerinizi destekleyecek somut bir delil buldunuz mu?"

"Yazışmalarını görmedim, baş başa da görmedim ama telefonu hep şifreli, asla yanımda konuşmaz. İnsanın işi yoğun olabilir ama bu yoğunluk eşinden ayrı yatmasına, cinsel hayatını bitirmesine ve hiçbirimizin yüzüne bakmamasına sebep olmamalı. Yoğun olup vakit ayıramayan erkek mahcup olarak özür diler, en küçük vaktini bile eşi ve çocuklarıyla geçirmeye çalışır. Ancak benim eşim tam tersi, pazar günü bile işi olduğunu söyleyerek evde durmuyor. Konuşmaya çalışıyorum, hiç konuşturmuyor. 'Benim yapamadığım ya da yanlış yaptığım bir şey mi var?' diye açık açık soruyorum, 'Nereden çıkarıyorsun bunları, benim seninle bir sorunum yok.' diyor. Fakat böyle deyince iş bitmiyor ki… Çünkü benim onunla sorunum var."

"Bu şüphenizden söz ettiniz mi?"

"Evet, konuşmaya yanaşmadı ve uydurduğumu söyleyerek hemen konuyu kapattı."

"Açıkladınız aslında fakat yine de sormak istiyorum; eşinizin sizde görüp de şikâyet ettiği ve sizin yapamadığınız şeyler var mı?"

"Zaman zaman evi niye toplamadığımı sorardı. Evimizde üç çocuk var, evde oldukları müddetçe de oyuncakla oynuyorlar. Onları neden kaldırayım ki? Eşimin oturacağı bölüm her zaman düzenlidir. Üstelik oyuncakların etrafta olması kirlilik ve düzensizlik değildir. Ben de bunu eşime anlatmaya çalıştım, o da buna fazla ses etmezdi zaten. Dediğim gibi arada sorardı sadece. Aramızda ciddi bir sıkıntı oluşmadı yani."

"Siz ya da eşiniz kitap okur musunuz? Kendinizi yenileyeceğiniz yeni bilgiler edinerek bunu birbirinizle paylaşır mısınız?"

"Ben biraz okurum fakat eşim yorgun olduğunu söyler, kitaplara pek ilgi göstermez."

"Sizin arkadaş çevreniz var mı? Birbirinize gidip gelir misiniz?"

"Arkadaş çevrem var tabii, görüşmeye de çalışıyorum fakat moralim bozuk olduğu için onların yanına gittiğim zaman da neşelenemiyorum. Açıkçası bu yüzden de onlarla görüşmek içimden gelmiyor."

"Çocukların babalarıyla araları nasıl? Tartışmalarınızı çocuklar duyuyor mu ya da şahit oluyorlar mı?"

"Evet, onların yanında tartıştığımız da oluyor. Mesela pazar günü, işi yok, tatil, yani bize rahatlıkla zaman ayırabilir fakat eşim işi olduğunu söyleyip yine dışarı çıkıyor, bu sefer de ben sinirlenip söyleniyorum. Hâliyle çocuklar da duyuyor."

Bir eş, yaptığı yanlışlardan dolayı eşinin mutsuz olduğunu öğrendiği hâlde, yanlış olan tutumunu değiştirmiyorsa, "Sen benim umurumda değilsin." mesajı veriyordur. Bu da evlilik hukuku ile bağdaşmayan bir tutumdur, gelecekteki faturası kabarık olur.

Biraz daha konuştuk ve benim soracaklarım bitince beyefendiyi çağırdım ve onunla da yalnız görüştüm.

"Beyefendi, sizce ilişkinizde sorun var mı? Varsa ne?"

"Evet, var. Eşim çok şükürsüz, sürekli şikâyet ediyor. Evimizde Allah'a (cc) şükür yok. Ne isterse elinin altında ama yine de memnun olmuyor."

"Eşiniz hiç ekonomik konulardan şikâyet etmedi, sadece sizin evde olduğunuz hâlde 'yok' gibi olduğunuza vurgu yaptı ve bunun hem kendisini hem de çocukları çok üzdüğünü anlattı."

"Boş durmuyorum ki sürekli çalışıyorum."

"Peki, siz eşinizden memnun musunuz?"

"Evet, Allah (cc) razı olsun çok iyidir, ben memnunum kendisinden."

"Peki onun sizden memnun olmamasının size göre de haklı gerekçeleri var mı? Siz kendinize bakınca ne gibi eksiklikler görüyorsunuz?"

"Tabii ki, bizim de birçok eksiğimiz var."

"Mesela?"

"Eve daha erken gelmeye çalışabilirim. Evle çok ilgilenemiyorum açıkçası, her şey hanımın üzerine kaldı. Biz de iş güç derken ihmal ettik tabii."

"Siz çok şık giyimlisiniz, eşiniz sizin kadar özel giyinmemiş, bu durum dikkatimi çekti."

"Evet doğru, kendisine bakmaz, biraz saldı."

"Sizden ilgi ve alaka görmediği için hiçbir şeye isteği kalmamış olabilir mi?"

"Olabilir tabii ki."

Bir insanın pozisyonundan dolayı kendisine katlanılıyor olması, Allah'tan (cc) sakınmak isteyeceğimiz bir şey olmalı.

Görüşmenin devamında beyefendiye, biraz ekonomik standardı yükselince kendisini dışarıdaki paralı erkek avcılarına kaptırmış olma riskinden söz ettim; sessiz kalmayı tercih etti. Bu tarz ilişkilerin aile hayatını darmadağın ettiğini, bu sebeple yuvaların yıkıldığını, ondan sonra başta çocuklar olmak üzere herkesin perişan olduğundan söz ettim ve bunun ciddi bedellerinin olduğunu da anlattım. Bu yolların çıkmaz sokak olduğunu, ciddi para kayıplarına ve aile huzurunuzun bozulmasına mal olduğunu söyleyerek kendilerini boşanmanın eşiğine getirecek kadar rahatsız edeceğini söyledim. Ayrıca bu durumun kendisini manen de dibe çökeceğini ve günün birinde durumun farkına vardığında, çok geç olabileceğini de belirttim.

Beni ciddiyetle dinledi. "Şu anda eşiniz sadece şüpheleniyor ve haklı da. Eğer bu şüphesi kesinleşirse, şimdiki sıkıntılarınızın kat be kat artacaktır." dedim. Öyle ilginç bir cevap verdi ki ve beni dinliyor gibi durduğunu fakat hiçbir şey anlamadığını ispatlar nitelikteydi.

O cümle şuydu: "Hiçbir şeyini eksik bırakmıyorum ki."

"Evet, her şeyi var fakat eşi yok." dedim.

Sessiz kaldı. Aslında ne dediğimi anlamıştı.

"Size birkaç soru sorabilir miyim?" dedim, "Buyurun." dedi.

"Çocuklarınız babalarını düşündüğünde, hangi paylaşımlarınızı hatırlarlar?"

"Şu anda eşiniz sadece şüpheleniyor fakat Allah (cc) biliyor. Bu daha fazla gizli kalamaz, eşiniz bir gün öğrenecek. Ondan sonrası için planınız nedir?"

"Eşiniz dünyanın en beceriksiz kadını bile olsa, bu durum sizin ihmalinizi ve sadakatsizliğinizi haklı gösterir mi?"

"Siz böyle yaptıkça, inanın ki paranız ve hayatınız bereketsizleşir, huzurunuz kalmaz. Mesela şimdi huzurunuz var mı?"

"Çocuklarınız bunu öğrendiğinde, onlara bunu nasıl açıklamayı düşünüyorsunuz? Size olan güvenleri sarsılır ve ağır duygusal travma yaşarlarsa, bunları düzeltmek o kadar da kolay olmayacaktır. Bu da sevgi ve bağlılığın ciddi olarak zarar görmesi anlamına gelir. Siz bunu göze alabiliyor musunuz?"

"Bu arada, 'Abartıyor, sorun yok.' diyerek eşinizi suçluyorsunuz. Bu biraz haksızlık olmuyor mu?"

"Eşinizi ve çocuklarınızı bu kadar ihmal etmeniz, onlarda psikolojik bazı sıkıntıların oluşmasına sebep olabilir, bunları da hesaba kattınız mı?"

Beyefendi sorularımı sadece dinledi ve hiçbirine cevap vermedi. Belli ki kendi açığını, eşini suçlayarak kapatmaya çalışıyor, bu da hâliyle sürekli bir çatışma ortamına sebep oluyor. Hatta bazen beyefendiler eşlerini o kadar alakasız şeylerle suçluyor ki hanımefendi de buna inanıyor ve eşini bırakıp kendi içinde oluşan suçluluk psikolojisi ile boğuşmaya başlıyor. Böylece beyefendinin maksadı gerçekleşmiş, eşinin dikkati kendi üzerinden uzaklaşmış oluyor.

"Bakın beyefendi, eşi ile sevgi dolu, içten paylaşımlar yapabilmek bir kadın için çok önemlidir. Birbirinizi mutlu etmek için yarışmanız, çocuklarınızla bir arada güzel vakit geçirmeniz gerekir. Bunlar olmadıktan sonra takdir edersiniz ki ekmek babasının evinde de var, yalnız yaşayan hanımefendiler aç kalmıyor. Ayrıca bu süreç o kadar yıpratıcı olur ki siz geri döndüğünüzde, sevgi ile sizi bekleyen bir eş bulamayabilirsiniz. Söylemek istediğiniz bir şey var mı?"

"Yok, teşekkür ederim."

"Peki yuvanız için bir şeyler yapmayı düşünüyor musunuz? Mesela eşinizi suçlamaktan vazgeçmek ve eve biraz daha erken gelip eşiniz ve çocuklarınızla ilgilenmek gibi."

"Şu anda kurulu bir düzen var, bunu değiştirmek öyle kolay olmaz. İnşallah ilerleyen zamanlarda elimden geleni yaparım."

Bu cümleler, şimdiki tavrını değiştirmeyeceğinin sinyalleriydi. Bu iyi bir cevap değildi, üzüldüm.

Pişman olacağı yollardan kimseyi dinlemeden hızla koşup gidenler, aynı yolu daha büyük bir eziyetle geri dönmek zorunda kalırlar.

Anladığım şu ki beyefendi eviyle olan irtibatını kesmiş. Yatma zamanına yakın eve geliyor, tabii hâliyle kimseyle konuşacak zamanı da kalmıyor. Yorgun olduğunu söyleyerek de haklı bir gerekçe oluşturup yatıyor ve o günü öylece savuşturmuş oluyor.

Burada üzücü olan husus şu; yaptıklarımızı Allah'ın (cc) gördüğünü unutuyoruz. Örneğin kitap okumak gibi kendimize zaruri bir eylem planı yapmadığımızdan dolayı, kendi hâline bırakılan tarlaların adam boyu otla dolması gibi, bizim zihin ve gönül dünyalarımız da bakımsızlıktan darmadağın olur. Kendimizi daha iyi hâle getirmemiz ve birbirimize destek olmamız gerekirken, birbirimizi tüketen mekanizmalara dönüşmemiz, hakikate ne uzak kaldığımızın bir ifadesidir...

Bakalım süreç nasıl ilerleyecek... Bu gidişle beyefendi, aile bağlarına çok zarar verecek gibi görünüyor ve ne yazık ki şu an bunu umursamadığı anlaşılıyor.

Hanımefendi ile tekrar yalnız görüştüm.

"Değerli hanımefendi, her ailenin geçirdiği zor zamanlar olabiliyor. Bu zor zamanları stratejik davranarak doğru yönetmek çok önemli. Bu arada şunu söylemek isterim ki taleplerinizde haklısınız, bunlar abartı istekler değil, her hanımefendinin doğal ihtiyaçları. Her aile bu paylaşımları yaparak güçlenir, ayakta durur. Şu ana kadar yine iyi dayanmış ve sabretmişsiniz, tebrik ederim. Ben de beyefendiye söylemem gerekenleri söyledim. İnşallah toparlamaya çalışacağını söyledi."

"İnşallah fakat hiç ümidim yok. O kadar ağlayarak, rica ederek konuştum ancak karşımda bir duvar var ve sesimin yankısı bana geri çarpıyor gibi hissettim."

"Haklısınız, bu durum gerçekten ümitlerinizi kırmış olabilir fakat biz biliyoruz ki kalpler Allah'ın (cc) elindedir. Biz doğru olanı yapalım, süreci doğru yönetelim, sonuç Allah'a (cc) ait."

"Haklısınız, ne derseniz yapacağım. Olmuyorsa da olmuyordur."

"Teşekkür ederim. Öncelikle dua edelim, Rabbim yuvanızı eskiden olduğundan çok daha iyi bir duruma getirsin. Siz de kendinize düşeni yaparak huzurlu bir yuvanın mimarı olun inşallah. Şimdi sizinle, bazı konularda nasıl davranırsanız bu sürecin daha iyiye gitmesine zemin hazırlamış olursunuz, bunu konuşalım, olur mu?"

"Evet, inşallah, buyurun."

Eşlerin aralarında ne yaşanırsa yaşansın, yapıcı davrananlar her zaman kazanırlar. Bir evlilik bitecekse, ne yapılırsa yapılsın biter fakat herkes kendi yaptığının hesabını Allah'a (cc) vereceği için, doğru davrananın başı her zaman dik, içi ferah olur. Bu da bir insana ödül olarak yeter.

Hanımefendiye özet olarak söylediklerim şunlardı: Herkes Allah (cc) katında kendi yaptıklarından sorumludur, amel defteri de mezar da tek kişiliktir. Şu anda siz üç çocuğun annesi olarak, eşinizi bir müddet idare eder ve ona daha doğru düşünebilmesini sağlamaya yönelik yaklaşırsanız, bu hem sizi vebalden kurtarır hem de sürecin düzelmesine ciddi manada katkı sağlar. Bunun için bazı cümleleri kurmamamız lazım çünkü bu cümleler yanlıştır ve insanın zihnini kilitler. O cümleler şunlardır...

1) "Ben bunu hak etmedim."

Sizin eksiğinizin ya da yanlışınızın olması, ihmal edilmeniz ya da başka yanlışlar için gerekçe olamaz. Hiçbir insan yanlışı hak etmez. Bu yanlışı yapan şahsın kendi talihsizliğidir, sizin değil. Burada kullanılacak cümle şudur: "Kim ne yaparsa yapsın, ben Rabbimi (cc) memnun edecek şekilde doğru davranmayı hak ediyorum. Ben eşime, kendim için doğru davranıyorum. Rabbim (cc) doğru davrananları koruyacağını vadediyor, ben O'na güveniyorum." deyip doğru bildiğimizi yapmaya devam edelim.

2) "Sen daha iyi davranmamı hak etmiyorsun."

Kişinin neyi hak ettiğine bırakalım da Allah (cc) karar versin. Ben benden yansıyana bakmalıyım. "Ben ne yaparsam o benim karakterimin bir sonucu olacak?" diye sormalıyım. Niyetim neyse, davranışlarım da ona uygun olmalı. Sürekli yaptığım işler bana bir duruş, yüzüme bir ifade, sözlerime doluluk ve etki gücü, adımlarıma istikrar, Hak katında ve insanlar arasında itibar kazandırır. Birileri yanlış yaptı diye ben bunlardan niye vazgeçeyim?

3) "Bana bunu niye yaptın?"

Yanlışın "niye"si olmaz. İnsanın durduğu zemin kaygansa, oradan düşmesi an meselesidir. **"Kartallar gibi uçmak istiyorsan sürüngenlerle oturup kalkmamalısın çünkü insan, birlikte vakit geçirdiği kişilere benzemeye meyillidir."** sözünde anlatıldığı gibi, insanın birlikte vakit geçirdikleriyle arasında gönül bağı oluşur. Bu bağ da insanı çekip çevirir. Başka bir özlü sözde ise, **"Bembeyaz güvercinler simsiyah kargalarla uçup konarsa,** tüyleri beyaz kalır ama kalbi kararır." deniyor. Bu yüzden bir kişide yanlış varsa, hemen kimlerle uçup konduğuna bakalım. Fotoğraf ortaya çıkacaktır.

4) "Bana yaptıklarını unutamıyorum."

Yapılanlar sizi mutlaka etkiler fakat yapılanlar aslınsa kişinin kendine yazık ettiği, Allah'a (cc) karşı yüzünü eğdirdiği, haddini aştığı şeylerdir. Bu gerekçe ile asıl üzülmesi gereken, yanlışı yapandır. Onun yaptıklarını içinize atmak yerine, kendisi ile ilişkilendirip, ona yardımcı olmak üzere yola çıkarsak, meselenin rengi değişecektir.

5) "Ben eşimden soğudum."

İnsanın duyguları zarar görebilir fakat her durumun ders veren bir öğretmen olduğunu bilirsek, en zor durumların içinde bile bize yönelik dersler bulmaya çalışırız. Çünkü hiçbirimiz hatasız, yanlışsız değiliz. Allah (cc) olaylarla bize zayıf yönlerimizi ve eksiklerimizi gösterir. Biz buradan kendimiz için alınacak dersi alıp, ilişkimizi daha iyi noktaya getirebilmek için samimice çaba sarf ettiğimizde, Allah (cc) umulmadık kapılar açıp, saklı müjdelerle hayatımızı sevince gark edebilir. Muhatabımıza doğru davranabilmek, onun gerçeği görmesine, yuvasının kıymetini anlayıp yaptığı yanlıştan geri dönmesine vesile olabilir. Kaybetmek çok kolaydır, asıl olan yaşanılan süreci en az hasarla atlatabilmek ve yenilenen bir anlayışla birbirimize sahip çıkmaktır.

6) "Ben eşime olan güvenimi kaybettim. Ona bir daha nasıl güvenebilirim, ya tekrar aynısını yaparsa?"

Güvenin zedelenmesi, insan yüreğinin en ağır yüklerindendir. Şunun farkındayız ki insan kendine bile kefil olamaz çünkü hiçbirimiz korunmuş değiliz. "Bunu nasıl yaptı?" diye şaşırdığımız insanın yaptığından daha ağırını bir saniye sonra bizim yapmayacağımızın hiçbir garantisi yoktur. Dolayısıyla eşinizin bir daha hata yapmayacağının garantisini kimse veremez, hatta eşinizin kendisi bile. Sadece samimiyetle pişman olup tövbe ederek, Rabbimize (cc) kavli ve fiili dualarımızla yakararak teyakkuz hâlinde olabiliriz. Kimsenin nefsi bir diğerinden daha güvenilir değildir. Ayrıca birbirimizin eksiklerini ve yanlışlarını örterek, şefkat ve sevgi dolu yaklaşımlarla Rabbimizin (cc) iyileştirici tesir bahşetmesini umalım. Güvenmek bize iyi geleceği gibi karşımızdakine de ümit verecektir. Her insan yüz kere düşse bile, yüz birincide elinden tutulmayı hak eder. Her insanın içinde Rabbimizden bir ruh var. İnsanı her zaman yüce görüp, Allah'a (cc) ait olduğu için ona edep ve hürmet ile muamele ettiğimizde, ondaki cevherlerin açığa çıkmasına yardım etmiş oluruz.

Ben bunları söyledikçe hanımefendi ağlıyordu. Elinden geleni yapacağını söyledi ve bir sonraki seans gününü tespit ettikten sonra kendisini yolcu ettim.

İkinci Seans

Hanımefendi geldiğinde neler anlatacağını merakla bekliyordum. Acaba konuştuğumuz gibi davranabildi mi, eşinin tepkisi ne oldu?

"Hoş geldiniz, geçtiğimiz günden bugüne kadar neler yaptınız, neler yaşadınız ve eşinizin yaklaşımı nasıl oldu?"

"Hoş bulduk. Ben söylediklerinizi elimden geldiğince uygulamaya çalıştım. Eşimde ise hiçbir değişiklik olmadı. O, istediği hayatı yaşayacak ve ben de çıt çıkarmadan istediği şeyi yapmasına göz yumacağım, bu benim asli görevim, onun asli görevi de böyle davranmak; eşim galiba tam olarak böyle düşünüyor. Mesela geçen gün oğlum, 'Baba seninle bir oyun oynayalım mı?' deyince eşim aniden parladı, 'Bu çocuğu üzerime niye gönderiyorsun? Benim oyun oynayacak hâlim mi var, beni bir rahat bırakın!' diye avaz avaz bağırıp başka odaya geçti. Oğlumla birbirimize bakakaldık. Sakince eşimin yanına gidip, 'Oğlumuz seninle vakit geçirmeyi özlemiş ve sana teklifte bulundu. Yorgun olabilirsin fakat bu kadar bağırmana ne gerek vardı? Yorgun olduğunu söylesen seni anlardı. Üstelik oyun oynamayı çocuk kendi istedi. Ama böyle giderse artık seninle değil oynamak, yanında bile durmak istemeyecekler.' dedim ve odadan çıktım. Yatağını ayırdı, hepimize düşmanıymışız gibi davranıyor. Bir süre daha böyle idare edeceğim. Eğer gerçekten bir tavır değişikliği görmezsem, çocuklarımın bu sözlü şiddet ortamında daha fazla durmasına müsaade etmeyeceğim. İnanıyorum ki Allah (cc) bir kapı açacak ve kolaylığını verecektir."

"Peki çocuklar babaları hakkında ne düşünüyorlar, aranızda bu tavırları konuştunuz mu, onlara bu durumu nasıl açıkladınız?"

"Evet, zaman zaman konuşuyoruz. Çocuklar çok üzgün, babaları barut fıçısı gibi ona yaklaşamıyorlar. 'Babamız niye böyle?' diye sorduklarında, 'Çocuklar, babanız işleriyle alakalı zor bir süreçten geçiyor. Bu durumunun geçici olacağına inanıyorum.

Sadece bir süre onu idare etmemiz ve hoş görmemiz gerekiyor." deyip konuyu kapatıyorum."

İnsanca davranmanın ödülü her zaman iç ve dış itibar olacaktır. Tarih, bunun aksini yazmamıştır.

Hanımefendi şimdilik süreci çok güzel yönetiyor. Kendisine bir hobi bulmak üzere çalışmalara başladık. Günlük yürüyüşler yapacak, dost ve akrabaları ile irtibatını canlandıracak, beyefendi gelmese bile çocuklarının akranları ile çocukları buluşturup onlara sosyal paylaşım fırsatları oluşturacak, çocuklar için hobi kursları ayarlamaya çalışacak. Bu arada bunları planlayabilmek için de görüşmelerimiz devam edecek. Yapacaklarını tekrar ettik ve bu seansı da bitirdik.

Üçüncü seans

Aradan birkaç ay geçti. Bu süre zarfında ara sıra yaptığımız telefon görüşmelerinden beyefendinin, ailesiyle arasındaki bağları iyice kopardığını biliyordum. Tekrar randevulaştık Ancak bu sefer karşımda kararlı bir hanımefendi vardı.

"Saliha Hanım, artık kesinleşti."

"Ne kesinleşti?"

"Eşimin beni aldattığı. Telefonuna casus yazılım yükledim, kimlerle ne konuştuysa önüne döktüm. 'Sen benim özelimi niye karıştırıyorsun?' diyecek oldu, hemen ben ona, 'Senin özelin benim neyim oluyor. Ben senin komşun muyum? İtiraf edip, suçluluk içinde özür dileyeceğine bir de bunca yıldır yaptığın yanlışın ortaya çıktı diye beni mi suçluyorsun? Kusura bakma, artık seninle bir dakika bile kalmayacağım. İlk fırsatta aileleri çağırıp durumu açıklayacağım ve senden boşanacağım.' dedim. O zaman bile geri adım atmadı, 'Evet, yaptım, kusura bakma.' demedi. Ben de aileleri çağırdım, ses kayıtlarını göstermedim fakat emin olduğumu söyledim. Ailem, 'Hemen toparlan, gidelim.' dedi. Eşimin ailesi ise, 'Bu tarz şeyleri büyütmemek lazım. Yapılmış bir hata, bu yuvayı yıkmayın.' dedi. Ben de eşimin bu yuvayı korumak gibi bir derdi olmadığından bahsettim. Kararlı olduğumu görünce daha da bir şey demediler. Ertesi gün de toparlandım ve babamın evine gittim. Şimdiki durumumuz böyle işte. Eşim benim evi terk edebileceğimi tahmin etmiyordu, her ne kadar şaşırsa da bana engel olmadı. Hâlâ geri döneceğimi, 'Çocuklarım babasız büyümesin.' diyeceğimi düşünüyor herhâlde.

Yıpratma niyeti olmayan akıllı bir duruş, yanlış içinde olan kişiye çoğu zaman caydırıcı bir etkide bulunur.

Hanımefendiye ailesinin evindeki pozisyonunu, onların çocuklara muamelelerini ve ne kadar rahat olduklarını sordum. Tabii ki sıkıntılarının olduğunu fakat ailesinin ona ve çocuklarına kendi yakınlarında bir ev tutacağını söyledi. Bu iyi bir haberdi. Beyefendi arayıp sormuyormuş, ailesi de hiç ilgilenmiyormuş. Beyefendinin bu tutumunu anlamak mümkün değil ve bunlar, kopuşu hızlandıran yanlış tutumlar. Bakalım süreç nasıl gelişecek... Ben yine de yuvasının kurtulması için duadayım.

Hanımefendi, tahsiline devam edecek, kendisine bir meslek edinmeye çalışacaktı. Arkadaşları ile yeniden kurduğu bağlarını sürdürmeye karar vermişti. Evde çocuklarla beraber yapacağı aktiviteleri planlayacaktı. Ailesi her konuda kendisine destek oluyor çok şükür. Kendilerini de görüşmeye davet ettim. Herkes için yeni olan bu duruma nasıl daha kolay intibak edebileceklerini, hayatı birbirlerine nasıl kolaylaştırabileceklerini konuşacağız inşallah.

Bu süreçte hanımefendinin psikolojisinin güçlü olabilmesi için görüşmelerimiz de devam edecekti...

Aradan üç ay geçti. Biz hanımefendi ile görüşmelerimize devam ediyorduk. Bu arada beyefendi benimle görüşmek üzere randevu aldı. Geldiğinde morali çok bozuktu ve âdeta çökmüş vaziyetteydi. Anlattığına göre, görüştüğü hanımefendi ile ayrılmışlar, daha doğrusu hanımefendi kendisini terk etmiş. Beyefendi durumunu şöyle ifade etti.

"Doğrusu biz eşimden ayrılıp görüştüğüm o kadınla evlenecektik. Aslında beni baştan çıkardı ve yuvamı yıktı. Ciddi bir borç altına girdim. Beni kandırıp dolandırdı. Ben ne kadar safmışım, ne kadar ahmakmışım... Şimdi düşünüyorum da söylediği her şey yalanmış. 'Eşim gitti, haydi evlenelim.' dediğimde, olmadık bahaneler öne sürerek kavga çıkardı. Ona ev tutmuştum, evde ne varsa alıp gitti. Şu anda irtibatı da kopardı, hesabımda ne varsa kendi hesabına aktarmış. Şu anda maaşımdan başka hiçbir şeyim yok. Çok pişmanım. Eşimle görüşüp onu ikna etseniz de yuvamız yıkılmasa, yeniden bir araya gelsek. Şu anda çok utanç içindeyim, çok mahcubum."

"Değerli beyefendi, sanırım üzüntünüzün esas sebebi, hanımefendinin sizi terk etmesi ve dolandırması. Sizi terk etmeseydi belki de eşinizden boşanıp onunla evlenmiş olurdunuz."

"Doğru."

"O zaman şimdi başka çareniz olmadığı için yuvanızı geri istiyorsunuz, yaptığınız yanlışı telafi etmek için değil, doğru mu?"

"O da doğru."

"Peki, şimdi hanımefendi size niye geri dönsün, hayatınızda ne değişecek?"

"Bilmiyorum, sahipsiz ve aciz bir durumdayım."

Bir geri dönüşün içinde gerçeği görme ve yanlıştan vazgeçme yoksa, önceki istenmeyen yaşanmışlıkların tekrarı için bir davetiye vardır.

"Bana babanızdan biraz bahseder misiniz? Onlar bu durumun ne kadar biliyor?"

"Babam hiçbir zaman benim yanımda olmadı, yanlışlarıma daima sessiz kaldı. Tabii ki bu duruma düşmem babamın suçu değil ama evde baba otoritesi ve disiplini hiç olmadı. Benim bu durumumdan ve huzursuzluğumdan haberleri vardı ama bana rehberlik yapmadılar. Babam da vaktiyle annemi çok kez aldattı. Annem sabretti. Babam yaşlanınca o işleri bıraktı fakat eşim sabretmedi."

"Bu durum başlayalı neredeyse yedi sekiz yıl oluyor, sizce sabretmeseydi bu kadar bekler miydi?"

"Haklısınız. Peki ben şimdi ne yapayım? Anne babamın yanına gidemiyorum, evde yalnız başıma duvarlar üstüme üstüme geliyor. İçine düştüğüm bu durumu hazmedemiyorum, kahroluyorum."

"Sanırım önce pişmanlığınızın yönü değişmeli. Bu yaptığınızın aile kurumuna karşı bir sadakatsizlik ve bütünlüğüne bir darbe olduğunu, bunca yıl hanımınıza yok yere çok eziyet çektirdiğinizi ve asıl Allah'a (cc) karşı hata yaptığınızı idrak edip, meseleye bu yönüyle bakmanızı tavsiye ederim. Önce içten tövbe edip Rabbimizin (cc) kapısına yönelin. Özrünüz samimi olursa affedilmek için de bir şansınız olur. Siz bu noktaya gelmeden ben eşinize eve dönmesini söyleyemem beyefendi, çok üzgünüm. Sizin terkedilmenizin acısını değil, yanlış yaparak yuvanızı dağıtmış olmanızın acısını hissetmeniz hâlinde ben eşiniz hanımefendi ile görüşeceğim."

"Haklısınız, tamam. Bunun için ne yapayım peki?"

"Bu doğru bir soru, tebrik ederim. Önce Allah (cc) ile aranızı düzeltmenin yollarını bulun. Sizi bu yanlışa sevk eden ve destekleyen çevreden uzaklaşın. Bol bol tövbe edin. Allah (cc) kullarının kalbini bilendir. İnşallah Rabbim (cc) size yardımcı olacaktır."

"İnşallah. İhtiyaç olursa tekrar görüşebilir miyiz?"

"Tabii ki."

"Peki, teşekkür ederim."

Seansı böylece bitirdik. İlerleyen süreçte, beyefendinin yüreği doğru istikameti buldu ve yanlışını anladı. Ben de hanımefendi ile görüşmelere başladım. Yuvalarının kurtulacağını umuyorum.

Önceden ne yaşanmış ve bugüne yansımaları ne olmuş?

Beyefendinin çocukluğu ve gençliği, okumaya önem vermeyen, doğru bir duruş için mücadele etmeyen ve kendi yanlışlarını savunan bir baba modeliyle geçmiş. Annesi ise baştan beri başa çıkamadığı bu otoriteye karşı pasif bir duruşu tercih etmiş. Bu yönüyle oğluna rehberlik edecek bir pozisyonu olamamış. Aile bağları zayıf, "Oğlum böyle yapma, bunlar yanlış." diyecek kimse yok. Böyle olunca, oğlu da babasından devraldığı mirasın aynısını hayatına geçirmiş. Doğru bir çevre ile ilişki kurmamış. Böylece işler, düştüğü konuma kadar ilerlemiş ne yazık ki.

Bu seanstan ne öğrendik?

İnsan hem akıl hem de gönül gözünün görmesini sağlayacak bir ilim ve amel bütünlüğü ile sadece Allah'a (cc) hesap vereceğinin bilincinde olursa, daha sağlıklı düşünebilir. Hepimiz hata yapma riski taşıyoruz. Ailelerin rehberliği, çocuğun ilk ve en derindeki kayıtlarını oluşturur; ilerleyen yıllarda da yaşı kaç olursa olsun kişiyi etkiler. Geçmişe dönüp olayları değiştiremeyeceğimiz için, onların zihnimizdeki formunu değiştirebilmek adına mutlaka ama mutlaka kitaplarla barışık bir yaşama biçimine sahip olmalıyız. Halk arasında, "Dökülen, kabını doldurmaz." diye çok önemli bir söz vardır. Bir şey dökülünce kayıpların olması engellenemez. Bu sebeple değerlerimizi dökmemeye, hayatın bizim davranışlarımızla şekillendiğinin farkında olarak onu korumaya ve geliştirmeye çabalamak, bizim kayıplarımızı Allah'ın (cc) izniyle en aza indirecektir. Her birimiz ağzımızdan çıkan sözlere ve davranışlarımıza titizlikle dikkat etmeli ve Allah'ın (cc) bulunduğu yer olan kalbi kırmamaya çalışmalıyız. Çünkü ilişkileri onaran ya da bozan şeyler bunlardır.

Her durumu daha iyiye taşıyabilecek tedbir ve
yöntemler vardır. Yapılan her doğru iş, atılan
her doğru adım bir duadır. Biz insanlar, olaylar
ve durumlar karşısındaki tepkilerimizden
sorumluyuz. Her durum, turnusol kâğıdı gibi bizi
test eder, kimyamızı açığa çıkarır. Önemli olan, ne
olursa olsun, insan kalmayı seçebilmemizdir.

-On Dokuzuncu Hikâye-
"Eşim hiçbir işi beceremiyor ve öğrenemiyor"

Çok bunalmış olarak gelen beyefendi ile görüşmeye başladık. Eşi ile sıkıntılarının olduğundan söz ediyordu.

"Hanımefendi, iki yıllık evliyiz, üç aylık bir kızımız var. Eşim ne eş gibi ne de anne gibi davranıyor. Ben böyle bir şey görmedim. Eşim nasıl kadın olunacağını resmen bilmiyor. Ne yapacağını kestiremiyor, çocuk ağlıyor, ona o kadar özensiz ve bilinçsizce davranıyor ki evden işe giderken aklım evde kalıyor, 'Acaba çocukla ne yaptı?' diye düşünmekten işime odaklanamıyorum. Artık bir şeyleri tarif etmekten de kendim alıp yapmaktan da bıktım usandım. Bu nedir, bir hastalık mıdır, tembellik midir? Bunun bir çaresi var mıdır? Annesine söylüyorum, o da eşime bir şeyler tarif ediyor fakat hiçbir şey değişmiyor."

"Eşiniz evliliğinizin ilk aylarında nasıldı?"

"Çocuk olmadan önce bu kadar bariz bir şekilde fark edilmiyordu fakat çocuk olunca iyice su yüzüne çıktı."

"Ailesinde benzer durumda olan başkaları var mı; babası, annesi ve kardeşleri gibi mesela?"

"Annesi de saf gibi, eşim kadar değil ama o da normal değil."

"Peki başka kardeşleri var mı eşinizin, onlar nasıl?"

"Evet, iki kız kardeşi daha var. Onlar eşimden daha iyiler."

"Tanışma, nişan ve düğün aşamalarında, olması gerektiği hâlde olmadığını fark ettiğiniz, dikkatinizi çeken herhangi bir şey olmuş muydu?"

"Evet, olmuştu. Kendi isteklerini, tercihlerini dile getiremiyordu. Biz de içe kapanık ve utangaç biri olduğunu düşündük."

"Eşiniz hiç havale geçirmiş mi? Ailesi herhangi bir tedavi sürecinden söz etti mi?

"Hayır, hiçbir şey söylemediler."

"Değerli beyefendi, bu durumun genetik olma ihtimalini düşünüyorum. Eşinizde öğrenme güçlüğü olabilir. Kendisini bir psikiyatr ve nöroloji uzmanına götürmenizi tavsiye ediyorum. Yaşa uygun akıl gelişiminin olmadığı bu gibi durumlarda, doktorun koyacağı teşhise göre, belki bir süre tedavi uygulanabilir. O zamana kadar eve bir yardımcı alma imkânınız varsa, eşinize destek olması açısından iyi olur. Ya kendi annesi ya da sizin anneniz ilgilenebilirlerse hem çocuk mağdur olmaz hem de içiniz rahat olur."

İnsanın elinde olmayan yetersizlik hâlleri, çoğunlukla genetik bağlantılı olur ve bu bireyler neredeyse her zaman gözetime ihtiyaç hissederler.

"Öncelikle bu durumun eşinizin elinde olmadığını bilmeniz gerekiyor. Anlattıklarınızı dinlediğimde akıl olgunluğu açısından yaşına uygun yeterlilikte olamadığı için, rollerine uygun sorumlulukları akıl etme ve yerine getirme konusunda zorluk yaşadığını düşünüyorum. İnşallah daha iyi bir duruma gelebilir. Size sakin, sabırlı ve anlayışlı olmanızı tavsiye ediyorum çünkü ortada bir kasıt yok. Sizi anlıyorum, gerçekten sizin için de oldukça zor bir durum, inşallah Rabbim hayırlı kolaylıklar nasip eder."

Beyefendiye sorduğum diğer sorulardan şu cevapları aldım. Kendisi, baştan beri bir zorlanma ve yetersizlik gördüğünü ancak bunların giderek daha da görünür hâle geldiğini söyledi. Alışveriş yapma, evi çekip çevirme gibi çok sıradan, basit işleri bile zar zor yapabildiğini hatta çoğu zaman yapamadığını ve cinsel hayatlarında da sıkıntıları olduğunu anlattı. Eve misafir gelmediği gibi, hanımefendi dışarı çıkmayı da istemiyormuş. Beyefendi çamaşırları kendisi makinaya atıyor ve ütülerini de kendisi yapıyormuş.

Önceden ne yaşanmış ve bugüne etkileri ne olmuş?

Hanımefendi seansa gelmediği için beyefendinin ifadelerine göre tahminlerimden söz edeceğim. Bu tip durumların öncesinde, çoğunlukla ateşli bir hastalık geçirme ve tedavi edilmemiş bir havale öyküsü, geç konuşma, geç yürüme, yaşına uygun gelişim gösterememe, baş üstü düşme, anne baba ya da onların büyüklerinde de benzer durumların olması gibi durumlar görülebiliyor. Bunlar çocukta öğrenme güçlüğü olarak görülebilir. Mevcut durum fark edilir edilmez hemen bir nörolog ve psikiyatr tarafından kontrol edilip gerekenler yapılmalıdır. Küçük yaşta ilgilenildiğinde çoğunlukla daha iyi neticeler alınabilir.

Bu seanstan ne öğrendik?

Bazı durumları yaşamak, kullara takdir edilmiştir fakat tedbir almak, daha iyi bir duruma gelmesi için çaba sarf etmek, kulların yapması gereken bir vazifedir. Bazı rahatsızlıklar genlerle gelse dahi, erken çocukluk dönemlerinde birtakım tedbirler alınarak, olabileceği en iyi hâle getirilmeye çalışılmalıdır. Bu örnekte bu tedbirler alınmamış gibi duruyor. Ayrıca burada iki yanlışın daha yapıldığını düşünüyorum; birincisi, aile kızlarının durumu hakkında damadı bilgilendirmemiş, ikincisi ise beyefendi evlenmeden önce pek çok belirtiyi fark ettiği hâlde üstünde durmamış.

Bu saatten sonra yapılabilecek en iyi şey, ne yapılırsa, nasıl yaklaşılırsa daha iyi olacağı konusunu doktorları ile istişare ederek uygulamaya çalışmaktır. Dua, sevgi ve özenli bir ilgi ile daha iyi noktalara ulaşılabileceğine dair ümidimizi canlı tutmalı ve samimiyetle çaba sarf etmeliyiz. Artık o bir eş ve anne. Çevresindeki herkes onun iyiliği için bir şeyler yapıp, sürecin daha kolay yönetilebilmesi için ona yardımcı olmalılar. Şu anda bana öyle geliyor ki sınavda olan hanımefendi değil, çevresindekiler. Ellerinden geleni yapıp, yapmadıklarından sorumlu olacaklarının bilinciyle üstlerine düşeni yapacaklar inşallah.

İnsanın en büyük yüzleşmesi, kendiyle olan
yüzleşmedir. Çünkü kimsenin bilmediği ve kimseye
itiraf edemediği düşünce ve inanç sandıkları,
bu yüzleşmeyle açılır. Kişi kendi gerçeğini
görür. Bunu yapabilmek için önce Allah'a (cc)
güvenebilmek, sonra da samimi bir çabanın
ardından sonucu kabul edebilme yürekliliğini
gösterebilmek gerekir.

-Yirminci Hikâye-
"Eşimle çok sık kavga ediyoruz, anlaşamıyoruz"

Bu seansta karşımda oldukça agresif görünen bir çift vardı. Kadın eşiyle anlaşamadığından şikâyet ediyordu, eşi de aynı düşüncedeydi.

"Eşimle sürekli kavga ediyoruz, didişmekten normal konuşmaya fırsatımız olmuyor. Biz galiba gerçekten anlaşamıyoruz."

"Ne zamandan beri bu şekilde ilerliyor? Yani tartışmalar ne zaman başladı."

Beyefendi hemen atıldı.

"En başından beri tartışıyorduk."

"Madem siz cevap verdiniz, o zaman ben de size sorayım, bana tartışmalarınızdan birini aktarabilir misiniz? Tartışma nasıl başlıyor ve nasıl devam ediyor?"

"Eşim hiçbir şeyden memnun olmuyor, devamlı sorun üretiyor. Bendeki de sabır sonuçta ama artık o da tükendi. Ben de karşılık veriyorum ve iş kavgaya dönüyor."

"Bir tane örnek rica edebilir miyim?"

Hanımefendi yutkunarak bekliyordu. Ona dönerek sordum.

"Galiba beyefendi hatırlayamadı, sizden bir tartışma örneği rica edebilir miyim?"

"Tabii ki. Evde var mı, yok mu belli olmaz. Bana sarılmaz, hiç sevgi sözcüğü söylemez, eş gibi değil de sanki el gibi davranır. Ben yanına gidersem yüzüme bakar, konuşursam konuşur, ben sarılırsam sarılırız. Onun dışında ben kendimi bu evin hanımı ve bu erkeğin karısı gibi hissetmiyorum."

"Cinsel hayatınız nasıl?"

"Bence asıl sıkıntımız bu, tartışmalarımız belki de buradan kaynaklanıyor. Eşimleyken kadın gibi hissetmiyorum, bana bunu hissettirecek hiçbir ilgisi yok. İlk zamanlarda bile iki üç haftada bir birlikte oluyorduk. Şimdi ise ben aylarca yanına gitmesem aramıyor, sormuyor. Ben de kadınım, eşime sarılmak istiyorum, bana dokunmasını istiyorum. Bunlar aykırı istekler mi? Bunları talep ettiğim için beni aşağılıyor, bana kırıcı sözler söylüyor. Ondan sonra da ben tartışma çıkaran taraf oluyorum. Ben mutsuzum. Babamın evindeki gibi yaşayacaksam niye evlendim ki? Eşimin bana kocalık yapması onun bir görevi değil mi?"

Haksız ve yersiz suçlamalar, sorunun kendisinden daha yıpratıcıdır.

"Beyefendi, eşinizi birlikte dinledik, siz bu durumu nasıl açıklarsınız?"

"Bir insanın gönlü hoş olursa hanımına istek duyar, benim gönlüm hoş değil ki."

"Bu önemli bir tespit. Ne olduğu ya da ne olmadığı için gönlünüz hoş değil?"

"İlgi yok, sevgi yok, sürekli tartışma, ben de soğuyorum."

"Peki siz bir erkek olarak eşinizi seviyor musunuz?"

"Tabii ki seviyorum."

"Sevginizi nasıl ifade ediyorsunuz?"

"Evdeyim işte, ne derse alırım, yaparım, onu kimseye muhtaç etmem. Ama o beni hiç rahat bırakmıyor, sürekli tepemde konuşuyor."

"Bunlar eşlik görevleriniz değerli beyefendi. Seviyorum dediniz ya, ben "seni seviyorum" anlamına gelecek ne yaptığınızı soruyorum?

Beyefendi bu soruya cevap vermedi.

Suçlamak bir nevi kaçış, kendi gündemini gizlemek için de bir araçtır.

"Peki eşiniz ne yaparsa sizin gönlünüz hoş olur?"

"Beni rahat bıraksın."

"Siz hem genç hem de yeni evli sayılırsınız. Sizin sık sık birbirinizi özlemeniz ve cinsel birliktelik yaşamanız beklenir. Anladığım kadarıyla sizin fazlaca ilgi ve isteğiniz yok."

"Evet, olabilir."

"Ne zamandan beri böylesiniz? Bunu normal buluyor musunuz?"

"Ben normalim, her insanın ihtiyacı farklı olabilir. Ben hep böyleydim."

"Peki haftada kaç kere birlikte olsanız size uygun olur?"

Güldü.

"Ayda bir olsa yeter."

Burada çok ciddi bir algı karışması ve haksızlık olduğunu görüyorum.

"Değerli beyefendi, sizin de bileceğiniz üzere genç bir erkek için bu durum normal değil ve eminim ki siz de bunun normal olmadığını biliyorsunuz. Şimdiye kadar hiç doktora gittiniz mi?"

"Hayır, gitmedim."

"Evli bir erkeğin eşine karşı, başta cinsel hayatı olmak üzere, çeşitli görevleri vardır ve şu anda siz bu görevinizi yerine getiremiyorsunuz. Bu aslında her erkeğin yaşayabileceği normal bir durum. Fakat burada normal olmayan şey, sizin bunu normal kabul etmeniz, eşinizi ilgi ve sevgi göstermemekle suçlamanız ve bu durumun faturasını eşinize çıkarmanız."

"Bununla da kalmadı Saliha Hanım, benim kadınlığımın normal olmadığını söyleye söyleye beni de buna inandırdı. Kendimden şüphe ettim ve kaç kere kadın doğum doktoruna gittim, her seferinde bana normal olduğumu söyledi. Sevgi ve ilgi göstermediğimi söyledi ya, acaba ona göre sevgi ve ilgi nasıl gösteriliyor? Yanına gidiyorum, sarılıp öpmek istiyorum, beni itiyor. Güzel giyinip karşısına çıkıyorum, 'Ne biçim giyinmişsin böyle.' diyerek azarlıyor. Evin içinde beni depresyona soktu resmen. Ben daha nasıl sevgi ve ilgi göstereyim? Ben onu cinsel birlikteliğe davet edeceğim, ben uğraşacağım, eşim de lütfen kabul edecek. Ben kendimi kadın gibi değil de sanki eşinin peşinde koşan erkek gibi hissediyorum artık. Bir süredir de ne yanına gidiyorum ne bir şey istiyorum. Artık ayrılmayı bile düşünmeye başladım. Ayrılırsam hiç değilse beklenti içinde olmam, üstelik beni sözleriyle yıkan birisi de olmaz. Bunu da ilk defa söylüyorum çünkü artık çok bunaldım."

Beyefendi ayrılık lafını duyunca biraz şaşırdı.

"Ne ayrılması? Bu düşüncenden benim niye haberim yok?"

"O kadar çaresiz kaldım ki yeni yeni düşünmeye başladım. Şimdi söylüyorum işte. Ya düzelelim ya da ben kendime başka bir yol çizeyim."

İletişim tarzı ve bazı rahatsızlıklar, ne yazık ki intikal edebiliyor.

"Değerli beyefendi, annenizle babanızın arasındaki iletişim nasıldı? Aralarında duygusal bağ var mıydı, siz hissediyor muydunuz?"

"Babam da benim gibidir, daha doğrusu ben de babam gibiyim. O da anneme düşkün değildir."

"Şimdi ikinize yönelik konuşuyorum. Değerli hanımefendi, sizde bir sıkıntı yok, yeni evli ve eşini seven bir hanımefendi gibisiniz, talepleriniz de normal. Değerli beyefendi, sizde de cinsel istek azlığı, muhtemelen iktidarsızlık var. Bir uzman sizi değerlendirdikten sonra doğru teşhisi koyacaktır. Önce bir üroloğa sonra da bir cinsel terapiste giderseniz iyi olur. Bu durumun düzelmesi için alınması gereken başka tedbirler ve tedaviler de varsa, uzmanlar bunu size söylerler. Değerli beyefendi, bu hastalık her insanda olabilir, bu normal fakat bunun bedelini eşinize ödetmeniz çok ciddi bir haksızlık. Sizler severek evlenmişsiniz, birbirinize karşı hem haklarınız hem de sorumluluklarınız var. Birbirinizin ihtiyaçlarını karşılamalı, kırıp incitmek yerine birbirinize değerli olduğunuzu hissettirmelisiniz. Evlilik zayıflatan değil, güçlendiren, sevgiyi, bağlılığı, içten ve coşkulu paylaşımları azaltan değil, çoğaltan bir kurumdur. Bunu oluşturmaya çalışmak ise ikinizin de boynunun borcudur. Hanımefendinin başlangıçtaki tespitine katılıyorum. Sizin sıkıntınız, cinsel isteğinizin ve eşinize ilginizin olmaması. Bu olmadığında insanın hayat coşkusu zarar görür. Paylaşım azaldıkça, sevgi karşılık görmedikçe ve bunlara ilaveten sürekli doğal talepler anormalmiş gibi hissettirilince, bu insanı hem psikolojik hem de bedensel olarak hastalığa götürebilir."

Önemli olan bundan sonra nelerin yapılabileceği konusunda çaba göstermek ve iş birliği kurmaktır.

"Şimdi meseleyi birlikte bir karar bağlayalım mı? Değerli beyefendi, siz tedavi olmak konusunda ne düşünürsünüz?"

"Bu bir hastalıksa tabii ki tedavi olayım."

"Evet, bunun adını doktor koyar fakat ben normal olmadığını söyleyebilirim. Tedaviyi kabul ettiğiniz için çok teşekkür ederim."

"Değerli hanımefendi, size de sabır ve gayretinizden dolayı teşekkür ederim. Şimdi size son bir şey yapmak daha düşüyor.

Beyefendi tedaviyi kabul etti, bu süreçte psikolojilerinizin iyi olması gerekir. Şimdiye kadar yaşanmış her şeyi silin gitsin. Bugün yeni şeyler konuştuk, süreci yeni baştan planlamak için adım attık. Bundan sonraki sürecin daha iyi gitmesi için kenetlenmenize ve birbirinize destek olmanıza ihtiyaç var. Peygamber Efendimiz (sav), Allah'ın (cc) yarattığı her derdin devasının da yaratıldığını buyuruyor. Bize düşen ise aramak ve elimizden geleni yapmak. Sonuç nasıl olur, bunu ancak gerekenleri yaptıktan sonra anlayabiliriz.

Önceden ne yaşanmış ve bugüne etkileri ne olmuş?

Öncelikle beyefendinin rol modeli olan babasında da aynı durum görünüyor. Bu kanıksanmış ve zihinlerde normalize olmuş bir hâl. Suçlamak, kişinin haklılığının delili değil, bilakis kaçtığının ve gündemi unutturmak istediğinin ifadesidir. Burada da benzer bir durumu görüyoruz. Cinsel yetersizlik, bir hastalık sonucu ortaya çıkabileceği gibi, genetik etki sebebiyle de olabilir. Ayrıca bu durum sadece cinsel fonksiyonlar açısından değil, erkekçe duruş göstermesi gereken başka alanlarda da bir pasiflik ve geri çekilme olarak ortaya çıkabilir. Bu durumun tedavi olmadan sürdürülmesi, eşinin hakkını gasp etme, duygularına ket vurma ve üstelik onu suçlayarak haksız bir saldırıya maruz bırakma son derece yanlış tutumlardır. Ayrıca ailelerin bu konuda çocuklarına uyarı yapması, tedaviyi tavsiye ve teşvik etmesi, gelini ile iş birliği içinde bu sürecin yükünü hafifletmesi gerekir.

Bu seanstan ne öğrendik?

Sanıyorum ki hanımefendi boşanma düşüncesini ifade etmeseydi, beyefendi tedaviye bu kadar kolay yanaşmayabilirdi. Çünkü şimdiye kadar durumunun normal olmadığını adı gibi bildiği hâlde, muhtemelen erkeklik guruna yediremediği ya da tedavi sürecini göze alamadığı için hep eşini suçlamış ve kendi durumunu normal kabul etmiş. Asıl önemli olan, bundan sonraki sürecin doğru yönetilmesi. İnşallah beyefendi durumu ciddiye alır, tedavi olumlu sonuçlanır ve çift hayatlarının bundan sonraki kısmında mutlu olur.

Burada dikkat etmemiz gereken en önemli şey, kendi durumumuzu kurtarmak pahasına, asla kimseyi haksız yere suçlamamaktır. Allah'a (cc) güvenerek ve tedbirimizi alarak ilerlemek, önce kendimize sonra da muhatabımıza duyduğumuz saygı ve sorumluluğun bir gereğidir. Bilelim ki hesaplar kullara değil, Allah'a (cc) verilir.

Acı ve sıkıntı, hayatın olmazsa olmaz iki
gerçeğidir. Acıdan kaçmak yerine ondan bir şeyler
öğrenmeyi, şikâyet etmek yerine şükretmeyi, tavır
almak yerine samimi bir tavırla iş birliği içinde
olma gayreti, içinde bulunduğumuz süreci şikâyet
ettiğimiz durumdan daha iyi bir noktaya taşır.

-Yirmi Birinci Hikâye-
"Dul kalmak çok zormuş"

Karşımda içinde bulunduğu durumdan hayli muzdarip olduğu anlaşılan bir hanımefendi oturuyordu. Sohbetimize başladık.

"Sizi buraya getiren sıkıntı nedir?

"Eşimden ayrılalı altı yıl oldu. Şu an anne babamın yanındayım. İki kızım var, onlar da çok bunaldı. Çok sıkıntı içerisindeyim. Ailenin yanına geri dönmek çok zormuş."

"Peki size nasıl yardımcı olabilirim?"

"Açıkçası ben sadece konuşmaya geldim. Bu konuşmadan ne çıkar, bilemiyorum. Çevremde beni anlayacağını düşündüğüm kimsem yok. Anne babamla zaten konuşamıyoruz."

"Sizi şu anda en çok bunaltan şey nedir?"

"Anne babamın baskısı ve çocuklara çok müdahale ediyor olması. Babam zaten ben çocukken de çok baskıcıydı, şimdi aynısını çocuklarıma yapıyor. Evde bana hiç söz hakkı vermiyor, hep onun dediklerini yapmamı istiyor."

"Sizden neler yapmanızı istiyor mesela?"

"'Evden çıkma, çocukları da çıkarma. Sen dulsun, el âlem laf eder. Çocukları da şımartma. Evde otur, ev işlerinde annene yardım et.' diyor. Hadi diyelim şimdi dulum, önceden niye dışarı çıkarmıyordu peki? Babamın isteklerinin hep bir gerekçesi vardır ve senin gerekçenin hiçbir önemi yoktur."

"Peki babanızın bu tutumuna anneniz ne diyor, sizin yanınızda yer alıyor mu?"

"Maalesef hayır. Annem hep sessiz kaldı, babam ne derse o oldu. Zaten evlenmeden önce de annem beni hiç korumazdı. Zaten annem yanımda olsaydı, ben bu kadar bunalmazdım."

Görüşmenin devamında öğrendim ki hanımefendinin arkadaşları ile de bağı kopuk. Ona arkadaşlarıyla yeniden iletişime geçmesini, evlerine davet edip babası ile tanıştırmasını, sonra birlikte aktiviteler planlamalarını tavsiye ettim. Yarıda kalmış bir tahsili var, liseyi bitirmeden evlenmiş. Dışarıdan liseyi bitirmesi, sonrasında da üniversite okuması konusunda prensip olarak anlaştık.

Evlerinin önünde küçük bir bahçeleri varmış. Toprak ve bitkilerle meşgul olmanın terapi gibi geleceğinden söz ederek, bahçe işleriyle uğraşmasını tavsiye ettim. İçinde bulunduğu ortam sıkıntılı da olsa, eğer isterse, kendisine yeni bir yaşam alanı açmasının mümkün olabileceğini anlattım. Eşinden ayrılmış olmasının pişmanlığı, babasının baskısı, çocukların psikolojileri, anne kız paylaşımının olmaması hanımefendiyi çok bunaltmış. Bu arada kendisi de bu şartlara tamamıyla teslim olmuş gibi görünüyor.

Yeni bir şeyleri başlatabilmek için her an, doğru andır.

Bazı kararlar aldık. Hanımefendi arkadaşları ile en kısa zamanda buluşacak, arkadaşlarının evine gitmek için babasını ikna etmeye çalışacaktı. Evde işlerden sonra kalan zamanında mutlaka kitap okuyup bahçe işleriyle uğraşacaktı. Yarım kalan okulunu bitirecek ve tahsiline devam edecekti. Çocuklarının da daha iyi bir psikoloji içinde olabilmesi için akranları ile buluşmalar organize edecek, onlarla bahçede çalışacak ve onlara el işi öğretecekti. Kendisini şartlara teslim etmeyecek, daha iyi olabileceği şartları oluşturmak için çaba sarf edecekti. Babasını değiştirmek yerine, kendisi için çaba sarf edecek ve bunu babasıyla çatışmadan yapmaya çalışacaktı. Ona sarılıp, "Sen çok iyi babasın." diyecek ve bunu hissettirecekti. Bu arada annesiyle de konuşmaya ve aralarındaki iletişimsizliği giderip onunla yakın bir bağ kurmaya çalışacaktı. Annesine de sarılıp, onu çok sevdiğini söyleyip geçmiş hayatını anlattırmayı deneyecekti. Sanırım en kolay konuşabileceği konu buydu. Böylece bir sohbet ortamı oluşursa, aralarında olması gereken anne kız diyaloğu ve sevgi akışı başlayabilirdi. Anne ile olan bağ, insan hayatının en özel ve en hassas bağıdır. Bu olmayınca duygusal bir boşluk olur ki bu boşluğu anne olmadan kolay kolay kimse dolduramaz.

Muhtemelen annesi de eşinin yanında kendini pek ifade edememiş, içe kapanmış ve hayatını kendi iç dünyasındaki diyaloglarla götürüyordu. Aslında annesinin de ciddi anlamda yardıma ihtiyacı olabilirdi.

"Eşinizden niçin ayrılmıştınız? Çocuklarla görüşebiliyor mu şu anda?"

"Evet, çocuklar babalarıyla görüşüyorlar. Ben o konuda da çok pişmanım. İnsan başına gelmeden nelerle karşılaşacağını akıl edemiyor. O zaman da annemin desteğini görmedim. Eşim huysuz bir adamdı fakat çocuklarına çok düşkündü, evde hiçbir şeyimiz eksik değildi. Ben ne dersem kabul ederdi. Fakat ben galiba o zamanlar şükretmeyi bilmiyordum; nimetleri görememişim, eşimin arada bağırıp çağırmaları bana çok ağır geliyordu. Oysa şimdi bakıyorum da idare edilebilecek şeylermiş. Şu an babamın evindeyim, çocuklarım babalarından uzakta, babam eşimden daha çok baskı yapıp bağırıyor. Şu anda bana sorsanız, eski düzeniniz mi yoksa şimdiki düzeniniz mi diye, tereddütsüz evim, yuvam, eşim derdim. Çok pişmanım. O boşanmamak için çok direndi, ben de boşanmak için. Düşüncesizce inat etmenin bedelini şimdi çok ağır ödüyorum."

"Böyle olmamış olmasını dilerdim tabii fakat hayırlısının böyle olduğunu düşünmek gerek. Bundan sonra nasıl daha iyi durumda olabileceğinizi planlayalım, ne dersiniz?"

"Tamam. Sizce toparlanabilir miyim?"

"Allah'ın (cc) izniyle neden olmasın. Siz doğru düşünmeye başladıkça, psikolojiniz de bundan olumlu etkilenir ve kendinizi daha iyi hissedersiniz inşallah. Eğer gerekirse bir psikiyatristten ilaç desteği almanız da düşünülebilir. Önce biz ilaçsız deneyelim, ihtiyaç olursa onu da deneriz."

Sıkıntılı bir durumun düzelmesinden daha önemli olan şey, sıkıntının kaynağını bulabilmek ve herkesin önce kendini düzeltmeye çalışmasıdır.

Hanımefendi bir şeyler yapmaya karar verdi ve bu iyi bir başlangıçtı. Konuştukça ümitlendiğini gördüm, konuştuklarımız aklına yattı. Daha sonraki görüşmede çocuklarını da getirecekti. Onları bunaltan şeyleri de konuşup birlikte çözüm üretmeye çalışacağız. Evde ders çalışamıyorlarmış, onlara yakınlardaki bir kütüphaneye gitmelerini tavsiye ettim, deneyecekti. Çocuklarını, akranlarıyla buluşturmaya çalışacak, dedeleri ile daha hoş sohbet olmaları için dedelerinin gençlik ve askerlik hatıralarını anlattıracaktı. Ayrıca çocuklara kısa sureleri dedelerinin ezberletmesini tavsiye ettim. Dede bir rol üstlenirse, aklı ve mantığı daha farklı çalışmaya başlar. Araları biraz da olsa düzelirse, şimdikinden daha iyi bir ortam oluşur ve daha da önemlisi konuşabilme ve paylaşabilme zemini yakalanmış olur.

Önceden ne yaşanmış ve bugüne etkileri ne olmuş?

Hanımefendinin anlattığı kadarıyla, yakın ilişki içinde olması gerektiği annesiyle iletişimleri baştan beri kopuk. Anne kızına olması gereken rehberliği yapamamış. Hanımefendi babası ile de sağlam bir diyalog içinde olmadığı için (bu arada yardım da almamışlar), kendi bildiğine göre hareket etmiş ve şu an pişman olduğu bir karar almış. Günümüzde en çok zihnimizi etkileyen medya, bize iyi modeller ve doğru düşünme seçenekleri sunmuyor. İnsanların konforlarına hizmet edecek ve köklü inançlarla beslenmemiş günübirlik haz odaklı yaşantıların şovlarıyla beynimiz yıkanınca, doğru düşünme zeminimiz kayboluyor. Bunun aksini oluşturacak, doğru beslenmemizi sağlayacak kaynaklar da olmayınca, pusulamızın ibresi şaşabiliyor.

Bu seanstan ne öğrendik?

Anne çocuk ilişkisi, insan hayatının en önemli desteklerinden biridir. Bunun sağlanması için özel bir çaba sarf edilmesini çok gerekli ve anlamlı buluyorum. Anne baba çocuğun yaşı kaç olursa olsun, onlara bir şey söylediklerinde, çocuklarının bundan etkilendiklerini bilmeliler. Bu hem bir avantaj hem çok ciddi bir dezavantajdır. Çünkü rehberliğin doğru yapılması hâlinde Rahman'a (cc) uygun bir hayat modeli oluşabilecekken tam tersi olunca, rüzgârın önündeki mum gibi, ne zaman yanıp ne zaman söneceği belli olmayan bir pozisyon kalıcı misafir olabiliyor. "Zararın neresinden dönülürse kârdır." denir. Anne ve babası hayatta olanlara, bu nimetin kıymetini bilip, ne yapıp edip aralarındaki mesafeyi kapatacak adımlar atmalarını ısrarla tavsiye ederim. Bu her iki tarafa da ilaç gibi gelecek, bu sayede boşluklar doldurulacak ve yürek sancıları en aza inecektir.

Aile, insanın dengelerini sağlayan bir kurumdur.
Ailede görülen zararlar, geriye kalan herkesin
verebileceği zararların toplamından daha ağır
olur. Çünkü aile savunma sistemlerimizin pasif
olduğu ve korunmasız olduğumuz alandır.

-Yirmi İkinci Hikâye-
"Annemden ve babamdan nefret ediyorum"

"Annem ve babam, yani ikisi birden, bana öyle eziyetler ediyorlar ki yaptıklarını duysanız onlara anne baba diyemezsiniz. Sanki işkence yöntemlerinin eğitimini almışlar. Beni ve diğer kardeşlerimi hayattan bezdirdiler. Dövme, sözlü hakaret, saldırganlık, korkutmanın onlarca çeşidi ve verirlerse iki lokma yemek... Tüm hayatım bunlardan ibaret. Babamın ne iş yaptığı bile belli değil. Eve azıcık bir yiyecek getirir ve hepimize ölmeyeceğimiz kadar verir. Biz ne kadar konuşsak da fayda etmedi."

Sevgi, değer gördüğü yere akar.

"Biz dört kardeşiz. Abim ve ablam benden daha kötü durumdalar. Okuyamadık, okul malzemeleri almadılar. Dışarıda insanlarla konuşamayacak kadar psikolojimiz bozuk. Hepimiz evde, onların zulmü altında perişan oluyoruz. Buraya da bir tanıdığımız vasıtasıyla geldim. Biz bu durumdan nasıl kurtulabiliriz?"

Akıl bozulunca her şey bozulur.

Dinlerken bile içim parçalandı, bu kesinlikle patolojik bir durum. Anne baba acilen devlet tarafından tedaviye alınmalı, çocuklar teker teker terapi görmeli ve toplum hayatına intibak çalışmaları yapılmalı. Anne baba iyileşmeden kesinlikle çocuklarla ortak bir yaşantıya sokulmamalı. Bu zamana kadar müdahale edilmemiş olması çok büyük bir eksiklik. Çevrelerindeki akraba, arkadaş ve komşular bir ayara gelerek bu durumu çoktan yetkililere bildirmeliydi ve bu meseleye profesyonel bir el atılmalıydı.

Bu süreci hızlandırabilmek için yakınlarıyla irtibata geçtik ve yetkilerle görüşerek yardım talep edecekleri hususunda onlarla anlaştık. Rabbim (cc) hayırla neticelendirsin inşallah.

"Söylediklerinize dikkat edin; düşüncelere dönüşür... Düşüncelerinize dikkat edin; duygularınıza dönüşür... Duygularınıza dikkat edin; davranışlarınıza dönüşür... Davranışlarınıza dikkat edin; alışkanlıklarınıza dönüşür... Alışkanlıklarınıza dikkat edin; değerlerinize dönüşür... Değerlerinize dikkat edin; karakterinize dönüşür... Karakterinize dikkat edin; kaderinize dönüşür."

Gandhi

Çocuklukta oluşan korkular, anne babanın
güvende hissettiren desteği de yoksa, insanı, bütün
zihnini kilitleyecek derecede etkisi altına alabilir
ve ne yazık ki hayat, cendere içinde geçmeye
başlar; ta ki bu süreç iyileştirilinceye kadar...

-Yirmi Üçüncü Hikâye-
"Babam annemi aldattı, ya eşim de beni aldatırsa"

"Babam annemi aldattı. Bu yüzden ister istemez bütün erkeklerin aldatma potansiyeli olduğunu düşünmeye başladım. Şimdi evlendim, eşim çok iyi ve ahlaken düzgün bir insan. Biz çok mutluyuz, Allah'a (cc) şükür hiçbir sıkıntımız yok fakat eşim ne zaman gecikse, nadiren de olsa telefonlarıma cevap vermese ben krize giriyorum. Bazen de hiçbir sebep yokken eşime patlıyorum, o da haklı olarak bunu anlayamıyor, 'Güvenini zedeleyecek ne yaptım?' diye soruyor ve güceniyor. Ben bu durumdan nasıl kurtulabilirim? 'Ya eşim de beni aldatırsa?' sorusunu, şüphesini içimden atamıyorum. Bu soru hayatımı cehenneme çeviriyor. Ben annem gibi çile çekmek istemiyorum. Onun nasıl ağladığı ve yıprandığı gözümün önünden hiç gitmiyor. Annem her derdini benimle paylaşırdı, ben de babamın şahsında bütün erkeklerden nefret ettim. Şimdi de kendimi toparlayamıyorum, ne olur bana yardımcı olun."

İnsanın yüreğindeki adalet terazisi zarar görürse, onu teselli edecek cümle bulamazsınız.

"Şu anda babanızla iletişiminiz nasıl ve babanızın aldatmaları devam ediyor mu?"

"Şu sıralar iletişimimiz fena değil. Önceden çok daha kötüydü. Babam yaşlandıkça durulmaya başladı. Aldatmaya devam ediyor mu, bilmiyorum ama hiç güvenim yok, belki de hâlâ aynı şekilde devam ediyordur."

"Bu konuyu babanızla hiç konuştunuz mu?"

"Babamla bu konuları konuşmamızın imkânı yok. Ağzımızı bile açtırmaz, hatta şiddet bile uygulayabilir. Biz sadece annemle konuşurduk. O da bizden başkasına anlatamadığı için hep bizimle, bilhassa da benimle paylaştı. O kadar çok ağlardı ki içim parçalanırdı ve babamdan nefret ederdim. Sanırım babamı hâlâ sevemiyorum."

"Annenizle şimdiki iletişiminiz nasıl? Siz evlendikten sonra da yine size anlatmaya devam ediyor mu?"

"Eskisi kadar değil. Yine şikâyet ediyor fakat eski yoğunlukta değil."

"Ailenizle aynı evde yaşayan başka kardeşleriniz var mı?"

"Evet, var."

"Şimdi kardeşlerinize mi anlatıyor sizce?

"İki kardeşim erkek, onlarla benim gibi dertleşemez. Diğer ortanca kardeşim de annemi benim kadar dinlemez. Dolayısıyla kardeşlerime anlatabildiğini sanmıyorum."

"Annenizin anlattıkları arasında sizi en çok üzen şey neydi?"

"Babamın annemi insan yerine koymaması, yok sayması, aşağılayıp rencide etmesi, sevgi ve ilgi yoksunluğu yaşatıyor olması, aldatması... Annemin gözünün yaşı hiç kurumadı. Tabii ki benim üzüntüm de annem anlattıkça katlandı ve bende yenemediğim bir korkuya dönüştü."

"Annenize kötü davranırken size davranışları nasıldı?"

"Bizim de yüzümüze bakmazdı. Annem o üzüntülü hâliyle bizimle ilgilenmeye çalışırdı. Biz varlıklı bir aileyiz ancak babam paraları hep başkalarıyla yedi, bizi çok mağdur etti. Ben de babamı yoldan çıkaran kadınlara çok beddua ettim. Tabii sadece o kadınlar suçlu değildi, babamın da bunda büyük payı vardı."

"Sizin eş seçiminizde ve evlenmenizde babanızın tavrı ne oldu?"

"Babam başlangıçta çok sıkıntı çıkardı fakat daha sonra yumuşadı."

Anne babalar, insanın ve insanlar arası ilişkinin tanımını ve uygulamasını yapan ilk öğretmenlerimizdir.

Genç hanımefendi, annesinin üzüntüsünü derinden hissetmenin, babasına bir şey söyleyememesinin ve erkeklere karşı oluşan kin ve nefretinin kaygıya dönüşmüş hâlini iliklerine kadar yaşıyordu. Bu duygudan kurtulmadan eşiyle sağlıklı bir iletişim kurması çok zor. Bunun için önce annesine durumunu açıklamasını, ardından da babasıyla yüzleşmesini ve babasının yaptıklarının kendisinde oluşturduğu etkiyle de babasını yüzleştirmesini söyleyeceğim. Bunu yapması zor olabilir ancak bu, babasının uyanmasına, belki özür dilemesine ya da açtığı yaraları sarıcı başka bir şeyler yapmasına vesile olabilir. Bu görüşme yapıldığı hâlde hiçbir şey değişmese bile, bu yüzleşme insanın içinde biriktirdiği, kendisini sürekli yakan acı duygularını ifade etmesi ve muhatabını en azından haberdar etmesi açısından çok değerli. Biz doğru bir adım attığımızda sonucun ne olacağını kestiremeyiz fakat Allah'ın (cc) rahmetinin mutlaka bize ulaşacağına olan inancımız tam olmalı.

Bize düşeni bilmek ve onu şartsız, samimi bir biçimde yapmak kadar zor ve değerli bir şey yoktur. Burada sonucu Allah (cc) takdir eder fakat süreç bizim sorumluluğumuzdadır.

Bilmeliyiz ki Rabbimiz (cc) kullarını hiçbir zaman ucu kapalı bir labirentte bırakmaz. O labirentten çıkartırken de çok şey öğretir ve olgunlaştırır. Öğrenmemizin, ömrümüz boyunca her olayda bizi geliştirecek fırsatlarla beraber olduğunun bilincinde olursak, o zaman öğrenmeye odaklanır ve kişileri devreden çıkarırız. Kendimize sadece, "Bu olayda bana ne yapmak düşüyor, buradaki duruşum ve olaydan çıkardığım ders ne olmalı?" diye sorduğumuzda, bakışlarımız ve öğrendiklerimiz farklı olacaktır. Öyleyse bu dünyada sadece öğrenmeye çabalayıp, üstümüze düşenleri yaparak, yaşadığımız hayata, kendimiz de dahil olmak üzere, herkesin hem çok iyi davranışlar hem de inanılmaz hatalar yapabilecek nefis seviyesinde olabileceğinin bilinciyle bakmamız gerekir. Üstelik hata yapanlara şefkat ve merhametle yaklaşıp onları sevgi ile kuşatınca, belki de yaralarının sarılıp istikametlerinin düzeleceğini göreceğiz. Öyleyse her olaydan Allah'ın (cc) muradı olan dersi öğrenmeye, kendimizi geliştirmeye, hata yapanı da sevmeye ve onunla ilgilenmeye devam ederek, iyileştirici ve istikamet bahşedici sevgi ile yaklaşmaya gayret etmemiz gerektiğini söyleyebiliriz. Bu en doğru, en işe yarar ve en çok kazandıran tutumdur. Bizler de sadece bununla mükellefiz.

Yanlış yapanın imajını düzeltme operasyonu, o insana ve kendimize yapabileceğimiz en iyi şeydir.

Şimdi hanımefendiye, babasına duyduğu kini ve nefreti eritecek ve yanlışını değil babasını anlamaya, yanlışı ile kişiyi ayırmaya teşvik etmeye çalışacağım, tıpkı Tolstoy'un dediği gibi...

Kötüyü değil, kötülüğü yok etmeli. İyi insanlar ancak böyle çoğalır. Tutuşturan elle değil, kıvılcımla mücadele etmeli. İyilik istiyorsak eğer dünyada, ateşi kıvılcımken söndürmeli.

Tolstoy

Önceden ne yaşanmış ve bugüne etkileri ne olmuş?

Hanımefendiye, dedesini ve babaannesini sordum. Hâlâ hayattalarmış ve çocuklarıyla bağları kopukmuş. Dedesi, babasını yıllar önce evden kovmuş, zengin olduğu hâlde çocuklarına çok yoksulluk çektirmiş. Gördüğü sözlü ve fiili şiddetten dolayı babası onlardan hep uzak durmuş. Dedesi de babaannesini aldatmış. Dedesi oğluna okuması için baskı yaptığı hâlde, babası inadına okumayıp onun canını yakmak istemiş. Bekarken de kızlarla çok gezip tozmuş ve babası bu yüzden onu çok cezalandırmış. Daha sonra belli bir akran grubuna dahil olunca, yaptığı şeyler de daha bir pekişmiş. Annesi ile evlenmesini daha çok dedesi istemiş. Babası da istemiş ama baba ve annesine duyduğu kini ne yazık ki eşine de yansıtmış. Baştan iyi gitmeyen bir ilişki biçimi, onları hiç olmaması gereken olaylara sürüklemiş.

Zihin, inandığı şey üzerine çalışır.

Aile kitap okuyor olsa, doğru bir çevre ile irtibatlı olsa, çocuk bunları görür ve hayatının herhangi bir diliminde okuyan ve güzel düşünen insanlarla karşılaşınca ailesinde gördüğü o fotoğraf zihninde canlanır ve kişiyi belli bir yöne doğru sevk eder. Çünkü çocuğun gördükleri, ne zaman açığa çıkacağını bilmediğimiz bir potansiyel olarak saklı durabilir. Tetikleyici ile buluştuğunda da ne yazık ki çocuğu kuşatıverir.

Hanımefendinin babasına gelince, her yanlış davranış, kişinin insani olanı terk ettiğinin bir ifadesi ve âdeta bir imdat çığlığıdır. Çünkü kişi, içinde biriktirdiklerini dağıtır. Beyefendinin birilerine sunduğu söz ve davranışlar, kendisinin ne kadar tahrip olduğunu ifade eder. Çoğumuz refleks olarak yanlışa karşı çıkmak yerine yanlışı yapana karşı çıktığımız için, onu sevgiyle kuşatıp yanlışını görmeye çalışmasını sağlamak yerine de aramıza duvar örmeyi tercih ediyoruz. O kişiyi yanlışıyla baş başa bırakıp biraz daha dışladığımızda, sadece o yanlışın devamına hizmet etmiş oluyoruz; yaptığımız başka hiçbir işe yaramıyor. Böyle davranmakta kendimizi haklı gördüğümüz müddetçe de insanın öfkesini artıracak ve onu daha çok yanlışa sevk edecek tenkit ve aşağılama dilini kullanıyoruz. Bu durum bizim, insanın fıtri özelliklerini ve ne yaparsak daha iyi olacağına dair oluş ve bozuluş kanunlarını bilmediğimiz anlamına geliyor. Bu sefer de, "**Bilmeyen el hüner üretmez.**" sözünün muhatabı oluyoruz.

Öyleyse işe anlamaktan ve zararın kaynağını bularak, iyileştirmeye çabalamaktan başlamamız gerekiyor. Karşımızdaki insanın hatası ne olursa olsun, birer misafir olduğumuz bu dünyada, onunla misafir ilişkisi içinde olmalıyız. Ancak birisinin yanlışını görünce gözümüzden düşüyor; gözümüzden düşenler de sözümüzden düşüyor. Bu bizim hamlığımızdan başka bir şeyin ifadesi değildir. Allah'a (cc) edep duysaydık, ona ait olana da edep duyardık. Bu da ilimle olacağına göre her türlü yanlış, ilim ve buna bağlı olarak doğru ahlak edinememmemizin bir sonucudur.

Hanımefendi ile anlaştık ve iyileştirici bir yaklaşımla, önce kendisinin iyileşeceği gerçeğinde buluştuk. Sevmek için uğraşacağına söz verdi. Ben iyileşmenin başladığına inanıyorum. Hanımefendinin masum eşinden önce, kendi masum ve yaralı kalbi şifa bulacak.

Bu seanstan ne öğrendik?

Hakikati duyduğunda ona yüreğini açan kimsenin, asla kalıcı bir yürek sızısı olamaz. Çünkü kişi doğruyu öğrendiğinde o yana akacak ve yüreği merhemi ile buluşacaktır. Bunun için mutlaka ve mutlaka, bizi hakikatle buluşturacak başucu kitaplarını oksijene eş bir ihtiyaçla her an hayatımıza katmalıyız. Okudukça baktığımız ve gördüğümüz şeyler değişecek ve daha insanca olandan yana geçeceğiz. İşte o zaman hayata gelme maksadımıza daha yakın bir pozisyonda olacağız inşallah.

Yanlış yapmaktan daha zararlı olan şey,
yanlışı savunmaktır.

-Yirmi Dördüncü Hikâye-
"Eşim benim yanımda başka kadınlara bakıyor"

Bugünkü ilk görüşmem, gergin bir çiftle olacak. Aslında buraya gelenler elbette ki mutlu olarak gelmiyorlar fakat bazı çiftler, sanki kapının önünde kavga edip içeriye öyle girmiş ve neredeyse yeniden kavgaya başlamak üzerelermiş gibi hissettiriyorlar. Bunlar da öyle bir görüntüde odaya girdiler.

Sıkıntı ne olursa olsun, birlikte geldikleri için beyefendiye teşekkür ettim. Ardından, "Sizi buraya getiren sebep nedir? Size nasıl yardımcı olabilirim?" diye sordum.

Hanımefendi, geliş sebeplerini izah etmeye başladı.

"Buraya gelme sebebimiz, eşimin yolda giderken gördüğü güzel kadınlara bakması. Bu durumdan çok rahatsız oluyorum. Kendisine bunu söylediğim zaman, 'Sen yanlış anlıyorsun, bunda bir kötü niyet yok.' diyor. Her dışarı çıkışımız kavgaya sebep oluyor ve ağlayarak eve dönüyorum. Artık eşimle dışarı çıkmak bile istemiyorum. Fakat bu da beni rahatlatmıyor. Sonuçta benim yanımda bakan adam, ben yokken daha rahat davranır. Eşimi düşünmekten artık paranoyak oldum. Üç çocuğumuz var, çocuklarıma annelik yapamaz hâle geldim. Ne yapacağımı şaşırdım, bize bir yol gösterin lütfen."

Hanımefendi son cümlesini söylerken ağlıyordu.

İsteyerek bir yola girilmişse, dönebilmek için daha güçlü gerekçelere ihtiyaç vardır.

"Eşiniz ne zamandır böyle?"

"Aslında nişanlıyken de fark etmiştim, kendisine söylediğimde özür diledi, 'Gözüm kaydı, kusura bakma.' dedi. Ben de meseleyi kapattım. Daha sonra telefonunda pek çok açık saçık giyimli kadın fotoğrafları gördüm. 'Bunlar ne?' diye sorduğumda inkâr etti, 'Arkadaşım telefonumu almıştı o yüklemiş. Benim de dalgınlığıma gelmiş herhâlde, unutup silmemişim. Ben şimdi onları silerim.' dedi ve üzerinde bir daha konuşturmadı. Söylediği şeyler bana inandırıcı gelmedi fakat meseleyi tırmandırmamak için daha fazla üstünde durmadım. Bu durum yıllardır böyle. Ben artık bıktım usandım. Başkasında gözü varsa gitsin onlarla evlensin. Ben artık bu işkenceye daha fazla tahammül etmek istemiyorum. Hem davranışından vazgeçmiyor hem de beni suçlamaya devam ediyor. Benim de psikolojim bozuldu artık, yeter."

İnsan, yaptıklarının yanlış olduğunu bildiği hâlde onları "doğru" olarak ifade eder ve bunda ısrarcı olursa, gittikçe onların doğruluğuna inanmaya başlar.

Beyefendiye dönerek sordum.

"Eşinizi birlikte dinledik değerli beyefendi, siz bu konuda ne düşünüyorsunuz?"

"Ortada sorun yokken eşim sorun üretiyor, bu beni de yoruyor."

"Siz bakmadığınızı mı yoksa bakmanızın sorun olmadığını mı söylüyorsunuz?"

"Yolda giderken herkes birilerine bakabilir. Gözümüzü kapatarak mı yürüyelim? Kendiliğinden insanın gözü takılabiliyor. Her dışarı çıkış bir eziyet oluyor. Sadece hanım değil, ben de bunaldım."

Hanımefendiden müsaade isteyerek beyefendi ile yalnız görüştüm. Ona, gözün gayriiradi takılması ile bilinçli bir bakışın aynı olmadığını, kendisinin bu konuyu basitleştirmekle bunu normal saydığını ifade ettiğini söyledim. Aklı başında kime sorarsak soralım, ilgi ile bakmayı normal saymayacağını belirttim. Hatta, "Sizin baktığınız bir hanımefendinin eşi dışarıdan sizi görse, 'Bu beyefendinin gözü eşime sehven takıldı.' mı der yoksa, 'Bu beyefendinin gözü benim eşimin olduğu tarafa doğru dalmış, sadece öylesine bakıyor.' mu der?" diye sordum. Sustu, cevap veremedi. "Durum çok açıkken, sürekli bunu inkâr etmeniz ve eşinizin çırpınışlarına rağmen bunu sürdürmeniz, birkaç yönden eşinizde ciddi kırıklık meydana getirir." dedim ve devam ettim. "Öncelikle bu durum eşinizi, kendisinden şüpheye düşürür, 'Demek ki ben güzel değilim, bu yüzden de eşim güzel bulduğu hanımefendilere bakıyor.' diye düşünür. Gördüğü şeyin gerçek olmadığını düşünse bile tekrarlanan hatalar, rahatsızlığının haklılığını ortaya koyar fakat sizin sürekli inkâr etmeniz onu çaresiz bırakır. Sürekli hanımefendilere bakan bir eş olmanız ve üstelik bunu inkâr edip devam etmeniz, sizin ahlak açısından güvenilir biri olmadığınızı düşündürür. İnsan hayat arkadaşının sadakatine güvenme ihtiyacı duyar. Bunun sağlanamaması hâlinde ister hanımefendi olsun ister beyefendi, bir güven bunalımı söz konusu olur ki bu da hem psikolojik olarak insanı bunaltır hem de manen hayatın bereketini kaçırır. Eşiniz doğru düşündüğünü ve sizin yanlış yaptığınızı ispat etmek için çalıştıkça ve siz de onu yanlış anlamakla suçladıkça, sizin gerekçeleriniz onu kendiyle gireceği bir savaşa sürükleyebilir. Kendini eşini kıskanan, normal durumları bile abartılı algılayan, kötü niyetli, eşine güvenmeyen, sürekli eşini suçlamak için bahane arayan biri gibi algılar çünkü siz bunu düşündürtüyorsunuz. Üstelik çocuklarınız da bir şekilde bu duruma ya da bu durumdan dolayı yaşanan tartışmalara şahit olacaktır. Onlar da genç olduklarında babalarını model alacak olsalar, onlara işin doğrusunu mu söylersiniz yoksa bunda kötü bir şey olmadığı, onların da başkalarına bakabileceği mesajı mı verirsiniz? Hanımefendi bu çocukların sizi bu pozisyonda görmelerini nasıl engelleyebilir? Üstelik bu mümkün mü? Bir başka husus da gözünüzün dışarıda olduğu düşüncesidir. Gözü dışarıda olanın gönlü de dışarıda olur. Gönlü dışarıda olanın, bir süre sonra ayakları da gönlünün olduğu yere doğru yönelir. Yuvasındaki eşi ile yetinmeyip arayış içinde olan insan, bakışlarını da dışarıya çevirir. Eşinizle mutlu olamıyorsanız, bunun yolu evli iken sürekli başkalarına bakmak değildir. Mutlu değilseniz yapmanız gereken, eşinizle mutlu olmadığınızı ona açıkça ifade edip, meşru bir şekilde yollarınızı ayırmanız ve mutlu olacağınızı düşündüğünüz bir muhatapla hayatınızı birleştirmenizdir. Tabii o zaman da bakmaya devam ederseniz, o kişi de bunu hoş karşılamayacaktır."

İnsanın kendisini net bir şekilde görebilmesi için hakikatin aynasına bakması gerekir. Hakikate ne kadar uzaksak, görüntümüz de o kadar bozuk ve siliktir.

"Benim eşimle bir sıkıntım yok, boşanmak da istemem. Allah (cc) razı olsun, kendisinden her yönden memnunum."

"Eşiniz de sizinle mutlu olmak için çırpınıyor fakat şu anda mutlu değil. Eşinizi üzgün gördüğünüz hâlde yaptıklarınıza devam etmeniz, eşinizin mutlu olup olmamasının sizin için bir anlamı olmadığını düşündürüyor."

"Var tabii ki. Ben onun da mutlu olmasını isterim."

"Peki şimdi eşiniz mutlu mu?"

"Değil."

"Onun mutluluğu sizin için önemli olsaydı, bu kadar gözyaşı dökmesine seyirci kalmazdınız diye düşünüyorum."

Beyefendi cevap vermedi.

"Bu hareketinizin şimdiye kadar size ne gibi artıları oldu?"

Beyefendi yine cevap vermedi.

"Eşinizde olan güven zaafını nasıl gidermeyi düşünüyorsunuz?"

Aldığım cevap koca bir sessizlikti.

Konuşmamızın devamında, beyefendinin bu hareketlerini destekleyen bir çevresi olduğunu anladım. Bunu da eşleriyle sorunları olduğu için ya da bir arayış içinde olduklarından değil, günlerine heyecan katmak, kendisine bakan hanımefendilerin çokluğu kadar övünmek için yapıyorlardı. Beyefendi durumunu açıklarken, "Dalgasına yapıyoruz." diyordu. Bunu masum sayıyor, hatta konuşma ve buluşmayı da normal buluyordu. Bunun bir aldatma olduğunu ona söylediğimde, "Ciddi değiliz." diyordu. Burada birkaç sorun vardı; **ciddi olmadığını söyleyince yapılan fiilin anlamı değişiyor muydu?** Aslında ciddi olmadığını söylemek, bu fiilin devamı için kendisine bir yol açmak ve daha da önemlisi kendisini kandırmaktı. İlaveten birilerini de ciddi bir ilişki yaşayacaklarmış gibi kandırıyordu. Üstelik o ilişkinin nereye gideceği, ne zaman biteceği ve tam olarak hangi noktadan sonra "ciddiyete" döneceği de belli değildi. Bu bir ahlaki zaaftı. Bu tarz davranışlar, toplumda erkeklerin imajını bozuyor ve erkeklere duyulan güveni zedeliyordu. Üstelik başkalarına kötü örnek oluyordu. Bu hareket, karşısındaki hanımefendiyi de yoldan çıkarıyor, başkasını da bu yanlışa ortak ediyor ve onun da hayatına manevi yönden bir darbe indirmiş oluyordu. Eşinin güvenini kaybediyor ve ailedeki huzura ciddi bir zarar veriyordu. Çocuklarına kötü örnek olması da cabası...

Önceden ne yaşanmış bugüne etkileri ne olmuş?

Beyefendinin anne baba ilişkilerine baktığımda, güçlü bir aile bağı olmadığını fark ettim. Kimsenin kimseden haberi yok. Kimse kimseyi özlemiyor, ne yaptığını merak etmiyor. Nadiren birbirlerini görüyorlar. Beyefendinin babası ile arası iyi değil. Vaktiyle çok sorumsuz davranıp onu ihmal etmiş. Çocuklarla hep annesi ilgilenmek zorunda kalmış. Sonra da eve sadece girip çıkan, hiçbir şeye karışmayan, yemek yedikten sonra hemen uyuyan birine dönüşmüş. Dolayısıyla beyefendinin aile bağları kopuk ve önünde sağlam bir baba modeli yok. Bu arada en azından iyi bir arkadaş çevresi olsaydı, şimdi daha düzgün bir hayatı olabilirdi. Ailelerin, çocukları daha küçükken onlara arkadaş ilişkilerine önem vermeyi öğretmesi, arkadaş edinme ve bu arkadaşlığı sürdürebilme becerisi kazanmasına yardımcı olması, insan hayatının her aşamasında önemli bir etkiye sahiptir. Okuyan, düşünen, insana ve yuvaya değer veren insanlardan oluşan bir grubun içinde bulunmak, insanın da bu yönlerinin gelişmesine katkı sağlar.

Kartallar gibi uçmak istiyorsanız, sürüngenlerle oturup kalkmamalısınız çünkü insan, arkadaşına benzemeye meyillidir.

Konuşmaya devam ettik.

"Sizin bir arkadaşınız olsa ve o kişi gördüğü her hanımefendiye bakıyor olsa, ayrıca siz de bunu bilseniz, eşinizi o aileye gönderir misiniz?"

"Herhâlde göndermezdim."

"O hâlde bunun normal olmadığını kabul ediyor musunuz?"

"Evet."

"Bu durum devam ederse hem siz başka yanlışlara düşebilirsiniz hem de eşiniz buna daha fazla katlanmak istemediği için boşanmak isteyebilir. Bundan sonraki tutumunuz ne olur? Ne düşünüyorsunuz?"

"Boşanmayı kesinlikle istemem. Ben eşimden memnunum."

"Eşinizin de sizden memnun olmaya ihtiyacı var."

"Haklısınız. Ben hiç bu kadar geniş bir çerçeveden bakmamıştım. Gerçekten erkek erkeğe dalgasına yapıyorduk bunları. Hiç bu kadar ciddiyetle ele almamıştım. Bana durumumu daha net gösterdiğiniz için size teşekkür ederim. Artık gerçekten durumumu iyileştirmek için gayret edeceğim."

"Bu durumda mevcut hareketinizin desteklendiği ve sözel olarak ödüllendirildiğiniz ortamları terk etmeniz gerekebilir."

"Zaten öyle olacak. Aslında o arkadaşların da eşleriyle sorunları var, hiçbirimiz evde huzurlu değiliz. Galiba içinde bulunduğumuz hâlden dolayı akıl tutulması yaşıyoruz. Ben gidip onlara, 'Bu işleri bırakalım, yuvamız dağılacak, buna değer mi?' diyeceğim. Onlar vazgeçmezse ben onlardan vazgeçeceğim."

"Aferin size, işte bu kararınıza çok memnun oldum. Rabbim (cc) niyetinizi hayata geçirmenizi kolaylaştırsın. Şimdi sizden bu sözleri duymayı hasretle bekleyen eşinize bu müjdeyi verelim, olur mu?"

"Olur."

Yanlışı fark edip terk etmek, Allah'ın (cc) o kula bir rahmetidir.

Hanımefendiyi çağırarak konuşmaya birlikte devam ettik. Hanımefendiye, "Şu ana kadar hem eşinizi idare ettiğiniz hem onun daha doğru davranması için çaba sarf ettiğiniz hem de yuvanızı dağıtmadan önce bir uzmana geldiğiniz için size teşekkür ediyorum. Söylediğiniz şeyler doğruydu; bu yanlış bir harekettir ve şimdiye kadar siz haklıydınız."

"Oh, çok şükür, bari siz beni anladınız."

"Sizi anladım fakat artık eşinizin de sizi anladığını düşünüyorum."

"Öyle mi?"

Beyefendi hem mahcup hem de doğru bir karar vermiş olmanın hissettirdiği duruşla, eşine dönerek konuşmaya başladı.

"Evet, kusura bakma, sen haklıydın. Şimdiye kadar seni çok üzdüm, özür dilerim. Ben bu durumu bu kadar ciddiye almıyordum. Senin de gerçekten abarttığını düşünüyordum. Fakat şimdi asıl benim yanıldığımı anladım. Bundan sonra çok dikkat edeceğime, artık kimseye kasıtlı olarak bakmayacağıma söz veriyorum. Sen de beni affet, olur mu?"

Hanımefendi eşine sarılarak sevinç gözyaşları dökmeye başladı. "Ben olanları şimdiden unuttum bile, yeter ki sen bundan sonra kimseye bakma."

Bu tablo beni de çok memnun etti. Ortada üç çocuk, birbirini seven iki insan ve kurulu bir düzen var. Hem toplumsal hem de bireysel faturaları büyük olacak bir yanlıştan dönülmesi, Rabbimizin (cc) bir rahmeti ve bereketidir.

"İkinize de teşekkür ediyorum. Değerli hanımefendi, eşiniz davranışlarını değiştireceğini söylediğinde, güven duygunuzun bu kadar zedelenmesine rağmen, ona inandığınız ve süreci iyi bir şekilde devam ettireceğinizin mesajını verdiğiniz için teşekkür ederim. Değerli beyefendi, size ise daha detaylı düşünüp gerçeği görünce, yanlışınızı kabul edip düzeltmek için karar verdiğinizden dolayı teşekkür ederim."

İkisine de bundan sonra nasıl daha iyi bir iletişim içinde olacaklarına dair stratejiler verdim. Bir süre daha görüşmeye devam edeceğimizi söyledim. Ayrıca kendilerine okumaları için bazı kaynaklar tavsiye ettim.

Sonraki görüşmelerimizde daha iyi olduklarını görmekten de çok memnun oldum.

Bu seanstan ne öğrendik?

Bu örnekte beyefendi, anne baba ilişkileri ve onların yaşama biçimlerinden duygusal olarak beslenemediği ve rol model olan aileyle birlikte doğru paylaşımlar yaşayamadığı için, hayatı sadece arkadaş çevresinin yakınlığı ile kuşatmaya çalışmış. Bu da değer edinme ve o değerlere göre hayatı düzenleme noktasında kendisini zayıf bırakmış. Oysa bizler, öğrenerek insan oluruz, insanca bir hayatı tercih ederiz ve hayatımızı öğrendiklerimizle sürdürürüz.

Aklımız, ona verdiğimiz malzeme ile çalışır. Öğrenme kaynaklarımızın başında ailemiz, akraba çevremiz ve son olarak da arkadaş çevremiz gelir. Hepsinin etkili olduğu zaman dilimleri vardır. Anne baba, ilk çocukluk dönemi dediğimiz, yedi yaşına kadar olan süreçte yüzde yüz etkilidir. Çocukta akıl olgunluğu meydana geldikçe, aile dışındaki sosyal hayat çocuğun gelişimine paralel olarak onu etkilemeye devam eder. **Çocuğun duygularının eşlik ettiği öğrenme, en güçlü öğrenmedir.** Bu yüzden, anne babanın çocuklarıyla aralarının iyi olması, onlara verebilecekleri her türlü mesajdan daha önemlidir. İnsan kime duygu bağı ile bağlanırsa, ondan alacakları çok daha etkili olur.

İnsanın asıl tutkusu değer görmek ve insan yerine konmaktır.

İnsanın bugünkü hâli, şimdiye kadar olanların bir toplamıdır. Alışkanlıklarımız ve bağımlılıklarımız, bizim duygu dünyamızı ifade eder. Ne kadar zayıf kalmışsak, o kadar bir yere tutunma ihtiyacımız olur. Bazen zararlı olduğunu bile bile, insan en yakın tutunma kaynağına yönelip diğer alternatifleri birer seçenek olmaktan çıkarabilir. Çünkü insanın hangi yoklukta nasıl sancılar çekeceği ve bunun onu nasıl etkileyeceği belli olmaz. Bu yüzden insanın düştüğü duruma şaşırmak yerine, ne kadar derine düşerse düşsün, çıkabileceğini ve herkesin zor zamanında açığa çıkacak muhteşem bir güce sahip olduğunu bilmemiz, ümitvar olmamız gerekir. Ayrıca dışlamak dışta bırakır. Aşağılamak aşağılara düşürür. Kimsenin kimseye bunu yapma hakkı yoktur. Biz kazandıran, iyileştiren ve güçlendiren bir tutumu seçmek için kardeş olduk, hatası ne olursa olsun...

İnsanın kendine güveni bittiği zaman, kardeşi olarak bizler ona ümit ve güven aşılamalıyız. Doğru bir çevre her şey değildir fakat çok şeydir. Biz doğru bir çevre olalım, düşeni tutup kaldıralım, yaralı olanın yaralarını saralım. Tıpkı yaralı bir ceylanı tedavi edip doğal alanına salmak gibi, önce onun yaralarını saralım, yüreğini iyileştirip kendi alanını doldurması için ona destek olalım. Ancak bu sayede insan olur ve insan kalabiliriz.

Yanlış metottan doğru sonuç çıkmaz.
Bu sebeple "önce doğru teşhis, sonra doğru tedavi"
her durum için geçerli bir formüldür.

-Yirmi Beşinci Hikâye-
"Eşim kendisini kontrol edemeyen zayıf iradeli biri, ona saygım kalmadı"

Şaşırmış, bunalmış ve aynı zamanda öfkeli olduğu belli olan bir hanımefendi ile seansa başladık. Bakalım buradan nasıl bir öykü çıkacaktı ve hanımefendiyi bu kadar bunaltan durumlar nelerdi.

Tanışma faslından sonra kendisini yardım almaya sevk eden durumun ne olduğunu sordum. Söze eşinin kilosundan bahsederek konuya girdi.

"Eşim 130 kilo ve şu anda zor hareket ediyor. Buna rağmen çok yiyor. Ben yememesi için önünden aldıkça o bozuluyor ve bana sitem ediyor. Eşimi böyle boğazına çok düşkün ve zaaflarına yenilen birisi olarak gördükçe gözümdeki yeri küçülüyor ve ona saygı duyamıyorum. Eşime değişmesi için nasıl davranmalıyım ve bu duygularımdan nasıl kurtulabilirim?"

Bizler genellikle bir sıkıntı yaşadığımızda, çözümün muhatabımızın değişmesi olduğunu düşünürüz. Oysa çoğu zaman insanın kendi anlayış ve yaklaşım biçimini değiştirmesi, iyileştiren bir dönüşüme sebep olabiliyor.

Hanımefendi görüşmeye yalnız geldi. Eşiyle on yıllık evlilerdi ve üç çocukları vardı. Beyefendi liseden sonra ailesi tarafından okutulmamış. Annesi oğlunun çok kilolu olduğunu gördüğü hâl-de, hâlâ yemesi için ısrar ediyor ve onu destekliyormuş. Çocuklar, babalarının yeme konusunda kendisini durduramadığını gördük-çe rahatsız oluyorlarmış. Beyefendi, evliliklerinin ilk yıllarında çok daha zayıfmış fakat yaklaşık beşinci yıldan sonra kilo almaya başlamış. Şimdi de kilolu olduğunu kabul ediyor, "Artık yememe-ye çalışacağım." dediği hâlde değişen bir şey olmuyormuş.

Önceden ne yaşanmış ve bugüne etkileri ne olmuş?

"Beyefendi ne iş yapıyor?"

"Eşim bir avukatın yanında sekreter."

"Eşinizin yemeye başlamasına sebep olacak bir duygusal kırıl-ma yaşandı mı? Ailesinde ya da iş hayatında baskı görme, iç çatış-malar ya da travma gibi örnekler olabilir."

"Hatırlamıyorum fakat ailesi eşimi çok aşağılıyor, ona sürekli kendisini değersiz hissettirecek şekilde davranıyor. Eşim yetişkin bir insan fakat hâlâ çocukmuş gibi onu yönetmek istiyorlar. Ak-rabalarının ve başkalarının yanında küçük düşürüyorlar. Bilhas-sa babası, eşimin hiçbir yaptığını beğenmez ve ona sürekli, 'Bak bunu da beceremedin.' Der."

"Peki beyefendi bu durumda ne yapıyor?"

"Sessiz kalıyor. Bir ara tırnaklarını yedi, stresten vücudunda döküntüler oldu. Babası eşimin bağımsız karar verebilecek ol-gunlukta olmadığına sürekli vurgu yapıyor. Çocukların okuluna bile onlardan bağımsız karar veremiyoruz. Eşim çok mutsuz ve hâliyle bu durum bize de yansıyor."

"Peki eşinizin bir rahatsızlığı olup da sürekli kullandığı bir ilaç var mı, mesela hormonal ilaçlar?"

"Doktorlar kemik erimesi başlangıcı olduğunu söylediler, şe-keri de var; bunlar için ilaç kullanıyor."

"Kilo alması ile bu ilaçlara başlaması arasında bir ilişki olup olmadığını doktorunuza sordunuz mu?"

"Aklımıza gelmedi, sormadık."

"Hiç eşinizle oturup sohbet eder misiniz? Dert ortağı olur musunuz eşinize? 'Neleri birlikte yaparsınız mesela?"

"Pek sayılmaz. Bizim ortak yaptığımız hiçbir şey yok. Eşim gelince hemen yemek ister, o yemek istedikçe benim sinirlerim gerilir. Sonra o yemeye başlar, ben de söylenmeye."

"Eşiniz çok mu yiyor yoksa normal yediği hâlde mi kilo alıyor?"

"Her öğün çok yiyor, hatta bazen o kadar yiyor ki ona, 'Patlayacaksın artık, dur.' derim."

"O zaman hem yeme dürtüsünün hem de kilo almasının altında, şu anda bilmediğimiz sebepler olabilir. Hiç psikoloğa gittiniz mi?"

"Hayır, gitmedik. Ben eşimin çok yediği için kilo aldığına o kadar odaklandım ki doğrusu başka bir ihtimal hiç aklıma gelmedi."

"Çocukların babaları ile arası nasıl?"

"İyiydi ama gittikçe bozuluyor."

"Bu bozulmada eşinizi çok yemesinden dolayı sürekli suçlamanızın ve eleştirmenizin rolü olabilir mi?"

"Evet, olabilir. Aslında eşimin çocuklarla arası iyidir. Ben akşamları sataşınca evin atmosferi bozuluyor ve kimsenin muhabbet edecek hâli kalmıyor."

"Hiç arkadaşı var mı, iş ilişkisi dışında sosyal paylaşımları olur mu? Mesela akraba ve arkadaş ziyaretleri yapar mı, ailecek arkadaşlarınızla gezmeye gider misiniz?"

"Eşim asosyal sayılır, hiç arkadaşı yok. İş ve ev dışında bir hayatı ve bağlantısı yok. Ben de bunun eksikliği çekiyorum; arada birilerine misafirliğe gitmeyi teklif ediyorum ancak yorgun olduğunu söyleyerek gitmek istemiyor. Her gittiğimiz yerde kilosuna vurgu yapılıyor ve eşim de bundan çok rahatsız oluyor. 'Abi ya, çok kilo almışsın, bu böyle nereye kadar gidecek, yakında yürüyemeyeceksin.' gibi şakayla karışık alaylı sataşmalar olunca da zaten az olan bağlantılarımız hepten bitti".

Beyefendinin bugün gelmemesi, benim de onu suçlayacağımı düşünmesinden dolayı olabilir. Bunun olmayacağını ona uygun bir dille ifade etmeliyim.

"Eşiniz konuşkan biri midir?"

"Hayır, içine kapanıktır."

"Bugün buraya birlikte gelmek eşinize için teklifte bulundunuz mu?"

"Evet fakat istemedi."

"Pekâlâ. Buraya kadar konuştuklarımızdan anladığım kadarıyla, eşiniz içe dönük, sessiz sakin bir kişilik özelliği taşıyor. Ailesi tarafından bastırılarak büyütülmüş. İlk beş yıl normal kiloda olup da ondan sonra kilo almasının sebebi kullandığı ilaçlar olabileceği gibi, başa çıkamadığı ve bastırmak istediği duyguları da olabilir. Sakin mizaçlı insanlar, içe dönük yaşamaya ve üzüntülerini içlerine atmaya daha meyillilerdir. Eleştiriler ve aşağılamalar, bu tarz insanları diğer mizaç tiplerinden daha çok etkiler. Erkeklik onuru ve izzetini yaralayacak davranışlar, kişide bazen pasif agresif tepkilere sebep olabilir. İlaveten ailesi tarafından eleştirilerek büyütülmüş ve sürekli baskı görmüş olanlar, bunu eşinden de görmeye devam edince zarar katlanarak artar."

"Biz galiba tam da öyle yaptık. Bir de annesinin ha bire yemesi için ısrar etmesi beni çileden çıkarıyor. Sanki oğlu kıtlıktan çıkmış gibi davranıyor. Neredeyse benden gizli yedirecek."

"Haklısınız, sizin mücadelenizi ters yüz eden bir yaklaşım. Bazı anneler, yemek yedirmeyi sevgilerinin bir ifadesi olarak görüyor ve yedirdikçe mutlu oluyorlar. Sizin eleştirilerinize karşı oğlunu korumayı istiyor da olabilir. Ne kadar zarar verdiğini bilse, eminim böyle davranmazdı. Bu arada eşinizden söz ederken onu boğazına düşkün ve zaaflarına yenilen biri olarak tanımladınız ve ona saygı duyamadığınızı söylediniz. Bu sizin sabrınızı, hoş görünüzü, ses tonunuzu ve yaklaşım biçiminizi bile etkiler, zaten beyefendi de bunu hisseder. Her insanın zaafları ve zayıf olduğu durumlar yok mudur? İyi zamanında ona saygı duyup, kendisini kontrol edemediği ve en çok yardıma ihtiyaç hissettiği dönemlerde onu sahiplenmezsek, aile olduğumuz, iyi günde kötü günde birlikte olduğumuz nasıl anlaşılır? Benzer bir durumda siz de olabilirdiniz. Hiçbirimiz bize böyle davranılmasından hoşnut olmazdık, değil mi? Şimdi tam da eşinizi ilgiyle kuşatıp sahiplenme ve ona yardımcı olma zamanı diye düşünüyorum."

"Hiç böyle düşünmemiştim. Şu ana kadar bu söylediğiniz şekilde davransaydım, eminim ki hem aramızdaki iletişim hem de eşimin psikolojisi çok daha iyi olabilirdi."

"Değerli hanımefendi, önemli olan hangi davranışın işe yarayacağını ve daha doğru olduğunu görmeniz ve bundan sonra ona uygun davranmanızdır. Her birimiz yanlış anlayabilir ve yanlış davranabiliriz. Kişinin kendi yanlışını görmesi bir erdemdir. Artık bundan sonrası için ne yapabileceğimize bakmamız lazım."

Hanımefendi söz ve davranışlarıyla eşine, iradeli olmadığını, yeme isteğiyle mücadele etmediğini, annesiyle el ele verip kendisini ciddiye almadıklarını söylemiş. Bu arada olumsuz ve kişiliğe vurgu yapılan eleştiriler herkesi olduğu gibi beyefendiyi de yetersiz hissettirmiş elbet. Bunun sürekli olması, yapamadığı bir şey için rencide edilme noktasına gelmesi, yeme dürtüsünü artıran bir tetikleyiciye dönüşmüş olabilir. Bu incitici iletişim biçiminin çocukların yanında olması ve çocukların da bundan dolayı babalarına tavır almaları, bir baba için çok ağır bir durum. Eminim ki beyefendi de bu durumun kendi sağlığı açısından bir dezavantaj oluşturduğunu biliyordur. Meseleye kilodan başlamak, ona doğru bir şekilde yaklaşmamak demektir. Asıl görülmesi gereken şey, yeme dürtüsünün altındaki o "yediren" duygudur. Bunu ortaya çıkarıp iyileştirmeden, ne yapılırsa yapılsın, sonuç alınamayacağını düşünüyorum. Bu arada hanımefendi başka bir kestirme çözüm fikrinden söz etti.

AİLEMDE HUZUR İSTİYORUM 219

"Bu arada obezite cerrahisine başvurmak da aklımıza geldi ancak eşim buna henüz ikna olamadı. Bence midesini küçültmek çözüm olabilir."

"Bu kısa vadede iyi gibi gelen bir operasyon gibi görülebilir fakat ilerleyen zamanlarda, ana sebep bulunup yok edilmediği için, ameliyat olduktan kısa bir süre sonra neredeyse eski kilosuna dönen ve midesi yeniden genişleyen çok insan var. Burada meselenin asıl kaynağını bulmalı, doğru teşhis yapmalı ve ondan sonra tedavi için gerekenler uygulanmalıdır. Bunların başında da sizin tutumunuzun değişmesi, eşinize kuşatıcı bir şefkatle yaklaşmanız ve baba çocuk diyaloğunu iyileştirmek için çaba harcamanız gerekiyor. İlk adım olarak psikolojik destek alması gerekir. Psikolojik müdahale ile birlikte dahiliye veya endokrinoloji bölümünde tetkik yaptırması da iyi olur diye düşünüyorum."

İnsanın en önemli sığınağı ailedir. Ailede onay görmeyen eş, hele de içe dönük bir yapıdaysa, âdeta yer çekimi etkisi kaybolmuş gibi sarsılabilir. Hanımefendi, eşinin karşısında durmak yerine yanında durarak, onu düşündürecek ve bilinçlendirecek tarzda konuşarak ona ulaşabilirdi. Mesela, "Hayatım, canım benim, ben seni her hâlinle çok seviyorum. Benim senin kilonla alakalı hiçbir sıkıntım yok. Şu anda çok gençsin ve bu kiloyu kaldırabilirsin. Fakat yaşımız ilerledikçe bu kilonun kalıcı hastalıklar oluşturmasından, sağlığını bozmasından endişe ediyorum. Acaba bir doktora görünsen nasıl olur?" dese ve yemesine hiç karışmasa, tahmin ediyorum ki beyefendi daha makul yaklaşır ve çözüme daha yatkın olurdu.

İlaveten hanımefendi, farkında olmadan eşini değişim için zorluyor. Ancak haklılık düzeyi ne olursa olsun, bu tutum başından itibaren uygun değil. Kimsenin kimseyi değiştirme gücü yoktur. Hz. Ömer (ra), "Başkalarını değiştirmek istiyorsanız ilk önce siz değişin." buyuruyor. İnsan ancak kendisi güçlü bir istek duyduğunda değişim için istikrarlı bir adım atabilir. Hanımefendinin diyaloglarına baktığımda ise eşinin daha çok yemesine sebep olduğunu düşünüyorum.

"Eşinizi seviyor musunuz?"

"Evet, seviyorum."

"O zaman eşinizi önce sevginizle kuşatın. Belki de en çok ihtiyaç hissettiği şey, kendisine karışılmadan, olduğu gibi sevilerek değerli görülme ihtiyacıdır."

"Aslında başlangıçta bu tür diyaloglarımız yoktu fakat ben yine de söylediğiniz gibi yaklaştığımı söyleyemem."

"Önce tavır değişikliği yaparak başlamanızı tavsiye ederim. Çocuklarınıza da babalarının bu durumunun sebebini bilmediğiniz ve aynı zamanda engelleyemediğiniz bir nedenden kaynaklandığını, inşallah düzeleceğini, babalarına dua etmelerini ve onu çok sevmelerini söyleyerek zihinlerindeki baba imajlarını onarabilirsiniz. Bu çok daha rahatlatıcı bir atmosfer oluşturmanıza yardımcı olur."

"Evet, haklısınız, yapacağım inşallah."

"Son olarak varsayalım ki eşiniz kilo vermedi, hatta daha da kilo aldı. Bunların hiçbiri, aranızı açacak şekilde davranmanız için bir gerekçe olmamalı. Kilo alması insanı kötü yapmaz. Bizler öncelikle kişiyi olduğu gibi kabul edip, frekanslarını karıştırmadan, değerli yönlerini açığa çıkarmasına yardımcı olacak şekilde davranmaya gayret etmeliyiz. Bazen söz maksadı aşar ve kişiliği değil de sanki ideal kiloda olması önemliymiş gibi davranırız. Elimizden geldiği kadar aklımızı, mantığımızı ve insani duygularımızı devrede tutarak hareket etmeye çalışmalıyız. Değer üretmeye yönelik davranışlar kişiyi mutlu eder ve mantıklı düşünmesine yardımcı olur. İster erkek ister kadın olsun, kişilik değerine ve benlik algısına mutlaka saygı duyularak muamele görme hakkına sahiptir."

"Haklısınız. Şimdi düşünüyorum da çok yanlış davranmışım, hep sondan yaklaşmışım. Bana yeni bir ufuk açtınız, çok teşekkür ederim."

"Doğru adımı atmak için geç kalmamakta fayda var. İnsan o kadar farklı bir yapıya sahip ki içindeki duygular düzelince hayatı da düzelebilir. İyi niyet ve doğru tutum nerede bulunursa, orada insanın daha iyi ve daha dengede olduğunu söyleyebiliriz. Bu sebeple eşinizin hayatını düzeltmek için daha fazla vakit kaybetmemenizi tavsiye ederim."

"Elbette. Hemen başlayacağım inşallah."

Bu seanstan ne öğrendik?

İnsanın en rahat hissettiği yer ailesinin yanıdır. Aile huzuru kaçanın, başka yerde bu huzuru bulması çok zordur. İnsanın en yakın destekçisi eşi olmalıdır. Çünkü aile, bizim en doğal hâlimizin ortaya çıktığı, hayatımızın merkezindeki yaşama alanımızdır. Burada beslenir, burada onarılır ve burada destek görürüz. Topluma aileden aldığımız moral ve güçle karışırız. Sosyal hayat nazlanma değil, performans alanıdır. Herkes bizden rollerimizin gereğini bekler. Ailede acemiliklerimiz gider, elimiz işe, anlayışımız sosyal ilişkilere hazır hâlde sosyal hayata çıkarız. **Ailede dengesi bozulan toplumda düşer. Ailede çatlayan toplumda kırılır. Ailede alamayan toplumda veremez.**

Ailenin en önemli görevlerinden biri, hatta birincisi, benlik değeri yüksek, özgünlüğü desteklenmiş ve hayatın içindeki nesnelere bile saygı duyan bir insan yetiştirebilmektir. Bireyin elinde olmayan sebeplerle yaşadığı sıkıntılar bir suçlama bahanesine dönerse, benlik değeri zarar görür ve kendisine bile faydası dokunamayacak hâle gelir. Oysa insan hangi durumda olursa olsun, elinden tutulmayı ve eğer düşmüşse, düştüğü yerden kaldırılmayı hak ediyor; biz insanlar olarak bunu yapmak için bir aradayız.

İnsana zarar vermek kolaydır; önemli olan, birinin gelişimine katkıda bulunacak, onun kendisini toparlamasına yardımcı olacak şekilde davranmak ve ona değer verdiğimizi her hâlimizle hissettirebilmektir. İnsanın fiziki görünüşü onu değerli kılmaz. Niyeti, aklı ve yüreğindekiler insanı insan yapar. İnsan zayıflayabilir veya kilo da alabilir, bunlar çok basit ve sıradan şeyler olarak görülmelidir.

Kendisini yetersiz ve değersiz hissettirecek yıkıcı davranışlarla muhatap olanların hayat enerjisi çekilir, yapacaklarını hakkıyla yapamazlar ve âdeta hayatı çeyrek kapasiteyle yaşarlar. Oysa Rabbimizin (cc) her insandan beklediği üstün bir performans var. Önce "aile" adını verdiğimiz okul, sonra da eğitim kurumları, çocuğu bu yüksek performansa hazırlamak üzere vardır. Bu durumda olanların, kendilerini kilitleyen olumsuz iç seslerinden arındırılması ve kendi gerçeği ile buluşturulması gerekir. Ancak böyle olduğunda insanca bir nefes alıştan ve yaşamaktan söz edebiliriz.

Haksızlık yapana kimse ses çıkarmazsa, o da
yaptığını marifet zanneder ve yapmaya devam eder.
Haksızlık yapılan ses çıkaramazsa da bu onun
sürekli aynı muameleyi görmesine neden olur. Hak
gasbı, bulunduğu her yeri darmadağın eder.

-Yirmi Altıncı Hikâye-
"Kayınvalidem oğlumu benden çaldı"

Hanımefendi yalnız geldi. Ağlamaktan konuşamıyordu. Derin bir acı çektiği her hâlinden belliydi. Konuşmaya bile takati kalmamıştı. Güçlükle de olsa kendisini ifade etmeye başladı.

"Beş yıllık evliyim, dört yaşında bir oğlum var. Eşim ailenin tek erkek çocuğu ve ilk evliliğinden çocuğu olmamış. Bu yüzden de ayrılmışlar. Kayınvalidem, doğar doğmaz oğlumu elimden aldı ve sadece emzirmek için bana verdi. Ona çok iyi bakıyor, bu konuda bir şey diyemem fakat oğlum sanki onu annesi zannediyor. Ben ise gerçek bir eziyet çekiyorum ve günlerim acı içinde geçiyor. Oğlumun üzerinde hiçbir tasarrufum yok, her şeyine kayınvalidem karar veriyor ve eşim de buna ses çıkarmıyor. Kimse beni dinlemiyor, anlamaya çalışan kimsem yok. Çok mutsuzum, ne yapmalıyım?"

Eşinin bu duruma engel olamaması, kayınvalidesinin engellenemez gibi görünen katı tavrı, hanımefendiyi ciddi bir kaosa sürüklemiş. Aklına bin bir türlü yol yöntem gelmiş fakat eşinden bir destek göremeyeceğine inandığı için hiçbirini hayata geçirememiş. Kadıncağız, "Ne yapabilirim?" sorusuna cevap arıyor.

"Ne zamandan beri çocuğunuza kayınvalideniz bakıyor?"

"Neredeyse doğduğundan beri. Bana, 'Sen kim oluyorsun ki çocuk bakacaksın, beceriksizsin zaten.' diyor. Benim becermeme, öğrenmeme müsaade etmiyor ki..."

Hanımefendi son cümlesini söylerken hıçkırarak ağlamaya başladı. Biraz sakinleşmesini bekledikten sonra yeniden konuşmaya başladık.

"Peki siz hiç vermek istemediğinizi ifade ettiniz mi?"

"Ben ağzımı açamam ki. Bir şey söyleyecek olsam, beni pişman etmekle kalmaz, bir de suçlu çıkarır. Ben sadece eşime söylüyorum, ona ağlıyorum."

"Yani hiç itiraz edemediniz?"

"Evet."

"Sizi anlıyorum, çocuğu vermeseydiniz bir kriz çıkabilirdi. Siz bunu göze alamadınız anlaşılan. İçinizde kriz yaşamışsınız ama kimsenin haberi olmamış."

"Aynen öyle."

"Eşiniz annesinin bu tavrının sizi ne kadar üzdüğünü görüyor sonuçta, onunla konuştuğunuzu da söylediniz. Peki bu durumda eşiniz annesine ne diyor?"

"Hiçbir şey demiyor, daha doğrusu diyemiyor. Sadece beni anlıyor, bana üzülüyor fakat annesi çok baskın bir karakter olduğu için, eşim ne derse desin, zaten onu dinlemez. Eşimi de çocuk gibi azarlıyor."

"Bu duruma, sizin itiraz etmemenizden ve eşinizin de sessiz kalmasından cesaret alınarak gelinmiş gibi görünüyor. Bu durumda ilk problemin oğlunuzdan ziyade, kayınvalidenizin sizi sessiz ve zayıf görmesi ve eşinizi istedikleri gibi yönetmesi olduğunu söyleyebilir miyiz?"

"Evet, tam da öyle."

"Kayınpederiniz var mı? Varsa o sizi dinler mi, onunla konuşsanız nasıl olur?"

"Konuşabilirim, beni dinler, anlar fakat bir şey yapamaz."

"Görümceniz var mı?"

"Var, iki tane."

"Onlardan yardım alma şansı olabilir mi?"

"Görümcemin biri çok iyi. Onların da bu durumu normal bulmadıklarını biliyorum. Onlarla konuşmak isterim fakat eşim izin vermez. Bir ara konuşmak için niyetlendim fakat eşim, 'Ortalığı karıştırma.' dedi."

"Görümcelerinizin çocuklarına böyle bir şey yapıyor mu?"

"Hayır, yapamaz çünkü kimse buna müsaade etmez."

"Burada eşiniz belki de farkında olmadan kendisini zor duruma düşürmekten çekiniyor. Ancak bu durumun sizde çok derin tahribatlar yaptığının ve annelik rolünüzün elinizden alındığının farkında değil ya da farkında ama ne yapacağını bilmiyor... Eşinizi buraya çağırsam gelir mi? Ya da kendisine buraya birlikte gelmeyi teklif etmiş miydiniz?"

"Evet, teklif ettim fakat, 'Sen git, gerekirse ben sonra giderim.' dedi."

"O zaman beyefendiyi davet ediyorum. Geldiğinde bu durumu açıkça anlatarak onu kendi rolü hakkında bilgilendirmek isterim. Peki, bu durumdan ailenizin haberi var mı?"

"Evet, var. Ama annem ve babam kayınvalidemle çatışmayı göze alamıyorlar. Bana da, 'Çocuğuna kayınvaliden bakıyorsa ne olmuş, ne var bunda üzülecek, gözünün önünde, istediğin zaman görebiliyorsun.' diyorlar. Bu sözleri bile beni hiç anlamadıklarını gösteriyor ve bunlar da beni kahrediyor. Çok sahipsizim, çok yalnızım ve çocuğuma bakamıyorum. Şimdi ne yapmalıyım?"

"Eşinizle görüştükten sonra bir yol haritası oluşturabileceğimizi umuyorum. Sakin olmaya ve kayınvalidenizle ilişkilerinizi iyi tutmaya çalışın. Aranızın iyi olması, konuşma zemininin oluşması için gerekli. Rabbim (cc) kayınvalidenizin anlayış ve merhametini aktif kılsın, sizi anlaması için algılarını ve aklını açık tutsun. Bu psikolojinin dengelenmesi için bir doktora gitmeniz iyi olur. İlaç desteği, şartlara tahammülünüzde faydalı olacaktır diye düşünüyorum."

> Kendi rollerini başkalarına devredenler, hareketsizliği konfora dönüştürdüklerini ve giderek buna bağımlı olduklarını çok sonradan anlarlar. Ancak o zaman da iş işten geçmiş olabilir.

Burada öncelikle şu üç durumun değişmesine ihtiyaç var: İlki, hanımefendinin özgüven kazanması, ikinci beyefendinin eşine ve çocuğuna sahip çıkması, üçüncüsü de ailesinin hanımefendiye yani kızlarına sahip çıkması. Elbette bunların bir bedeli olacak ve bunun da göze alınması gerekiyor. Çünkü işin ucunda bir evlilik hayatı ve çocuk var. Belki bir diğer gerekli husus da evlerinin biraz uzağa taşınması olabilir. Eşiyle konuşmadan önce hanımefendiyle kendilik algısı, değerlilik duygusu ve özgüven kazanması için görüşmeler yapacağız. Beyefendi, karşısında haklarını arayan ve sessiz kalmamaya kararlı bir eş gördüğünde o da pozisyonunu değiştirebilir. Ondan sonra beyefendi ile görüşmenin daha doğru olduğunu düşünüyorum.

Önceden ne yaşanmış ve bugüne etkileri ne olmuş?

Hanımefendinin bugünkü durumu, geçmişte yaşadıklarının bir özeti gibi. Kendi ailesinde söz hakkı hiç olmamış. Sustuğu ve herkesin sözüne göre hareket ettiği için, "uslu çocuk", "annesini memnun eden hanım kız" gibi iltifatlarla içe kapanıklığı, kim ne derse desin ses çıkarmaması ve istemediği hâlde her şeye boyun eğmesi âdeta ödüllendirilmiş. Bu yaşına kadar başkalarını memnun etmek için yaşamış. Ne ses çıkarabilmiş ne de itiraz edecek olsa dinleyen olmuş. Sanki öğrenilmiş çaresizlik içinde dar bir alana hapsedilmiş.

Anne ve babası ise hem geçim derdi hem de geçimsizlik derdi ile yıllarca huzursuz bir hayat yaşamışlar. Hanımefendinin annesi, narsist bir erkeğin elinin altında, sessiz kalmaktan başka bir çare bulamamış ve ailede, sözünün hiçbir geçerliliği olmadığı bir konumu varmış. Babası, annesine bir yaşam hakkı tanımadığından evde hiçbir zaman mutluluk ve huzur havası olmamış.

Sessizlik ilacı ile ayakta kalabilenler, başka çözüm üretecek takat ve cesareti bulamazlar.

Bu durumda hanımefendinin anne babasından yardım almak biraz zor gibi görünüyor olsa da insan psikoloji ne zaman, neden etkilenir ve nasıl çalışır, bunu tahmin etmek zor. Hele de kavgayı günlük rutini hâline getirmiş ve evindeyken bile çocuklarına doğru dürüst sahip çıkmamış bir baba, kızına ne kadar sahip çıkar, onun zor durumda kaldığını ne kadar anlar ve el uzatır, bilemiyorum. Fakat sonuç ne olursa olsun, denemeye değer.

Ailesinde ses çıkaramayan, dışarıda hiç çıkaramaz.

Çaresiz kaldığı için kızını susturup kendisine benzetmiş, "Sana haksızlık yapılmış olsa bile, yine de susman gerekir." kuralını hayatta kalma prensibine dönüştürmüş bir anne, sahipsizliğin ve başka yapacak bir şeyi olmamanın kurbanı olmuş. Şimdi kendisine üretemediği çareyi, kızına üretmesini beklemiyorum fakat kendisiyle konuşup mümkün olduğunda anne yüreğini kabartabilirim diye düşünüyorum. Kendisini kahreden bu durumda, içi cayır cayır yandığı hâlde dört yılı devirmiş ve hâlen daha sesini çıkaramayan hanımefendiye yardımcı olabilmek için, ulaşabileceğim insanlardan yardım alma kararındayım. İnşallah bir çözüm üretilebilir.

Bir sonraki seansta beyefendi geldi. Hanımefendinin ifadesine göre, gelmemek için bir bahane üretmiş fakat önceden geleceğini söylediği için gelmek zorunda kalmış. Ancak bana kalırsa, her şeye rağmen burada olması benim için şükredilecek bir durum.

Beyefendiye geldiği için çok teşekkür ederek söze başladım. Konuşmamızın tamamında aslında annesinin iyi niyetle böyle davrandığını, çocuğun da çok mutlu olduğunu ve eşine, "Üzülme, bak, çocuk da çok mutlu." dese bile onun bunu anlamadığını ifade etti. Ben beyefendiye, bunun farkında olarak ya da olmayarak yapılmış bir hak gasbı olduğunu, annesinin asla böyle bir hakkı olmadığını anlatmaya çalıştım. Annesini suçlamak için değil, tespit için bunları söylediğimi ifade ettim. Ayrıca annesinin yaptıklarından kendisinin mesul olmadığını fakat haklıdan yana tavır almadığından dolayı mesul olacağını ifade ettim. Her annenin çocuğunu, herhangi bir zaruret olmadıkça, kendisinin büyütmesinin hem hakkı hem görevi olduğunu söyledim. Bunlar gibi daha pek çok cümle kurarak, eşinin anlaşılmaya ihtiyacı olduğunu ifade etmeye çalıştım.

Konuşmanın sonuna doğru beyefendinin gözleri doldu. Ayrıca, "Ben de çocuğumun bizim yuvamızda büyümesini istiyorum." diye de itiraf etti. "Annem kendi dilini, kendi anlayışını yavruma yüklüyor. Çocuğumun anneme benzemesini istemiyorum. Eşim haklı ama ben bir şey yapamamanın ezikliği içindeyim. Eşime haklı olduğunu söylesem, o zaman çocuğumuzu almak isteyecek. Ben de bunu yapamayacağım için durumun üstünü hep kapattım ve bu konuda eşimin yanında olamadım. Eşimden çok özür dilerim." dedi. Şu anda ikisi de ağlıyordu. Bu konuşmadan sonra, beyefendinin de ciddi rahatsızlıkları olduğunu öğrenmiş oldum. Bunun bile hanımefendiyi biraz olsun rahatlattığını fark ettim.

Beyefendi ile görüşürken ablasıyla da görüntülü konuştuk, durumu kendisine izah edip ondan yardım talep ettim. Çok memnun oldu ve geleceğini söyledi.

Üçüncü seansa ablası da dahil oldu ve seansı üç kişi yaptık. Özet olarak annesinin çok yanlış davrandığını ve bunun başta gelinlerine olmak üzere, çok büyük bir eziyet olduğunu söyledi. Hatta annesine engel olmak istemiş, onunla konuşmuş. Annesi gelinlerinin çocuğa yanlış davrandığına dair o kadar yalan yanlış bilgiler vermiş ki hanımefendi de sessiz kalmak zorunda kalmış. Görümce hanımefendiden bazı ithamları dile getirmesini rica ettim, o da örnek verdi. Hem gelin hanımefendinin hem de eşi beyefendinin beyanlarıyla bunların gerçek olmadığı ortaya çıktı. Bir de şöyle bir gerçek daha gün yüzüne çıktı; gelin hanımefendi, çocuğa yanlış davranacak kadar bile çocuğuyla bir arada bulunmamış... Bütün bunlar açığa kavuştuktan sonra, gelelim asıl meselemize; şimdi bundan sonra ne yapılacak?

Beyefendinin kız kardeşi, annesiyle tekrar konuşmaya kendisi talip oldu ve durumun değişmek zorunda olduğunu dile getirerek babası ile de görüşeceğini söyledi. Bu net ve güçlü duruştan sonra ümitlendim ve bu yürek yangını bitsin diye dualar ettim. Bu arada kardeşine de tabiri caizse biraz sitem etti. "Neden bu kadar sessizsin, Allah (cc) eşinin bu mağduriyetinin ve gözyaşlarının hesabını sana sormayacak mı? Neden şimdiye kadar bizden yardım istemedin?" dedi ona hafiften de olsa çıkıştı. Ben de durumu biraz toparlamaya çalıştım, "Şimdiye kadar olan olmuş, geçmişi geri getirmek söz konusu değil. Artık bundan sonrası için doğru adımlar atarak bu süreci düzgün işler hâle getirelim." dedim.

Daha sonraki süreci takip ettim. Görümce hanımefendi annesi ile konuşmuş, annesi de yine eski suçlamaları gündeme getirmiş. Ofiste konuştuklarımızdan yola çıkarak hanımefendi, tabiri caizse annesini köşeye sıkıştırmış ve buna bir son vermesi gerektiğini kesin bir dille kendisine ifade etmiş. Kendisinden yola çıkarak, "Eğer kayınvalidem bana böyle bir şey yapsaydı, ben dünyayı onun başına yıkardım. Sen buldun tabii sessiz gelini, ciğerparesini annesinin elinden alıyorsun. Allah (cc) bunun bedelini sana ödetir. Çocuğa ne kadar iyi bakarsan bak, anne babasının yerini tutamazsın. Çocuk onlara uzak, sana yakın oldu, neredeyse seni annesi biliyor. Bunu yapmaya hakkın yok. Hemen çocuğu annesine ver yoksa senin evinden elimi ayağımı çekerim, bundan sonra ne beni ne de çocuklarımı görebilirsin. Üstelik o gözü yaşlı gelinin ahı seni tutar ve kim bilir Allah (cc) başına ne musibetler açar, Allah (cc) korusun. Hemen tövbe et, Allah (cc) seni affetsin." demiş. Kayınvalide ikna olmuş ve gözleri yaşlı hâlde torununu annesine göndermiş.

Görümce hanımefendiyi bizzat arayarak, bu cesur ve doğru hareketinden dolayı kendisine takdir ve tebriklerimi ilettim. Yaptığı gerçek bir kahramanlıktı. Bu özel ve güzel davranışın ona nasip olması, bu can acısını dindirecek adımı atması, baştan beri taşıdığı iyi niyet ve sağlam bir duruşun ödülü olması gerektiğini düşündüm. Yaptıklarımızla dünyanın hafızasına not düşeriz. Bu hanımefendi öyle güzel bir not düştü ki yedi ceddinin bundan nasipleneceğini düşünüyorum. Kendisine hayran kalmamak elde değil.

Allah (cc) haklı söze öyle bir tesir bahşeder ki insan ne olduğunu anlayamaz. Burada da aynen böyle bir durum olmuş, çok şükür. Ben bu kemikleşmiş anlayışın bu kadar kolay değişeceğine ihtimal vermiyordum açıkçası. Şu anda çocuk, anne babasının yanında. Onlara bir süreliğine tatile gitmelerini tavsiye ettim çünkü çocuk haklı olarak babaannesinin o çok şefkatli kucağını ve her isteğinin yapıldığı o konforlu alanı arayacaktır. Bu tatil, birbirlerine intibak etmeleri için de bir zemin oluştur. Nitekim öyle de yaptılar. Ben de çocukla çok iyi vakit geçirmelerini ve alışmasını kolaylaştırmalarını tavsiye ettim. Babaanneyi asla kötülememeleri ve ona kötü davranmamaları konusunda da kendilerini uyardım. "Arada yine gitsin, çocuk ani ayrılık anksiyetesi yaşamasın." dedim. "Ağlamasına, diretmesine aldırmayın, tatlı dille oyalayın, yeni meşguliyetlerle dikkatini başka şeylere yöneltmeye çalışın, zamanla size alışacaktır. İlaveten biraz gecikmiş de olsa, bir kardeş oğlunuza çok iyi gelir. Üstelik bu hepiniz için yeni bir heyecan ve meşguliyet anlamına da gelir." dedim. Bu tekliflerimi de haklı buldular.

Bundan sonraki süreçte ise hanımefendi ve beyefendi ile ayrı ayrı görüşerek, kendi sınırlarını ve sorumluluklarını bilmeleri ve kendi alanlarına sahip çıkmaları konusunda onlara yardımcı olmaya çalıştım. İkisinin de tabiri caizse kimyaları değişti ve çok daha iyi bir noktaya geldiler, çok şükür.

Bu seanstan ne öğrendik?

Allah (cc) hiçbir kulunu kapalı kapılar ardında bırakmaz. Mutlaka bir kolaylık ve çıkış yolu nasip eder. Ancak biz kullar, pek çok kapısı olan bir yerde yaşıyorsak ve bir kapı kapalıysa, sanki bütün kapılar kapalıymışçasına çözüm aramaktan vazgeçebiliyoruz. Hâl böyle olunca da kimse bizi oradan çıkaramıyor.

Hangi durumda olursak olalım, Allah'ın (cc) bize daha iyi imkânlar yaratacağından emin olarak, sonuç alınıncaya kadar arayışımıza devam etmeliyiz. Bu arada eğer birisi sınırlarımıza müdahale ederse, müdahale etmek karşımızdakinin ayıbı, kendi sınırlarımızı koruyamamak ise bizim ayıbımızdır. Zayıf pozisyonlar, nefsi ile her zaman mücadele eden insanın yabani tarafını harekete geçirebilir ve o pozisyonu lehine kullanma eğilimi içine girebilir. Bu yüzden dinimiz ne zulüm etmemizi ne de zulme uğramamızı istemez. Bu durum halk arasında şöyle güzel bir cümle ile açıklanmaya çalışılmış: "Ne asıl ne basıl."

"İnsan bedeni bir memlekettir; tedbir edersen (eğitirsen) medeni olur, tedbir etmezsen ormana döner. Ormanda ise orman kanunları geçerli olur."

İbni Arabi

DUYULASI İTİRAFLAR

"Saliha Hanım, lütfen bu mesajı insanlarla paylaşın ki onlar benim düştüğüm hataya düşmesinler... Masum bir kızcağız, yıllar önce kardeşimin eşi olmuş, ailemize gelin gelmişti. Öyle becerikli ve öyle güzeldi ki... Üstelik tahsilliydi de bize göre ziyadesiyle. Özellikle ben ve diğer kardeşlerim onu çok kıskanmıştık. Bu yüzden ona hep acı çektirdik, abimle aralarını açmaya çalıştık, annem ve babamı kışkırtıp, gelinin üzerine salıp onu üzmek ve ona hakaretler ettirmek için onları kullandık; tabii başardık da... Mazlumun ahını aldık, yazık oldu bize. Şimdi annem ve babam rahmetli oldu, arkamda desteğim yok, eşimle ayrılma noktasına geldik, kardeşime, 'Beni sokakta bırakma.' bile diyemiyorum. Yaptıklarımdan çok pişmanım. Ettiğimi buldum, şu an devletin sığınma evinde kalıyorum ama nereye kadar... Size tavsiyem, sakın haset edip yuvalara zarar vermeyin, masumların ahını almayın. O ahlar muhakkak yerini buluyor... Yaptıklarım vicdanımı rahatsız etse bile, 'Ben haklıyım.' diyordum o zamanlar. Anne babama, gelinimizin yapmadığı şeyleri yaptığını söyledik, iftira attık zavallıya, bir de rezil olsun diye herkese anlattık; asıl biz rezil olmuşuz da haberimiz yokmuş... Şimdi o çok iyi yerlerde, yuvasında huzurlu. O zamanlar maddi sıkıntıları olduğu için, 'Ben yuvamda çok mutluyum.' der, ona ha bire laf sokardım, ahh ben, ahhh... Hiç düşünmedim sonumu... Kardeşim şimdi bana ne diye baksın, ne diye kol kanat gersin ki... Evlatlarımdan vefa nedir görmedim zaten, arkasına sığındığım babam da yok... Huzur bozanın huzuru, yuva bozanın yuvası olmaz; ben ettim, siz etmeyin... Onlar o kadar samimiler ki Allah (cc) samimi olanlara zerre kadar dahi zarar verdirmiyor... Benim hayatım size ders olsun. Hoşça kalın...

* * *

"Ben hep annem ve ablamla büyüdüm. Annem kızlara bakmamı, onlarla oynamamı yasaklamıştı. Beni evden dışarı dahi çıkarmaz, 'Erkekler seni yoldan çıkarır, küfür öğrenirsin.' derdi. Babam eve çok geç gelir ve bizimle ilgilenemeyecek kadar yorgun olurdu. Ben hep uslu, nefis muhasebesi yapmak zorunda kalan, annesini dinlemezse Allah'ın onu yakacağı öğretilen bir delikanlı olarak büyüdüm. Hiç erkeklerle oyun oynayamadım. Hep annemlerin yanında bulunduğum için daha çok kız kardeşlerimle beraber oldum. Onlarla oynadım, onlarla konuştum. Bir erkek çocuğunun nasıl davranacağını öğrenemedim ve kızlarla da iyi anlaşmaya başladım. Çok nadiren erkek çocuklarla beraber olduğumda, bana o kadar kaba saba geliyorlardı ki kızlar bana daha anlaşılabilir ve rahat gelmeye başladı. Daha nazik ve kibarlardı, kavgacı değillerdi. Zamanla kollarımdaki ve bacaklarımdaki kıllardan rahatsız olmaya başladım ve onları jiletle temizledim. Kızlar gibi elimle saçlarımı arkaya atasım geliyordu. Etek giymek, ruj sürmek ve onlara benzemek istiyordum. Bu hissi içimde bir yerlerde taşımaya başladım fakat bunun ne demek olduğunu bildiğim için de saklayıp açığa çıkarmadım. Sesim incelmeye, parmaklarım kız parmaklarına benzemeye başladı. Zamanla kızlar gibi hareket etme eğilimi içine girdim. Bunu fark edince annem bana bunun yanlışlığını anlatmaya başladı ama çok geç kalmıştı. Ben şimdi içinde kız yüreği taşıyan bir delikanlıyım ve bir kız gibi bir erkeğin ilgisine ihtiyaç hissediyorum. Bedenimi değiştirmek istiyorum. Bu durumdan ötürü annem beni suçluyor. Ancak bunu, erkek arkadaşlarımla oynamak ve onlarla bir arada bulunmak istediğimde beni eve hapsedip erkekleri kötülerken düşünmeliydi. Annemden ve beni dışlayan herkesten nefret ediyorum. Çocuklarına nasıl davranacaklarını bilmeyenler, önce anne baba olmayı öğrensinler, ondan sonra çocuklarını suçlasınlar. Anne babaların, cahilliklerinin faturasını çocuklarına ödetmeye hakları yok. Anne babalar! Çocuklarınız sizin karalama tahtanız değil."

17 yaşında bir eşcinsel.

* * *

"Annemde takıntı problemi var, evde temizlikten başka iş yapamaz olduk. Neredeyse ailece depresyondayız. Annem bunu görmüyor ve anlamıyor. Hastalığını kabul etmediği için tedavi de olmuyor. Babam da bu duruma müdahale edemiyor. Zamanla ben de anneme benzeyeceğim ve evliliğimde bu tarz bir sıkıntı yaşayacağım diye ödüm kopuyor."

16 yaşında bir kız

* * *

"Annem arkadaşlarımı beğenmiyor, sürekli bir şeylerine takıp onları eleştiriyor. Tanımadığını söyleyerek beni onlarla hiçbir yere göndermiyor. 'Eve çağırayım, tanışın.' diyorum, onu da kabul etmiyor. Şimdi arkadaşsız ve neşesiz bir şekilde evde oturuyorum. Mutsuzum ve evlendiğimde asla annem gibi olmayacağım. Çocuklarımı da annemden uzak tutacağım ki bana yaptıklarını onlara da yapmasın."

18 yaşında bir kız

* * *

"'Küçük çocuklar hep haklıdır.' diye bir kural mı var? Çocukların haklarını vermeyen anne babalar nereye şikâyet edilebilir? Bizim hakkımızı kim savunacak? Küçük kardeşim çikolatasını yer, benimkini ister, annem de, 'Sen büyüksün, veriver.' der. Ders çalışırken beni rahatsız eder, 'Azıcık oynatıver.' der. Defterimi yırtar, 'O daha çocuk abisi.' der. Arkadaşlarımla gitmek isterim, peşimden ağlar, 'Onu götürmezsen gidemezsin.' der. Büyük olmayı ben istemedim fakat şimdi buna katlanmak zorunda kalıyorum. Büyük çocuk olmaktan nefret ediyorum ve annemden de. Biraz

daha büyümeyi bekliyorum, ben o zaman hiç kimseyi dinleme-
yeceğim ve hepsinden öcümü alacağım."

11 yaşında bir erkek çocuğu

* * *

"Evlenince babam gibi bir eş olmak istemem. Anneme çok
kötü davranıyor, sürekli eziyet ediyor. Babama saygı duymuyo-
rum ve her sözüyle insanı aşağılamasından nefret ediyorum."

22 yaşında bir delikanlı

* * *

"Babam annemle 5 yıllık evliyken evi terk edip başka bir kadınla
gitmiş. Ben o zamanlar 2,5 yaşındaymışım. Sonrasında bizi hiç ara-
yıp sormamış, ilgilenmemiş. Şimdi 18 yaşındayım, erkeklerin za-
limlikleri ve kadınların acizliklerini dinleyerek büyüdüm. Zihnim-
de 'kadın olmak' çok kötü bir şeymiş gibi yer etti. Ben erkek gibi
güçlü olup kendimi ezdirmeyeceğime dair kendime söz verdim,
bunu iyice kafama yerleştirdim. Kız olmaktan nefret ediyorum. Ka-
dınsı duygularım âdeta yok oldu ve erkeklere ilgi duyamıyorum.
Hatta çok yakın bir kız arkadaşıma âşık olduğumu düşünüyorum."

18 yaşında bir kız

* * *

"Babam benim kendisi gibi giyinmemi istiyor. Bana resimli ti-
şört ve cepli pantolon giydirmiyor. Bunlara istek duyduğum için
de benim iyi bir dindar olamayacağımı söylüyor. Babamla yaşa-
mak istemiyorum."

16 yaşında bir delikanlı

* * *

"Bir gün evlenirsem bile asla çocuğumun olmasını istemiyo-
rum. Çünkü annem, en ufak bir hatamda bana, 'Evlatların da sana
aynısını yapsın, bana yaptıklarını evlatlarından çek.' diyor."

21 yaşında bir kız

* * *

"Annem kardeşlerimle aramızda ayırım yapıyor. Ablam ve kardeşlerim, annem ne derse karşı çıkıyor ve her istediklerini yaptırıyorlar. Ben ise anne babamın sözünden çıkmıyorum. Fakat onlar, diğer kardeşlerimin hırsını âdeta benden çıkarıyorlar. Diğer kardeşlerimin yaptıkları şeyleri yapmama izin vermiyorlar. Uslu ve iyi olmak, insana çok zarar veriyor. Mümkün olsaydı, bu kadar uslu olmazdım. Bana "yapma" diyorlar ve ben de onları dinlediğim için dışarı bile çıkamıyorum. Annemden de kardeşlerimden de nefret ediyorum."

17 yaşında bir kız

* * *

"Annem çocukluğumuzda bizi o kadar kısıtlardı ki eve birazcık geç kalsak, burnumuzdan getirir, ne kadar felaket senaryosu varsa gözümüzün önüne getirerek, kendisini haklı bulmamızı sağlardı. Şimdi 42 yaşındayım ve hâlâ evime gerektiğinden azıcık geç kalsam, kalbim sıkışıyor, annemin sesi kulaklarımda çınlıyor. Eve nasıl geldiğimi bilmiyorum. Şimdi çocuklarıma geç gelmemeleri konusunda ben de aynı baskıyı yapıyorum. Çünkü annemin aklımda sürekli tutmama sebep olduğu en kötü ihtimalleri düşünüyor ve kriz geçirecek gibi oluyorum."

42 yaşında bir beyefendi

* * *

"Babam bizi kapı dışarı çıkarmaz, 'Kız kısmının dışarıda işi ne?' derdi. Şimdi kızlarım dışarı çıkmak istiyorlar, neden gitmeleri gerektiğini anlatıyorlar, onları anlıyorum, hak da veriyorum ama kendime söz dinletemiyorum. Bin bir zorlukla izin veriyorum. Çocuklarım artık bana açıklama yapmaktan bıktılar."

36 yaşında bir hanımefendi

* * *

"Annemden nefret ediyorum ve o aradığında telefonumu kapatıyorum. Bir gün telefonda, 'Anne, kursta beni dövüyorlar, beni alın buradan.' dedim. O da bana, 'Kendi başının çaresine bak.' dedi. İşte o anda annem benim için bitti."

15 yaşında bir delikanlı

* * *

"Kendimi çirkin buluyorum çünkü kiloluyum. Evde herkes bana yemememi söylüyor, kilomdan dolayı benimle alay ediyorlar, kendimi durduramıyorum. Bu görüntümle dışarı çıkmak da istemiyorum."

16 yaşında bir kız

* * *

"Annem beni sürekli suçluyor ve hep hatalarımı görüyor. Bu ailenin çocuğu olmaktan nefret ediyorum. Mümkün olsa evden kaçmak isterdim."

15 yaşında bir kız

* * *

"Eşimi gerçekten bir eş olarak göremiyorum. Beni hiçbir zaman evin erkeği, kendisinin eşi gibi hissettirmedi. Hep beni kısıtlamaya ve yönetmeye çalışıyor. Âdeta benim eksiklerimi görmeye ayarlı bir makine gibi. Beni annesinin yanında bile eleştirip mahcup ediyor. Karşımda eşim değil de benimle uğraşan, beni pasifize etmeye çalışan bir muhalifim var gibi hissediyorum. Bunlar da beni eşime karşı soğutuyor. Ona karşı cinsel istek duymamı ve sevgi ile sarılmamı engelliyor."

29 yaşında bir beyefendi

* * *

"Eşim evlendiği hâlde hâlâ ana kuzusu. Annesinden izin almadan bir plan yapamıyoruz. Eşimin boyu büyümüş ama aklı çocuk kalmış. Eşimi gözümde büyütüp ona saygı duyamıyorum."

28 yaşında bir hanımefendi

* * *

SALİHA ERDİM

"Keşke okulsuz bir dünya olsaydı ve ben de orada yaşasaydım. Çünkü notların iyi olmayınca kimse seni sevmiyor."

9 yaşında bir erkek çocuğu

* * *

"Kardeşim doğunca annem hiç kimseyle konuşmamaya başladı. Sadece kardeşimle ilgileniyor. Bütün anneler başka çocukları olunca böyle mi yapıyor? İkinci çocuklar niye doğar ki?"

10 yaşında bir erkek çocuğu

* * *

"Çocuğumuz olunca daha mutlu oluruz sanmıştım fakat eşimin yetersizlik/değersizlik duyguları açığa çıkınca hayatımız yaşanamaz hâle geldi. Evlenmeden önce hiç kimse onda, iyi bir insan ve iyi bir anne olabileceğine dair küçücük bir inanç dahi oluşturmamış. Eşim ne yaparsam yapayım, kendini suçlamaktan ve sürekli sızlanmaktan vazgeçemiyor. Mümkün olsa, çocuklarını bu hâle getiren anne babaların yakasına yapışmak isterdim."

30 yaşında bir beyefendi

* * *

"Annem beni hep başkalarıyla kıyaslardı. Ben de şimdi başkalarının onayını almadan adım atamıyorum. Hiçbir zaman iyi bir iş yapamayacağımı, doğru şekilde davranamayacağımı düşünüyorum ve bu durum beni mahvediyor."

21 yaşında bir kız

* * *

"Evlendim, çocuk sahibi oldum fakat annem hâlâ bana karışıyor ve kendi başıma kalıp tecrübe edinmeme müsaade etmiyor. Onun müdahalesi olmadan iyi bir anne ve eş olamazmışım gibi davranıyor. Kendimi çok kötü hissediyorum ve annemden kurtulmak istiyorum. Ancak böyle düşündüğüm için de suçluluk hissediyorum."

31 yaşında bir hanımefendi

* * *

"Eşim beni sürekli annesiyle kıyaslıyor ve sadece annesinin yaptığı şeyleri yaptığımda memnun oluyor. Annesi de bundan gurur duyuyor ve beni kendine benzetmeye çalışıyor. Annesini bu kadar beğenenler hiç evlenmemeli ya da eşinin de annesinden farklı bir birey olduğunu ve ona benzemek zorunda olmadığını anlamalılar. Ne yazık ki bazı erkekler çocukluktan çıkamıyorlar."

24 yaşında bir hanımefendi

* * *

"Bu eğitimlere niçin hep kadınlar katılıyor? Psikologlara gitmek için neden hep kadınlar ısrar ediyor? Erkeklerin, nasıl davranırlarsa yuvalarını daha huzurlu yapabileceklerine dair bilgiye ihtiyaçları yok mu? Yoksa onlar doğuştan imtiyazlılar mı?"

36 yaşında bir hanımefendi

Hanımefendilerden
Hayata Huzur Bahşeden Olumlu Örnekler

Yuvalarında huzurlu bir hayatı tesis edebilmiş çiftlere, bu huzurun sırlarının neler olduğunu sorduğumuzda hanımefendilerden aldığımız cevaplar...

"Biz eşimle boşandık. Oysa ki birbirimizi severek evlenmiştik. Ancak evlendikten sonra eşim çok bencil ve kafasına göre davranmaya başladı. İlişki biçimi özensiz, saygıda kusur ederek konuşuyor, çekinmeden kabalaşabiliyordu. Çocuklarımız var ve bizi her an gözlemliyorlardı. Biz anne baba olarak onlara bir ahlak aşılıyoruz, bir tarz öğretiyoruz. Bu konuyu eski eşimle defalarca konuştuk. Anlattım, bizim çocuklarımıza örnek bir çift olmamız gerektiğini söyledim. 'Bir eksiğim varsa söyle.' dedim, bana her seferinde, 'Yok, sen mükemmelsin.' dedi. Onu okumaya teşvik ettim, 'Arkadaş çevreni değiştirelim, gerekirse muhit, hatta şehir değiştirelim fakat insanca yaşayalım.' dedim ama olmadı. Eşim hiçbirine yanaşmadı. Ben boşanmasam da idare edebilirdim fakat bu kadar duymayan, anlamayan bir adamla yaşamak bana çok şey kaybettirirdi. 'Benim bu dünyaya katacaklarım var, kendim ve çocuklarım için yapacaklarım var. Kimsenin keyfi ve sorumsuz davranışlarıyla bunları yapamayacağım bir hâle gelemem.' dedim ve ayrıldım. Ayrılmamızın ne öncesinde ne de sonrasında hiç kimseye tek bir an bile olsa eşimi kötülemedim, zaten onunla da asla kavga etmedik. Medeni iki insan gibi ayrıldık. Hâlâ görüşüyoruz, çocuklarımız hakkında konuşuyoruz, şu an son derece seviyeli davranıyor. Ben de şu anda bana saygılı davranacak bir eş adayı ile tanıştım ve bana evlilik teklif etti. Şu anki gidişe göre evleniriz gibime geliyor. Onu eski eşimle tanıştırdım, oturduk, birlikte görüştük. Çocuklarım da teker teker tanıştı, baş başa görüştüler, hepsi evlenmemi onaylıyor. Herkes eşim hakkında ileri geri konuşmaya başlıyordu, hepsini susturdum. Onlara dedim ki, 'Boşansak bile eşim bu toplumda yaşayacak. Onun mahcup olacağı sırlarını ve aramızda geçenleri anlatıp onu suçlamayı asla düşünmüyorum. Eşimin itibarını asla zedelemem, bir insan olarak buna hakkım yok. Eğer yaparsam bu benim hamlığımdan olur."

* * *

"Bir eşim eve geldiği zaman, bir de çocuğumu emzirirken telefonu sessize alır bir kenara koyarım. Bu iki durumda ilgi odağım sadece onlardır. Diğer işler her zaman olur, eşim ve çocuklarımla olduğum zaman dilimini sadece ve tamamen onlara ayırırım. Bunu aksatırsam dikkatim dağılır, özenli davranamam. Benin ilk işim eşim ve çocuklarımla ilgilenmektir. Çocuğum olmadan evvel çalışıyor, mimarlığı çok severek yapıyordum. Ancak çocuğumu büyütmek ve büyütürken de eşimi ihmal etmemek için çok önemli pozisyonda çalışıyor olmama rağmen işime ara verdim. İş imkânı nasip meselesi, Allah (cc) dilerse her zaman daha iyisi olabilir. Olmasa da olduğu kadarı olur. Ben kariyerimde ilerlemek istesem, çocuğumu daha az emzirmek zorunda kalırım. Onu ben değil, başkaları büyütür. Çocuğum ona kim bakıyorsa ona alışır ve ben bunu göze alamam. Evime, eşime ve çocuğuma daha az zaman ayırmak zorunda kalırım. Daha çok yorulur ve daha gergin olurum. Bu da iletişimimize zarar verir. Çok kazanmış, mesleğinde yükselmiş biri olduğumda, bu çocuğumla aramdaki kopukluğu ve eşimle soğuk geçen yılları telafi etmeye yetmez. Benim elimde bir mesleğim var, Allah da (cc) dilerse istediğim zaman iş sahibi olabilirim fakat zamanı geçince ne çocuk yapabilirim ne de kaybolan huzurumu yerine getirebilirim. Yani önce eş, çocuk, aile, daha sonra iş ve kariyer..."

* * *

"Eşimin gözünde ve gönlünde temiz, düzenli ve sevgi dolu bir eş olabilmeyi öğrenmek için psikoloğa gittim. Ben annemden böyle bir şey görmedim, maalesef çevremde de örnek alacağım kimsem yok. Bunu nasıl çözebileceğimi düşündüğümde aklıma yardım almak geldi ve çok da iyi oldu. 'Eşimin seni nasıl gördüğü, genellikle benim nasıl olduğuma bağlıysa o zaman ben iyi durumda olmayı seçmeliyim.' diye bir sonuca vardım. Böylece hem okuyarak kelime hazinemi geliştirmek hem de doğru düşünüp doğru davranan bir insan olabilmek için, düzenli okumalar yapmaya başladım. Önceden sabırsız, tepkisel ve aklına geleni söyleyen biriydim. Aldığım psikolojik destek ve yaptığım okumalar, şükür ki beni çok değiştirdi. Nerede susacağımı ve nerede ne kadar konuşacağımı öğrendim. Akşam olduğunda kocamı krallar gibi karşılayıp önce onu rahatlatıyorum. Şık masalar kuruyorum, şık giyiniyorum. Eşime bir kere bile, 'Ben bunları senin için yapıyorum, sen de bana şunları yap.' demedim. Kendi kaliteme zarar verecek şekilde davranmamaya çalıştım. Sonuç odaklı değil, süreç odaklı düşünmem gerektiğini öğrendim. Ben bana uygun olanı yaptığımda ve bunu sürdürdüğümde, bütün ilişkinin kimyası değişiyor. Bu çok güzel bir değişim ve çok huzur verici. Kendime, 'Sabırla ve sadece kendin için doğru bir duruşa devam etmelisin.' diyorum. Ha bir de insan, kendi kalitesini kendisi belirler. Duruşunuz, duruş öğretir."

* * *

"Eşimin daima iyi yönlerini görmeye çalışırım, yeri geldikçe de güzel özelliklerini vurgularım. Eşimin hayran olduğum özelliklerini çocuklarıma anlatırım. Annesine ve babasına böyle bir evlat yetiştirdikleri için teşekkür ve dua ederim. Eşimin hiç hatası olmadığı için değil, iyi yönlerinin ortaya çıkması, insanı o yöne sevk eder, bunun için hem çocuklarımın hem de eşimin hep iyi yönlerini dile getiririm. Konuşulacak olumsuz bir konu olduğunda da eleştirel bir dil kullanmam, sadece, 'Şöyle olsa nasıl olur?' diye sorar ve kararı ona bırakırım."

* * *

"18 yıllık evliyiz, eşimin karşısında bir kere bile sesimi yükseltmemişimdir. Ben annemden böyle gördüm. Babam annemi üzünce, annem sadece dua eder ve babama iyi davranmaya devam ederdi. Bu yüzden olmalı ki bizim evde öyle bağırıp çağırma hiç olmadı. Bunun ne büyük nimet olduğunu evlenince anladım. Aslına bakacak olursanız bunu başarmak hiç de kolay değil. Ben üniversite mezunuyum, birçok farklı ortamda bulunmuş, birçok farklı insanla iletişim kurmuş, insan ilişkilerine dair eğitimler almış olmama rağmen evimde bunu yapmaya çalışırken çok zorlandım. Ancak annem sadece ilkokul eğiti almış olmasına rağmen, zorlandığını bize hiç hissettirmedi. Annemin ahlakı evimizi huzurla doldurdu, ona minnet borçluyum. Şimdi ben de çocuklarımın zihnine annem gibi hayırla anılacak bir hayat kaydetmek istiyorum ve bunun için çok dua ediyorum."

***

"Benim annem o kadar neşeli, o kadar canlı, kıpır kıpır bir kadındı ki yüzünün asıldığını çok az görmüşümdür. Babam bir şeye kızacak olsa, 'Tamam evimin direği, sen hiç kendini üzme, ben şimdi o meseleyi hallederim.' derdi. Bir güler yüz, bir tatlı sözle babamı yumuşatır, ne derse yapar, evde kavga olmasına müsaade etmezdi. Hiç unutmam, annem bir keresinde şöyle demişti: 'Erkekler heybetli yaratılmışlardır. Arada parlamaları normaldir. O parlayınca anne şefkatinle onu kuşat, rahatlat ve gerekeni yap ama mutlaka ciddiyetle yap. Eşin, kendisine saygı duyulduğunu hisseder. Değer verirsen, değer görürsün. Erkeğin istediği en önemli şeyler; güler yüz, hürmet ve hizmettir. Bunları yap, o erkek sana kul köle olur ve eviniz huzur bulur.' İşte ben de bunu yapmaya çalışıyorum."

***

"Biz 34 yıllık evliyiz, bir gün olsun eşimle yüksek sesle konuşmamışımdır. Annem, 'Kocana karşı gelirsen evinizin bereketi gider.' derdi. Hiç mi canımın sıkıldığı olmadı? Oldu tabii ki ama o zamanlar da yine annem, 'Kulun elinde bir şey yok, Allah'tan (cc) istemeliyiz.' derdi. Usul yerine gelsin diye bir kere söylerim, ondan sonrasını Allah (cc) ile hallederim. Saygıda kusur etmem, ne derse yapmaya çalışırım. Önceleri çok sert ve katı bir adamdı. Zamanla Allah (cc) eşimi yumuşattı. Ben ona karşı çıkmayınca evde kavga olmadı, kavga olmayınca çocuklarım çok sakin ve huzurlu bir yuvada büyüdüler. Çocuklarıma babalarını çok övdüm. Bir kere bile babalarının arkasından konuşmadım. Annem de babamın arkasından konuşmamıştır. İşleri Allah'a (cc) bırakınca, eşimin yapacağından daha iyisi nasip oluyor. Bir de bakmışım ki eşim istediğimi almış, geliyor. Ben eşimle nefsimin sesini kısmayı ve Allah'tan (cc) istemeyi öğrendim. Şimdi genç olsam ve yeniden evleniyor olsam, yine aynı şekilde davranıp eşime saygıda kusur etmezdim. Hürmet göstermek, insanın iç dengelerini yerine getiriyor. Eşim eve hep koşarak geldiğini söyler ve ben de hep şükrederim."

***

"42 yıllık evliyiz, eşimden bir tek güzel söz duymadım. Bunu o kadar çok bekledim ve istedim ki… Üstelik bunu eşime söylediğim hâlde değişen bir şey olmadı. Ben de iki şey yaptım; birincisi, kendimi bahçe işlerini yapmaya, bitki ve çiçeklerle uğraşmaya verdim, ikincisi ise Allah'a (cc) dönüp, 'Allah'ım (cc) bu eşi bana Sen verdin. Benim ihtiyaçlarımı da biliyorsun. O gidermiyor, Sen bana yardım et, Sen gider.' diye çok yalvardım. Böyle yapmasaydım belki krize girer ve boşanmayı bile isteyebilirdim. 'Ortada çocuklarımız var, boşanmış olsam, yeniden evleneceğim insanın da yaptığı ve yapamadığı şeyler olacak. Onun da başka sıkıntıları karşıma çıkacak. Hiç olmazsa yuvamı bozmadan Allah'tan (cc) yardım isteyeyim.' dedim. İçime bir sükûnet çöktü, ben Allah'a (cc) yaklaştıkça içim razı olmaya başladı. Dinim ve bahçem, beni ayakta tutu. Eşimi de sevmeye devam ettim. Allah (cc) böyle diledi, ben razı oldum ve yuvam huzur doldu çok şükür."

***

"Evimizin içinde ne olursa olsun, yaşadıklarımızı hiç kimseye anlatmadım, sadece Allah (cc) ile konuştum. Ona sordum, dua ettim. Çok sıkıntılar çektim, o süreçte ne çocuklarım ne eşimin ailesi ne de benim ailemden hiç kimse yaşadıklarımı bilmedi. Söylesem, şikâyet etmişim gibi olacaktı, eşim de bundan hiç hoşlanmayacaktı. Üstelik ben söyleyince rahatlamış gibi hissedecektim belki ama herkesin zihnine olumsuzluk örnekleri de yüklemiş olacaktım. Üstelik belki de beni yanlış yönlendireceklerdi, kafam karışacaktı ve yaptığım bu paylaşım aslında benim hiçbir işime yaramayacaktı. Bunları düşünerek ben de böyle bir yolu seçtim. Bu beni o kadar rahatlattı ki anlatamam... Her canım daraldığında bol bol istiğfar ettim, yürüyüş yaptım, el becerilerim vardır, onlarla meşgul oldum. Sakinleşince eşimle konuştum. Eşim başlangıçta ne söylersem söyleyeyim hiç oralı olmadı, sonrasında ben de sadece Allah'la (cc) paylaştım. Bu benim bakış açımı çok değiştirdi ve sadece kendimi düzeltmekle uğraşmama vesile oldu. Bu arada çok okurum. Okumadığım gün yoktur. Okudukça, dert ettiğim meselelerin aslında çok basit şeyler olduğunu gördüm. Dolayısıyla kim ne yaparsa yapsın, ben kendimle meşgul oluyorum, dualarla ve kitap okuyarak bunu faydaya çeviriyorum çok şükür."

* * *

"Ben hayatımdaki olumlu şeyleri görmeyen, pilavın pirinci diri kalmış diye dert eden biriydim. Bir gün babam bana, 'Kızım, hiç şükrediyor musun?' dedi. 'Neye şükredeyim?' dedim. Bana öyle bir şey söyledi ki hâlâ kulaklarımda çınlıyor. 'Bugün hayatta olman yetmez mi?' dedi. Hiç böyle düşünmemiştim. O gün benim hayatımda bir milat oldu. Ondan sonra her gün nelere şükretmem gerekiyor diye liste yapmaya başladım. Ben şükrettikçe şikâyetlerim azaldı, şükrüm arttı, kendimi daha iyi ve sakin hissettim. Daha sonra da şikâyetlerim neredeyse bitti ve şu anda evimiz huzur dolu çok şükür."

Beyefendilerden
Hayata Huzur Bahşeden Olumlu Örnekler

Yuvalarında huzurlu bir hayatı tesis edebilmiş çiftlere, bu huzurun sırlarının neler olduğunu sorduğumuzda beyefendilerden aldığımız cevaplar...

"Dışarıda yediğim ve o an eşimin yemediği bir yemeği, mutlaka eşime de paket yaptırıp ikram ederim. Şimdiye kadar bunun hiç aksi olmadı."

* * *

"Eşim, iki eli kanda da olsa, ben evden çıkarken kapıya kadar gelir ve beni dualarla yolcu eder. Eve geldiğim zaman da yine kapıda ve güler yüzle karşılar. 27 yıllık evliyiz, bu hep böyleydi. Evden tartışarak ayrıldığımız zaman bile bu değişmedi. Bence evdeki huzurumuzu, eşimin hanımefendiliğine borçluyuz. Eşim o kadar iyi ki giderek, farkında olmadan ben de ona benzemeye başlamışım. Bana olan hürmeti beni de çekip çevirdi çok şükür."

* * *

"Eşimle ilk tanıştığımızda ona şunu sordum, 'Allah'a kul olmak ve bu dünyaya, insanlığa katkıda bulunmak gibi bir derdin var mı? Okur musun, çevrende fikir birliği ettiğin arkadaşların var mı? Yoksullar, yetimler ve dünyadaki mağdurlar gündeminde mi?' Eşim bana tam da istediğim cevapları verdi ve çok şükür, gönül huzuru ile evlendik. Ev işleri sonradan öğrenilebilir, yemek yapmak ve tertip düzen de. Eş seçerken ve tabii ki arkadaş seçerken de esas önemli olan, onun dünyaya ve insana bakışının Allah'a (cc) göre uygun olup olmamasıdır. Evde bu anlayışın takibi, erkek olarak bendedir. Eğitimden erkek sorumludur. Sabah namazına kalkmaktan tutun da doğru insanlarla bağımızı kuvvetlendirmeye varıncaya kadar hepsi benim sorumluluğumda. Çok şükür, ben de elimden geldiği kadar, incitici ve zorlayıcı bir tutum içinde olmamaya çalıştım çünkü bu, duyarlı olduğumuz dinimize ters bir durumdur."

* * *

"Eşimi zaman zaman dinlendirir, tek başına arkadaşlarına ve ailesinin yanına gönderirim ki kafasını dinlesin, biraz rahatlasın. Arada kahvaltıyı çocuklarla birlikte ben hazırlarım, sonra ailecek keyifle yeriz. Çocuklarıma annelerinin ne kadar güzel ve kıymetli biri olduğunu anlatırım. Ancak eşimden de benim gibi yapmasını hiç beklemedim. Eğer karşılık almak için böyle davranmış olsaydım, kendim için yatırım yapmış, ona hazırlık yapmış gibi hissederdim ve bu davranışın da bereketi kaçardı. Ayrıca beklediğimi bulamazsam, tutumumu da değiştirebilirdim. Doğru bir davranışı yapmak önemli fakat bunu sadece kendimiz için yapmak çok daha önemli. İyi davranışı sıfır beklentiyle yapan kişi, içten içe güçleniyor ve iyileşiyor. Bu ise karşılık almaktan çok daha kıymetlidir."

* * *

"Ben annemin yanında hanımımı savunamam, annem buna müsaade etmez, daha sonra da sataşmalarından kurtulamam. Fakat hanımıma derim ki, "Biz böyle tutuk yetiştirildik, sen bizim kusurumuza bakma. Annem laf dinlemez ne yazık ki, sen benim canımsın, annemin iğneleyici sözlerini kulak arkası yap gitsin. Sen benim gerçek düşüncelerime bak, ben seni haklı buluyorum.' derim. Onun memnun olacağı şeyleri yapmaya özen gösteririm. Eşim laleleri çok sever, ona fırsat buldukça lale alırım. Yeşil rengi sever, ona zaman zaman yeşil aksesuarlar ve kıyafetler alırım. Eşimin sevindiğini görmek, beni çok mutlu ediyor. Sık sık onu sevdiğimi söylerim. Çocuklarımıza, 'Biliyor musunuz, sizin annenizin şöyle harika, böyle güzel özellikleri var, hadi şimdi annenize birer öpücük verme zamanını.' derim ve aniden koşup, 'Seni çook seviyoruz.' diyerek sarılıp öperiz. Eşim mutlu olunca ailece huzurlu oluyoruz. Evde huzurlu olmamız için, gerekirse sırtımda taş da taşırım."

* * *

"Her akşam işten geldiğimde, eşim ve çocuklarımın beni görmedikleri zamanı telafi etmek için gayret ederim. Mutfağa gider, çocukları da çağırır, eşime, 'Hayatım, senin emrinde bir ordu var, ne istersen söyle hemen yapalım.' derim. Eşim gülerek gelir, 'Hadi bakalım, şunları sofraya götürün o zaman.' der. Ben de şarkılar söyleyerek çocuklara öncülük ederim ve birlikte sofrayı kurarız. Sofra zamanı, muhabbet için çok uygun bir zaman. Sonrasında işleri yine beraber yapar ve bitirince de birlikte otururuz. Namazlarda küçük oğlum imam, büyüğü de müezzin olur. Kur'an'ı ise ben okurum. Şükrederiz ve keyfimize bakarız. Hafta sonu ise eşimi ve çocuklarımı mutlaka gezmeye götürürüm, yorgun bile olsam bunu mutlaka yaparım. Bu arada akraba ziyaretlerini de aksatmamaya çalışırım. Çocuklarımın akraba bağlılıklarımızı görmesi ve kendi dönemi için zihinsel hazırlık yapması adına bunun gerekli olduğunu düşünüyorum."

* * *

"Maddi durumumuz pek iyi olmadığı için eşime güzel imkânlar sunamadım ama ona değer verdiğimi her zaman hissettiririm. İltifatlar ederim, birlikte gezmeye gideriz, ailesine de sık sık götürürüm. Onu kırıcı sözlerle incitmemeye çalışırım. Ev işlerinde yardımcı olurum. Yani ne isterse onu yaparım. Eşim de mutlu çok şükür. Param az fakat sevgim çok, mutluyuz Allah'a şükür."

* * *

"Ben çok sadaka veririm, mutlaka her ay bir yetimi ziyaret ederiz. Yakınlarımızda bir dul, yaşlı veya kimsesiz biri varsa, ona bir hediye almadan, onu ziyaret etmeden o ayı bitirmeyiz. Hanımımla bu konuda aynı anlayıştayız çok şükür. Haftanın bir günü, hastanede yatan sahipsiz hastalara hediye alarak onları ziyarete gideriz. Sohbet edip dertlerini dinleriz. Terlik, pijama veya havlu gibi eksiklerini gideririz. Biz böyle yapınca onlar da çok mutlu oluyorlar ve çokça dua ediyorlar. Bazıları çok fakir oluyor ve biz onların isimlerini bazı hayırseverlere vererek ihtiyaçlarını karşılamalarını sağlamaya çalışıyoruz. Eve o kadar huzurlu dönüyoruz ki anlatamam... Bu tarz bir hizmeti Rabbim (cc) bize nasip etti, çok şükrediyoruz."

* * *

"Evimizde Kur'an okumadığımız gün yoktur, çok şükür. Her gün bir ayet bile olsa okuruz ve bir hadis hakkında konuşuruz. Bize nefes verdiği, bizi doyurup beslediği, gözümüzü ve kulağımızı çalışır hâlde tutuğu için, çoluk çocuk hep birlikte, her gün bir şükür seansı yapar, Allah'a teşekkür ederiz. Birbirimize özel dualar ederiz. Bu uygulama bizi birbirimize yaklaştırdı, şükrettikçe huzurumuz arttı, çok şükür."

* * *

"Evimizde israfı önlemek için çok çaba sarf ediyoruz. Çok şükür, daha bir dilim ekmek dahi atmadık. Yemek dökülmez bizim evde, az pişiririz ve sağlıklı beslenmeye çalışırız. Hazır gıda almayız; turşu, salça, reçel ve konserve gibi gıdaları eşim, ben ve çocuklarımız hep birlikte yaparız. Artırdığımız para ile her ay beş öğrenciye burs veriyoruz. O çocukların geleceğine katkıda bulunmak, bizi çok sevindiriyor ve bunun için çok şükrediyoruz."

* * *

"Her hafta evimizde yoksul bir aileyi ağırlarız. Onlara hediyeler alır, çocuklarına harçlık veririz. Onlara hayata dair birikimlerinden istifade etmek istediğimizi söyleyerek, hayat tecrübelerini bize aktarmalarını isteriz. O kadar harika tespitlerde bulunuyorlar ki iki ajanda dolusu not aldım, her biri birbirinden kıymetli. Bunu 11 yıldır devam ettiriyoruz. Aile huzurumuza çok katkısı olduğuna inanıyoruz."

* * *

"Eşim hamileydi ve bir gün canı erik çekti. Aramadık yer bırakmadım fakat bulamadım. Öğrendim ki iki saat uzaklıktaki bir kasabada varmış, atlayıp gittim ve eşime bolca erik aldım. Kendisi de erikleri görünce çok mutlu oldu ve iştahla yedi. O esnada eşimin gözlerindeki mutluluk pırıltılarını görmek, beni de çok mutlu etti. Onun bu mutluluğunu dünyanın servetine değişmem."

* * *

"Akrabalarımıza ben de hanımım da çok düşkünüz. Özellikle anne babalarımızı ve diğer aile üyelerini memnun etmek için elimizden geleni yaparız. Onlara giderken bol bol yiyecek ve hediye alırız. Akraba çocuklarını toplar, çocuklarımızla kaynaştırırız. Evimizde çok sık misafir ağırlarız. Bu sebeple evimizin bereket ve huzuru eksik olmaz. Rabbimizin (cc) lütfu çok şükür."

* * *

"Her ikimiz de anne babalarımızın duasını almak için çaba sarf ederiz. Onların her dediklerini yapmak zorunda değiliz elbet fakat kırmamak zorundayız. Anne babamız olabilirler ama istedikleri her şey doğru olmayabilir. Mesela benim annem, üst kata taşınmamız için çok ısrar etti, bense bu durumu eşimin haberi bile olmadan hallettim. Çünkü anne babam genç ve kendi işlerini yapabilecek durumdalar. Bizim sürekli yanlarında bulunup onlara yardımcı olmamızı gerektirecek sağlık sorunları da yok. Sadece bizim her yaptığımızdan haberdar olmak ve bize müdahale etmek istiyorlardı. Bir ara gücendi, benimle konuşmadı fakat ben hiç ilgimi eksik etmeden, kendi bildiğimden de vazgeçmeden, Allah'ın (cc) yardımıyla gönlünü aldım. Eşimin ev muhabbetinden haberi olduğunda ona, 'Onları memnun ettiğimiz sürece biz de huzurlu oluruz. Tatlılıkla konuşup yine kendi istediğimizi yapabiliriz.' dedim. Allah (cc) razı olsun, eşim de beni destekledi. Sık sık onları ziyaret eder, hediyeler alır, sarılıp öper, dualarını almaya çalışırız. Bana göre en büyük zenginliğimiz bu. Bir ara eşim bunaldı ve gitmek istemedi. Annem bu duruma çok söylendi, arkasından konuştu. Bense anneme, 'Sen canını sıkma, kendini iyi hissedince o da gelecek, sana çok selamı var, ellerinden öpüyor.' dedim ve bu durumu eşime hiç yansıtmadım. Benim annem yönetmeyi sever. Yeni yuvamızı annem yönetirse ben kukla gibi olurum, eşim ve çocuklarımın gözünde etkisiz elemana dönerim. Bu haksızlığı kendime ve aileme yapamazdım. Çok şükür, o ne derse desin, biz iyi davranmaya ve gönüllerini almaya devam ediyoruz."

* * *

"Eşim çok sinirli ve gergin bir yapıya sahip. Ailesinin yanındayken çok sıkıntı çekmiş. Şimdi onu tedavi ettirmeye çalışıyoruz. Yoktan yere bağırıp çağırır, ben susarım. Çünkü eşim çok iyi bir insan ve bunu isteyerek yapmıyor. Kendisini kontrol edemiyor fakat sonradan hatasını anlayıp özrünü diliyor; ben de hiçbir şey dememiş gibi davranıyorum. Zor zamanlarımızda birbirimizi idare etmeyeceksek eş olmamızın ne anlamı var ki? İyi zamanında herkes birbiriyle dost olur; önemli olan, Allah'ın (cc) hatırını gözeterek birbirimize destek olabilmek. Çok şükür dört çocuğumuz var, beşincisi yolda. Eşimle çok mutluyum, inşallah tedavisi bitince çok daha iyi olacağız."

* * *

"Ben bundan dört yıl önce iflas ettim. Arkadaşlarımın yanlış yönlendirmesi ile attığımız adımlar bizi batırdı. Aslında eşim ne dese haklıydı fakat o bana, 'Olanda hayır vardır. Allah (cc) bu iflasla bize bir şeyler öğretmek istiyor. Canın sağ olsun, hiç dert etme. Allah (cc) her güçlükle birlikte bir kolaylık vereceğini buyuruyor. Biz şimdi yeniden toparlanmaya çalışalım. Sen ve çocuklarımın canı sağ olduktan sonra başka hiçbir şeyin önemi yok.

Yokluğu veren de genişliği veren de Rabbimiz (cc). Sen şimdi o güzel aklında yeni projelerin peşine düş, biz senin arkandayız ve sana güveniyoruz.' dedi. İşte bu sözleriyle benim kalbimi fethetti. Allah'a (cc) ne kadar şükrettim anlatamam. Namazlarımı düzgün kılmıyor ve hemen hemen hiç Kur'an okumuyordum. Hemen namaza ve her gün Kur'an okumaya başladım. Ne eşimden ne de çocuklarımdan bir tek yargılayıcı cümle duymadım. Meğer huzur buymuş, 'birbirine iyi günde kötü günde kenetlenmek' dedikleri şey buymuş. Para kaybettiğim için üzülmek yerine, vakitlerimi şükürle geçirmeye başladım. Allah, inanılmaz derecede (cc) yardım etti ve biz çok uzun bir süreye gerek kalmadan toparladık. Şimdi eşime, gerekirse onu ömür boyu sırtımda taşıyacak kadar, hürmet duyuyorum. Beni depresyona girip, çaresizlikten ne yapacağımı bilmez bir hâle sürüklenmekten kurtardı. Bu süreci o kadar rahat atlattık ki anlatamam. Hayırlı bir eş, çok çok önemli bir şeymiş. Şu anda evimiz huzur deryası gibi, Rabbim (cc) herkese nasip etsin."

Kendimin Tamir Ustası Olmak İstiyorum

Sözümün tamamı kendime, önce beni görmeli gözlerim ve beni okumalı zihnim. Zihnimin raflarında duran ve ha bire yenilerini ilave ettiğim bilgilerin kaçı gerçekten bilgi ve onlar o raflarda durdukça bana neler oluyor? Çok istediğimizi söylediğimiz her şeyi aslında hiç istemediğimiz, sadece istememiz gerektiğini düşündüğümüz için böyle söylediğimizin farkına bile varamıyoruz. Çünkü o "bilgi" dediğim pek çoğu asılsız ve gereksiz malumatlar yığını bunu engelleniyor.

Hangi adımı atacağımın, hangi sözü söyleyeceğimin bilgisi teğet geçmezse şuurumdan, karşıma çıkacak manzaranın ne olacağını ancak Allah (cc) bilir. Çünkü ortada bir hesapsızlık var. Bilginin organize etmediği her şey, çarpık bir işleyişe sahip olmaya adaydır.

Ben, önce kendime söylemeliyim sözümü ve kendime çevirmeliyim gözümü. Dualarım kendi defolarımı tamire, kendi açıklarımı kapatmaya yönelik olmalı. Eğer ben kendime çatık kaşla bakarsam, gökyüzüm bulutlanır ve güneşim gölgelenir. Kendime olmalı önce hoşgörüm ve kendi elimden tutmalı önce elim. Kendimi de sevmeliyim, herkese vermem gerektiğini düşündüğüm sevgi payını, kendime de ayırmalıyım. Kendimle hoşnut olunca başlar başkalarına tebessümüm ve olumlu bakışım.

"Ben ne kadar güzelim." derken, Rabbimin bana verdiği, kimsede bulunmayan ve aynı zamanda kıyamete kadar da bulunmayacak olan bir sanat eserini seyrederken, Allah'ın sanatını görmeli ve nihayetsiz kere şükretmeliyim. Güzelliğimin değil, gönül ve zihin dünyamdakilerin bana nitelik kattığını, güzelliğin anlık bir etkilenmeden ibaret olduğunu, geçici olduğunu ve içyapının çok çok daha önemli olduğunu bilmeliyim.

"Üstünlük sadece Allah'a yakınlaşma çabasında ve uygulama başarısındadır." diyen bir dinin mensubuyum. Güzelliği ne olursa olsun, ekonomik ve akademik seviyesi ne olursa olsun, insan değerlidir ve önemlidir. Dinî inancı, partisi, cemaati ne olursa olsun, insanın saygılı ve iyi davranılmaya hakkı olduğunu söyleyen; mazlumun, eziyete uğrayanın inancı ve yaşayışı ne olursa olsun, onun yanında olmamı isteyen bir dinin mensubuyum. Evrensel insan haklarının öncüsü bir ilkeler bütününe inanıyorum.

Peki kendim ne kadar doğruyum, ne kadar samimiyim, söylediklerimin ne kadarını hayata geçiriyorum? Karşımdakini ne kadar din ya da insan kardeşim olarak görüyorum? Bu bilinç bende ne kadar var ve çocuklarıma ne kadarını örnekleyebildim?

"Mümin kardeşim" dediklerimin arkasından konuşarak, birilerinin kuyusunu kazarak, üç kuruşluk çıkar için dost, akraba, kardeş demeden, kendi çıkarıma ve elde edeceğim mevkiye taparak hareket ettikçe, acaba ben Allah'a mı yoksa başka şeylere mi tapmış oluyorum? İnancım beni ne zaman kuşatacak ve ben ölmeden önce ne zaman mümince bir duruşa ters olan her şeyi elimin tersi ile iteceğim?

Ya Rabbim, ömür geçiyor, "O öyle dedi, bu böyle yaptı." derken yıllar bitmiş. Fark etmişim ki birilerine bakarken kendime bakmayı unutmuşum, birilerini incelerken ve detaylıca konuşurken, kendim daha yolun başında beklemedeymişim. Bana verdiğin ömrün ne zaman biteceğini bilmiyorum, insan gibi insan olmak istiyorum. Senin değerli kulların benim için, "O bir şey söylerse doğrudur, o güvenilirdir." desinler. Ben dünyadayken Senin güzel dininin en güzel temsilcilerinden biri olmak ve hakikati bulmak istiyorum. Şikâyetim kendimden, ihtiyacım kendime ve bakışlarım benden yana. Beni ve isteyen herkesi, görünenin ötesini görenlerden eyle.

Sözüm önce kendime, bakışlarım önce yüreğime ve yaşayışıma. Zihnimdekileri tarayıp ayıklamama yardım et Allah'ım. Kedimi tamir etmek, düzeltmek ve bu konuda usta olmak istiyorum; bu talebimi de gerçekleştirecek kudreti olana yani Sana arz ediyorum Rabbim. Senin has kulun olmama yardım et. Sen verenlerin, pişman olunca affedenlerin en hayırlısısın. Seni hakkınca sevmek ve Sana hakkınca itaat etmekle bizleri şereflendir Ey Rahmeti Rahman!

Karanlık bir odaya zorla kapatılan bir insanı, "Etrafı niye göremiyorsun?" diyerek suçlamak, bunu diyenlerin kendi yaptıklarını görmediklerinin, haksız ve yersiz beklenti içinde olduklarının ve insana bu kadar haddi aşacak şekilde davranmanın faturasının mutlaka bir gün kendilerine çıkacağının farkında olmadıkları anlamına geliyor. Sen bizleri bunlardan esirge Allah'ım...

MÜNACAAT

....

Şimdi tekrar ne yapsam dedirtme bana Yarabbi.
Taşınacak suyu göster, kırılacak odunu.
Kaldı bu silinmez yaşamak suçu üzerimde.
bileyim hangi suyun sakasıyım ya Rabbelalemin,
tütmesi gereken ocak nerde?
İsmet Özel

Değerli Okurumuz,

İş dünyası, kişisel gelişim, yönetim, başarı-motivasyon, üretim, pazarlama, insan kaynakları, eğitim, edebiyat, tarih, maneviyat, sağlık ve çocuk konularıyla ilgili yayınlarımızı:

• Size en yakın kitapçınızdan, www.hayatyayinlari.com adresimizde satış noktaları bölümündeki kitabevlerinden alabilirsiniz.

• 0212 613 11 00 - 0530 290 99 78 nolu telefondan sipariş edebilirsiniz.

Yayınlarımızla ilgili görüş ve düşüncelerinizi

twitter.com/hayatyayinlari veya

facebook.com/hayatyayinlari adresimize iletmeniz bizlere ışık tutacaktır.

Kitap ihtiyaçlarınızı Hayat Yayın Grubu ile temin edebilir, varsa kitap çalışmalarınız bizimle paylaşarak hayata katabilirsiniz.

İlginize teşekkür ederiz.

Saygılarımızla,
Hayat Yayınları